L'IDÉE DU PHÉNOMÈNE

L'IDÉE DU PHÉNOMÈNE

ÉTUDE ANALYTIQUE ET CRITIQUE

PAR

ÉMILE BOIRAC

Professeur de philosophie au Lycée Condorcet
Docteur ès lettres.

> « *Et phænomena sunt realia.* »
> (LEIBNIZ. *Lettre au Père des Bosses*).

> « Les phénomènes ne sont que des pensées. »
> (LEIBNIZ. *Projet d'une lettre à M. Arnauld*).

> « Comme je conçois que d'autres êtres ont droit aussi de dire moi ou qu'on peut le penser ainsi pour eux, c'est par là que je conçois ce qu'on appelle la substance. »
> (LEIBNIZ. *Sur ce qui passe les sens et la matière.*)

PARIS

ANCIENNE LIBRAIRIE GERMER BAILLIÈRE ET Cie

FÉLIX ALCAN, ÉDITEUR

108, BOULEVARD SAINT-GERMAIN, 108

—

1894

Tous droits réservés

A MON CHER MAITRE

M. ALFRED FOUILLÉE

MEMBRE DE L'INSTITUT

HOMMAGE

DE RECONNAISSANCE, D'AFFECTION ET DE RESPECT

L'IDÉE DU PHÉNOMÈNE

INTRODUCTION.

I. — L'opposition de l'Être et du Phénomène dans Platon ; l'Être, objet de la science d'après la philosophie ancienne et la philosophie moderne jusqu'à nos jours. — Aristote, Bacon, Descartes, Spinoza, Leibniz.

II. — Révolution qui déplace les pôles des idées philosophiques : le Phénomène substitué à l'Être. — Précédents : les sophistes, les sceptiques. — L'empirisme anglais et français du xviii° siècle: Locke, Condillac, Berkeley, Hume. — L'école anglaise contemporaine. — Les Ecossais : Hamilton, Spencer.— Le positivisme français. — Le criticisme : Kant, Renouvier. — L'éclectisme. — Conclusion à laquelle on tend de toute part : le phénomène est la seule réalité connaissable ou même absolument la seule réalité.

III. — Nécessité de soumettre à la critique l'idée du phénomène. Trois façons de concevoir le phénomène : 1° c'est une *apparence*, la manifestation d'une existence d'ailleurs inconnaissable ; 2° c'est une *représentation*, l'apparition elle-même, sans existence qui en soit distincte, et 3° c'est un *changement*, ce qui commence d'être pour cesser bientôt d'être, ce qui se fait, ce qui devient.

I. — « N'y a-t-il point deux sortes de choses, demande Platon dans le *Philèbe* (1), l'une très noble de sa nature, l'autre inférieure en dignité, l'une absolue, l'autre relative, l'Être et le Phénomène ? » Sur cette distinction fondamentale du Phénomène et de l'Être repose en effet

(1) *Philèbe*, 27, *a*, *b*, *c*.

non seulement la philosophie de Platon, mais la philosophie ancienne tout entière. Pour la pensée grecque, la vraie réalité, objet de la science, c'est l'Être. « Rien de sensible, dit Platon dans la *République* (1), n'est objet de science », et dans le *Timée* (2) : « Comment aurions-nous des connaissances fixes sur ce qui n'a aucune fixité ? Ce n'est point de ces choses passagères que s'occupe la science, laquelle s'attache à la vérité en elle-même. » Le monde des phénomènes est donc, pour Platon, le monde de l'opinion, de l'incertitude et de l'erreur. Tout au plus semble-t-il admettre que la considération des faits sensibles est pour l'intelligence humaine une occasion et un moyen de s'élever à la connaissance, seule certaine et désirable, des existences suprasensibles.

Aristote accorde sans doute une plus grande importance à l'étude des phénomènes : elle n'est pourtant chez lui qu'une préparation à l'étude autrement importante et féconde des essences et des causes. C'est l'Être en tant qu'être qu'il donne pour objet à la métaphysique ou philosophie première.

Lorsque Bacon lui-même écrit qu'il n'y a pas de science des choses passagères (*nulla est fluxorum scientia*), il ne fait que répéter l'enseignement d'Aristote ; et peut-être, en effet, subissant malgré lui le préjugé scolastique, considère-t-il les *causes formelles*, objets de la philosophie renouvelée, comme des entités réelle-

---

(1) *Rép.*, vii, 92, c.
(2) *Tim.*, 59, a, b, c.

ment distinctes des phénomènes fugitifs, lesquelles composeraient au delà de leur flux perpétuel un ordre d'existences supérieures.

La philosophie moderne, tout en faisant dans ses méthodes une part toujours plus large à l'étude des phénomènes, a continué cependant, du moins jusqu'au dix-huitième siècle, à subordonner la notion du Phénomène à la notion de l'Être.

Ainsi Descartes et ses disciples, quelque rôle qu'ils assignent dans leur physique aux diverses sortes de mouvements et de figures et dans leur morale aux différents genres de passions et d'idées, n'en cherchent pas moins l'explication finale des uns et des autres dans les attributs essentiels de l'Étendue et de la Pensée, et ces attributs à leur tour ne leur paraissent pouvoir s'expliquer que par leur rapport avec les Substances qui les soutiennent. En identifiant toutes les substances à la Substance infinie, et en plaçant dans la définition de cette substance le principe unique du système des choses, Spinoza n'a fait, ce semble, que pousser le cartésianisme à ses plus extrêmes conséquences. D'autre part, Leibniz, qui veut réformer la doctrine, n'y voit d'autre moyen que la réforme de la notion de Substance ; les monades ne sont pas seulement à ses yeux des séries harmoniques de phénomènes : ce sont des êtres véritables en qui ces séries elles-mêmes ont leur raison. L'Être demeure donc pour lui, comme pour Descartes et les philosophes anciens, la première et essentielle réalité.

II. — Pourtant, dès cette époque, une grande révolution philosophique se prépare qui doit déplacer et pour ainsi dire intervertir les rapports des idées et des choses. L'historien de la philosophie pourrait sans doute lui trouver des précurseurs chez quelques-uns des premiers philosophes ioniens, tels qu'Héraclite, chez les sophistes Gorgias et Protagoras, chez les sceptiques, chez les nominalistes du moyen âge ; mais c'est bien avec la philosophie du dix-huitième siècle qu'elle naît et grandit.

De nos jours, elle a pour promoteurs ou adhérents tous les partisans, et le nombre s'en accroît sans cesse, des méthodes dites expérimentale, positive et critique. Ceux-là même qui la combattent n'en peuvent méconnaître la puissance, et ce sera sans doute l'œuvre du siècle prochain que de concilier la nouvelle philosophie qui est sortie de ce grand mouvement avec l'ancienne. La catégorie suprême de la science et de la pensée, ce n'est plus l'Être, c'est le Phénomène. Seul, à proprement parler, le phénomène est réel : il contient en soi, dans ses caractères, dans les rapports qui le lient aux autres phénomènes, la raison unique et dernière de toutes choses. Les êtres ne sont que des combinaisons plus ou moins complexes et stables de phénomènes, et tout ce qu'ils ont d'attributs, de puissances, propriétés ou facultés, leur nature entière en un mot, ils l'empruntent aux phénomènes élémentaires qui les composent. Pour qui ne se laisse point tromper par les mots, sous tous ces termes d'Être, de Substance, de Cause, de Force, d'Attribut, de Puissance, etc., se découvrent comme à nu les phénomènes qui en font seul tout le contenu et tout le sens, les phénomènes avec leurs caractères et leurs rapports, principes de toute réalité, objets de toute science.

Bien des écoles ont contribué à cette révolution philosophique ; mais, disons-le, c'est seulement de notre temps que la tendance phénoméniste paraît avoir pris conscience d'elle-même et trouvé sa formule définitive. Au dix-huitième, c'est, comme on doit s'y attendre, dans l'école empirique et sensualiste qu'elle apparaît tout d'abord. Toutes les écoles admettaient tacitement, sauf peut-être un petit nombre de mystiques, que l'expérience, tant intérieure qu'extérieure, n'atteint directement que des faits, des états passagers et relatifs. Locke en tire cette conséquence que l'idée de substance est un pur produit de l'imagination, qu'il n'existe dans la réalité que des groupes de qualités ou de faits, et, cependant, n'osant peut-être pousser jusqu'au bout sa doctrine, il continue à parler de matière, d'esprit, d'âme et de corps, comme si ces mots désignaient des êtres réels.

En France, Condillac insiste plus encore que Locke sur cette idée que les faits seuls sont les vrais principes des sciences : ainsi, la science de l'âme tout entière ne doit être, selon lui, que le développement d'un premier fait. Il accoutume ainsi la psychologie à ne voir dans l'âme qu'une suite toujours changeante de sensations, c'est-à-dire de phénomènes ; mais il ne semble pas se dégager suffisamment de ce qu'on pourrait appeler les préjugés substantialistes du langage ordinaire. Ce langage, en effet, tel du moins qu'il est interprété par le sens commun, implique presque inévitablement la supposition d'êtres distincts des phénomènes.

Berkeley paraît avoir fait pour la notion de Corps ce que Condillac fit pour la notion d'Ame. Il montra que les corps ne sont rien de plus que des assemblages de perceptions, qu'il commencent et cessent d'exister avec la représentation même que s'en fait l'esprit, en un mot que leur existence est purement phénoménale ; mais, d'autre part, il conserva la notion obscure d'une substance de l'Esprit.

Il était réservé à Hume d'unir dans une même doctrine systématique les résultats des analyses de Berkeley et de Condillac et de dégager enfin le principe et la méthode du phénoménisme. Toute existence se résout en une simple collection d'impressions et d'idées, c'est-à-dire de phénomènes. Tout ce qui est réel n'est que cela; tout ce qui n'est pas cela n'est pas réel. Les substances, les causes, avec leurs attributs et pouvoirs, ne sont que des noms. Tant qu'on n'est point arrivé aux faits, on s'arrête dans ses analyses à moitié chemin de la réalité, dans la région des mots et des fictions. — Désormais la philosophie phénoméniste est fondée. On en retrouvera partout la puissante influence, même dans les tentatives faites pour lui échapper.

Tout d'abord, la lignée de Hume se poursuit en Angleterre dans la grande école de psychologie associationniste. Il suffira de citer les noms de Hartley, James Mill,

Stuart Mill, Bain, Herbert Spencer, Lewes, James Sully et tant d'autres qui de nos jours encore en continuent les traditions. Tous ces philosophes s'accordent sur ce point capital que nous ne pouvons rien connaître de positif en dehors des phénomènes et de leurs rapports, que le monde extérieur n'est par conséquent rien de plus qu'un ensemble sans cesse renouvelé de phénomènes, que la vie intérieure de l'esprit se réduit de même aux différents phénomènes qui s'y succèdent, et que dans les caractères et propriétés de ces phénomènes réside la seule explication possible de cette vie même. L'École écossaise, avec Reid, Dugald Stewart, Brown, Hamilton, Mr. Mansel, sans adopter cette conclusion, a contribué à répandre l'usage de la méthode qui y aboutit comme à son terme nécessaire. Remarquons toutefois que, même dans l'École anglaise, et peut-être sous l'influence de Hamilton, un certain substantialisme reste encore. Ainsi H. Spencer, derrière tous les phénomènes, place une Force ou Substance inconnaissable qui est le grand acteur de tout ce qui se fait dans la nature et dans l'esprit (1).

En France, deux courants distincts, l'un philosophique, l'autre scientifique, tendent à se confondre de plus en plus dans une même école phénoméniste. Le

---

(1) De même l'attraction latente que le matérialisme et le panthéisme exercent sur un penseur tel que M. Lewes l'empêche de s'en tenir à la simple thèse des phénomènes liés entre eux, et il s'efforce d'y voir autant de projections différentes d'une réalité inconnue, à laquelle il conserve cependant, non sans quelque inconséquence, le nom de phénomène.

premier part de Condillac, et de Destutt de Tracy pour venir à nos contemporains MM. Mervoyer, Taine, Léon Dumont, Ribot, Paulhan, etc. Le second, où se rencontrent la plupart des savants, surtout des physiologistes de ce temps-ci, dérive d'Auguste Comte. Il est vrai qu'Auguste Comte lui-même, par l'intermédiaire de Saint-Simon, du docteur Burdin et de Turgot, se rattache à la philosophie sensualiste du dix-huitième siècle et va rejoindre ainsi Condillac. Il est vrai aussi que plus d'un savant qui se dit positiviste conserve, à son insu, le préjugé de la substance, surtout de la substance matérielle. Mais tous sont d'accord sur le principe, si tous ne voient pas quelles conséquences il emporte et comment il exclut la plupart des façons ordinaires de concevoir et de parler.

En Allemagne, la philosophie critique aurait dû faire prévaloir la même doctrine. Kant a sans doute maintenu l'idée d'une réalité supérieure aux phénomènes ; mais il l'a placée résolument hors de la science, dans le domaine de la foi morale. Ses successeurs, Fichte, Schelling, Hegel, sont au contraire revenus à la notion du noumène, Être ou Idée en soi ; et ils ont vu dans le phénomène le développement des multiples possibilités enveloppées dans cette unité suprasensible. Aussi, le plus original des disciples français de Kant, M. Renouvier, a-t-il cru devoir couper la racine même du substantialisme en n'admettant plus que des phénomènes et des lois.

Enfin, même dans les écoles qui combattent encore

pour la substance, la part croissante faite à l'expérience, c'est-à-dire aux phénomènes, la circonspection avec laquelle on affirme l'existence et la nature des êtres proprement dits, l'indétermination même des expressions par lesquelles on les décrit, sont autant de signes des progrès du phénoménisme chez ses adversaires eux-mêmes.

Pourtant cette idée du phénomène, qui tend à devenir l'idée cardinale de l'esprit humain ne saurait être dispensée de la critique. De toute part on l'admet, on l'emploie sans analyse, sans discussion, comme si elle était absolument claire et intelligible par elle-même. Les psychologues, dont l'analyse a dissous les notions de cause, de substance, d'être, etc., l'ont respectée : elle a été pour eux l'élément indécomposable qui se retrouve au fond de toutes les autres idées et avec lequel ils les recomposent toutes (1).

Notre intention est de faire l'analyse et la critique de cette idée, d'en examiner la signification et le contenu, d'en apprécier la valeur. Nous ne fixons par avance aucune conclusion à cette libre recherche; mais, dût-elle ne nous conduire à aucun résultat positif, nous ne croirons pas cependant avoir perdu notre peine si nous appelons l'attention des philosophes de toutes les écoles sur une des idées fondamentales de la philosophie contemporaine et si nous réussissons à les convaincre de la nécessité de soumettre cette idée à la critique.

(1) « L'idée de fait ou d'événement correspond seule à des choses réelles. » (Taine, *de l'Intelligence*, t. I, p. 387. Cf. *ibid.*, p. 380.)

III. — Dans la thèse du phénoménisme, le phénomène doit en quelque sorte se suffire : je veux dire qu'il doit pouvoir être conçu et défini par lui-même. Il est trop clair en effet que, si son idée expliquait un rapport essentiel avec quelque existence d'une autre espèce, comme celle que les métaphysiciens nomment Être, Substance, Cause, etc., elle ne pourrait elle-même servir à expliquer cette existence, et on ne pourrait non plus prétendre que tout se réduit pour l'analyse aux phénomènes et à leurs diverses collections.

Il faut donc essayer de rompre toutes les attaches que l'imagination a nouées entre les phénomènes et les prétendues réalités d'un autre ordre, afin de les concevoir tels qu'ils sont véritablement et tels qu'ils suffisent à engendrer toutes choses.

Or les trois conceptions du phénomène qui, plus ou moins distinguées entre elles, se retrouvent dans les différentes doctrines, peuvent, à notre avis, se ramener aux trois suivantes :

1° Le phénomène est une *apparence* : c'est la manifestation d'une existence invisible et permanente.

2° Le phénomène est une *représentation* : c'est ce qui apparaît, l'apparition elle-même, sans existence qui en soit distincte.

3° Le phénomène est un *changement* : c'est ce qui commence à être pour cesser d'être, ce qui se fait, ce qui devient.

De ces trois conceptions, la première pourrait être dite réaliste ou objective; la seconde, idéaliste ou subjective;

la troisième, positiviste ou positive. Elles définissent tour à tour le phénomène : la première, par son rapport avec la Substance ; la seconde, par son rapport avec la Conscience ; la troisième, par son rapport avec le Temps.

Il convient de les examiner en détail avant de prendre parti pour l'une d'entre elles.

CHAPITRE PREMIER

LE PHÉNOMÈNE ET L'ÊTRE

I. — Inconséquence commune à plusieurs phénoménistes qui, après avoir déclaré que le phénomène seul peut être connu, impliquent dans la définition du phénomène cette notion de l'Être qu'ils ont eux-mêmes déclaré inconnaissable : Kant et Spencer.

En quoi cette thèse diffère de celle de la vieille métaphysique substantialiste.

II. — Examen de la conception du phénomène dans Kant. Le phénomène dans Kant est défini par son rapport avec le noumène. Cette définition est-elle légitime ?

1º Deux usages du concept du noumène d'après Kant : l'un *limitatif*, légitime ; l'autre *constitutif*, illégitime.

Mais le concept du noumène au sens limitatif est indéterminé, complètement négatif et même contradictoire.

D'ailleurs, pour définir le phénomène, Kant fait de ce concept un usage non limitatif mais constitutif.

Il s'ensuit que Kant ne voit pas les phénomènes tels qu'ils sont : il les voit déformés par l'ombre de la chose en soi. Discussion de sa théorie de la *passivité* universelle des phénomènes. Hypothèses et contradictions qu'elle implique.

2º Le noumène, pourrait-on dire, n'est admis par la *Critique* qu'à titre d'hypothèse. Sa réalité n'est affirmée que pour des raisons morales.

Comment, s'il en est ainsi, toute la philosophie de Kant tourne dans un cercle vicieux.

3º Contradictions dans lesquelles Kant est tombé par suite de sa conception du phénomène.

III. — Examen de la conception du phénomène dans Spencer. Arguments de Spencer et critique.

1º L'idée du phénomène implique celle de la réalité. Discussion de l'argument.

2º Si le relatif existait seul, il serait lui-même l'absolu. Discussion de l'argument.

3º Nous avons conscience de l'absolu. — Discussion de l'argument.

4º La science implique l'affirmation de l'absolu : principe de causalité ; loi de la transformation des forces. — Discussion de l'argument.

IV. — Résumé de la critique de Kant et de Spencer : le concept de phénomène n'implique pas analytiquement celui de noumène.

Nécessité d'admettre une opération qui atteint l'Être par delà le phénomène : retour aux positions de la vieille métaphysique substantialiste.

Deux hypothèses : 1° Cette opération est une conclusion immédiate fondée sur quelque principe de l'entendement pur.

2° Elle est une intuition immédiate de l'Être.

Discussion de ces deux hypothèses.

Conclusion générale. Passage à la seconde conception du phénomène.

I. — Préliminaires.

Nous ne connaissons positivement que des phénomènes : telle est la thèse commune de tous les partisans du phénoménisme. De là à conclure que les phénomènes seuls sont réels, il n'y a qu'un pas. Que nous importent en effet des choses que nous ne pouvons connaître, que nous ne pouvons même concevoir, s'il est vrai que nos conceptions se modèlent nécessairement sur nos connaissances ? Ne sont-elles pas pour nous comme si elles n'existaient pas ?

Sans doute, nous nous imaginons concevoir ou même connaître autre chose que des phénomènes, à savoir des substances, des causes, ou bien encore des essences, des lois, des fins, des idées, etc. ; mais ces prétendues réalités ne sont que des abstractions, qualités ou rapports, inséparables des phénomènes, dont notre esprit seul les sépare. Ce ne sont pas ces entités qui soutiennent les phénomènes : bien au contraire, elles ne subsistent que par eux. Otez-en tout contenu phénoménal, il ne reste plus que des formes ou enveloppes vides.

Toutefois (et ce n'est pas là un des moindres exemples

de la persistance des idées métaphysiques dans l'esprit humain, malgré les efforts obstinés qu'il tente parfois pour s'en défaire) plus d'un partisan du phénoménisme ne peut se résoudre à demeurer jusqu'au bout fidèle aux principes du système ; sous un nom ou sous un autre, on le voit rétablir, au delà ou au-dessus des phénomènes, ce *je ne sais quoi* dont il avait tout d'abord nié la réalité et supprimé la notion.

C'est pourquoi la première conception du phénomène que nous examinons ici est justement la conception vulgaire, celle qui le rattache à la substance, dont il est supposé manifester l'existence et la nature. Après l'avoir rejetée et combattue, après avoir essayé de tout ramener à ce phénomène, qu'on prétend se suffire, en vient-on à le définir lui-même, on retourne subrepticement à ces mêmes idées qu'on avait reniées ; on relève d'une main ce qu'on avait renversé de l'autre.

Kant nous en est un exemple. — Selon lui, tout dans la nature se réduit à des phénomènes unis dans l'espace et le temps conformément aux lois de la synthèse mentale ; et cependant ces phénomènes ne sont pas de simples états de conscience liés entre eux dans l'unité de la pensée ; ils manifestent, ils représentent des objets réels, des choses en soi. Comment cette sorte de postulat peut-elle non pas même se prouver, mais se concilier avec ces assertions de la *Critique*, que les phénomènes sont les seuls objets de connaissance possible, et que les catégories n'ont ni signification ni usage en dehors de leur application aux phénomènes ? Kant n'a pas et ne nous laisse pas le droit de croire aux noumènes, et cependant il y croit.

Nous ne connaissons pas les choses, dit-il, telles qu'elles sont, mais seulement telles qu'elles nous apparaissent. C'est dire que les choses existent de deux manières : d'abord telles qu'elles sont, ensuite telles qu'elles nous apparaissent, et que, de ces deux modes d'existences, le second est inséparable et dépend du premier. — Le mot même de phénomène n'implique-t-il pas d'ailleurs la notion de la chose en soi ? Phénomène veut dire apparition ; mais toute apparition suppose ce qui apparaît, c'est-à-dire l'être ou la chose. Si *rien* n'apparaissait, il n'y aurait pas de phénomène. — Nous ne pouvons opposer notre connaissance relative à une connaissance absolue que si elle a pour objet des apparences relatives elles-mêmes à quelque réalité : supprimez cette réalité que nous ne connaissons ni ne pouvons connaître, les phénomènes deviennent immédiatement la réalité, et notre connaissance humaine n'est plus relative, mais absolue.

Bien mieux, non seulement nous pouvons être assurés que les choses en soi existent, mais nous pouvons même savoir d'abord qu'elles ne sont ni dans l'espace ni dans le temps, ensuite qu'elles enveloppent la dualité d'un sujet et d'un objet. En effet, selon Kant, l'objet extérieur nous apparaît dans l'espace, le sujet ou le moi nous apparaît dans le temps ; en soi cependant ni l'objet ni le sujet ne sont dans le temps et dans l'espace, où nous les montrent le sens intime et les sens extérieurs.

Ainsi les phénomènes dans Kant ont un fondement réel : ce sont les formes que revêtent les choses quand elles entrent en rapport avec notre sensibilité ; en un certain sens, ce sont les choses elles-mêmes modifiées par le regard de l'esprit qui les aperçoit. D'un bout à l'autre des trois *Critiques*, la notion des noumènes, que les phénomènes trahissent sans les révéler, est partout présente.

On s'étonnera peut-être de nous voir donner comme exemple, à côté de Kant, un philosophe anglais qui fut longtemps considéré, malgré ses protestations, comme un adepte du positivisme, Herbert Spencer. Mais il ne faut pas oublier qu'il a profondément subi l'influence de Hamilton, auquel il doit la plupart de ses théories philosophiques (relativité de la connaissance, incognoscibilité et réalité de l'absolu, antinomies, réalisme, conception de la causalité, critérium de l'inconcevabilité du contraire, etc., etc.) ; et Hamilton lui-même, on le sait, fut à bien des égards un disciple de Kant. Spencer est kantien sans le savoir.

Avec Hamilton, avec Kant, Spencer déclare que la connaissance humaine est entièrement relative, qu'elle n'a et ne peut avoir d'autres objets que les phénomènes et leurs rapports. Ses vastes constructions métaphysiques s'étendent aussi loin que l'ensemble même des choses ; mais, comme les sciences positives, dont elles prétendent seulement coordonner et généraliser les résultats, elles ne dépassent pas la sphère des phénomènes. Et cependant Spencer admet que les phénomènes n'épuisent pas toute la réalité : par delà le connaissable, il admet l'inconnaissable ; au relatif, objet de la science, il oppose l'absolu, objet de la religion. Bien mieux, nous ne pouvons concevoir le relatif que par contraste avec l'absolu : si nous supposons que le relatif existe par lui-même, nous nous achoppons à une contradiction ; car, dans cette hypothèse, le relatif lui-même devient absolu. Mais l'absolu n'est pas seulement conçu par nous dans son antithèse avec le relatif : nous en avons une conscience immédiate. Sous les formes diverses et changeantes des phénomènes, nous avons l'intuition de cette existence indéfectible et toujours égale à elle-même dont tous les êtres de l'univers ne sont que de passagères manifestations. En un sens, les phénomènes sont l'absolu lui-même dans la multiplicité de ses modes successifs ; car, s'il n'existait rien, rien n'apparaîtrait.

Ainsi dans toutes ces doctrines le phénomène est essentiellement défini par son rapport avec l'Être, sous quelque nom que l'on désigne d'ailleurs la source mystérieuse dont il émane : Noumène, Inconnaissable, Absolu. — En quoi cette thèse diffère-t-elle donc de celle de la vieille métaphysique substantialiste, par exemple de celle de Spinoza, et jusqu'à quel point ceux qui la soutiennent peuvent-ils se prétendre encore partisans du phénoménisme et de la relativité de la connaissance ?

Toute la différence entre ces philosophes et les vieux métaphysiciens tient à leur façon d'envisager la nature de la connaissance. Quel est, pour un Spinoza comme pour un Descartes, le type de la connaissance parfaite? C'est la connaissance rationnelle, mathématique, construite tout entière avec des idées pures dont la raison affirme à priori la nécessaire objectivité. L'expérience passe, au contraire, pour un mode de connaissance inférieur et précaire, une sorte de pis-aller, dont il faut bien nous contenter lorsque notre misérable condition humaine nous empêche de trouver le vrai par les seules forces de l'entendement pur.

Mais les succès et les progrès des sciences positives, avant tout fondées sur l'expérience, ont, depuis, révélé à la philosophie un nouveau type de connaissance scientifique. Les mathématiques mêmes paraissent n'avoir plus d'autre rôle que de préparer des formes vides où seules les sciences expérimentales pourront enfin mettre un contenu. Le rationalisme se croit dès lors obligé, avec Kant, de donner, au moins en partie, gain de cause à l'empirisme en reconnaissant que l'expérience est la matière nécessaire de toute connaissance véritable et que tout le savoir humain se rapporte en définitive aux phénomènes tels que nous pouvons les percevoir au moyen des sens. Que deviendront dans cette hypothèse les idées pures de la raison? Soit qu'on les déclare irréductibles à l'expérience ou qu'on les en fasse dériver par une genèse qui se confond avec la genèse même de la vie et de la pensée, elles ne seront jamais que des facteurs ou des éléments de la connaissance proprement dite. Tout au plus pourront-elles être objets de conception et de croyance.

Il sera donc vrai de dire, avec les philosophes dont nous avons exposé plus haut les doctrines, avec Kant, avec Hamilton, avec Spencer, que toute *connaissance* a pour objet des phénomènes et que nous ne pouvons rien *connaître* d'absolu. Ce qui n'empêchera pas de dire en même temps que les phénomènes impliquent nécessairement l'Être qu'ils manifestent et que le relatif ne se conçoit pas sans l'absolu.

Seulement pour les métaphysiciens substantialistes, la vraie connaissance, c'est précisément cette conception de l'absolu, si indéterminée qu'on la suppose, et la nécessité intellectuelle qui nous fait croire à son objectivité est logiquement bien supérieure à la croyance aveugle et brute qui naît en nous de la perception empirique des phénomènes. Car, en fin de compte, c'est seulement par l'absolu, on en convient soi-même, que se définit et se comprend le relatif, et, bon gré mal gré, c'est dans le Noumène ou l'Inconnaissable qu'on va chercher la profonde et dernière raison de l'existence et des lois les plus générales des phénomènes. Or ce par quoi on connaît tout le reste, faut-il dire qu'on ne le connaît pas? N'est-ce pas, au contraire, comme disaient les Grecs, le connaissable en soi, le premier connaissable? Comme on le voit, la différence entre la vieille métaphysique et la nouvelle est plutôt dans les mots que dans les choses : on le verra de mieux en mieux.

Mais il reste à savoir pour quelles raisons ces philosophes affirment l'existence d'un fondement transcendant des phénomènes et comment ils conçoivent ses rapports avec les phénomènes eux-mêmes.

II. — Le phénomène d'après Kant.

En ce qui concerne Kant, c'est là un des points les plus obscurs de sa doctrine. L'existence des choses en soi semble parfois chez lui un postulat admis d'emblée comme la condition de la possibilité de la critique de la raison pure : car nous ne pouvons logiquement considérer des phénomènes comme tels qu'à la condition de les opposer à des choses existant en elles-mêmes et non plus simplement données en nous. Mais, en admettant la légitimité provisoire de ce postulat, la critique de la raison sera-t-elle vraiment complète et décisive, si elle s'achève sans l'avoir soumis à son contrôle, sans en avoir définitivement déterminé la valeur ? Il ne nous paraît pas que Kant ait jamais pris ce soin.

Il distingue, il est vrai, deux usages possibles du concept de *noumène*, l'un positif ou transcendantal, l'autre négatif ou limitatif (1). Selon lui, c'est faire de ce concept un usage purement limitatif que de concevoir la possibilité d'existences autres que les phénomènes. Le noumène, en ce sens, c'est quelque chose qui diffère de tout ce que nous connaissons et pouvons connaître : c'est l'absolument inconnaissable. Peut-être, dirait-on,

---

(1) *Critique de la raison pure.* Analytique des principes, ch. III, §§ 351 et suivants.

parmi les choses que nous ne connaissons pas, en est-il qui diffèrent si radicalement de celles que nous connaissons, qu'elles n'ont pas même avec elles cette ressemblance commune de pouvoir tomber un jour ou l'autre sous notre connaissance. Voilà une notion non seulement indéterminée, mais complètement négative. On peut même se demander si elle n'est pas contradictoire. Car enfin, si nous n'affirmons pas que de telles choses existent; nous supposons cependant qu'elles peuvent exister, nous nous disons à nous-mêmes : qui sait si elles n'existent pas ? Or l'existence que nous leur attribuons, même problématiquement, même, pour ainsi dire, interrogativement, est-elle autre chose qu'une *catégorie*, c'est-à-dire une forme de notre entendement qui n'a de sens qu'autant qu'on l'applique aux phénomènes ? Quel sens peut-elle donc avoir quand nous l'appliquons aux noumènes ? Les noumènes étant conçus par la négation même des phénomènes, il faut en nier toutes les formes des phénomènes, non pas seulement celles du Temps et de l'Espace, mais aussi celles de l'Existence et de la non-Existence, de la Possibilité et de l'Impossibilité. Que si le mot *Existence* n'a pas le même sens appliqué aux phénomènes et aux noumènes, pourquoi nous servir du même mot pour deux sens différents ? Les noumènes en tout cas ne nous sont pas complètement inconnus, puisque, s'ils existent, nous savons en quoi peut consister pour eux l'existence. Que si le mot a le même sens, les noumènes ne sont donc pas totalement différents des phénomènes, puisqu'ils partagent avec eux la possibilité d'exister, peut-être même l'existence.

Mais ce concept de la chose en soi n'est pas même celui dont Kant fait réellement usage. En effet, la chose en soi ainsi conçue ne soutient aucun rapport avec les phénomènes : elle n'en est pas le fondement mystérieux ; elle constitue un monde entièrement étranger au monde des apparences. Or Kant conçoit la chose en soi comme étant en relation nécessaire avec les phénomènes : elle en est le substratum intelligible ; en un certain sens, noumène et phénomène sont une seule et même chose envisagée sous deux aspects, tantôt telle qu'elle est en soi, tantôt telle qu'elle apparaît aux sens et à la pensée. Or, même à titre d'hypothèse, ce concept est-il légitime ? ou ne contient-il pas une nouvelle contradiction ? Le rapport qu'on imagine entre le noumène et le phénomène semble bien n'être autre chose que le rapport de la substance au mode, de la cause à l'effet, du fondement, comme dit Hégel, à ce qu'il fonde ? On croit y reconnaître le rapport leibnizien de la *raison suffisante ;* mais ce rapport, d'après Kant, a-t-il une signification possible en dehors des phénomènes dont il exprime la synthèse ? Quel droit avons-nous par conséquent de l'impliquer dans la conception d'une chose qui, par hypothèse, est la négation radicale des phénomènes et de tous les concepts qui s'y rapportent ?

Accordons cependant la possibilité intrinsèque du concept de la chose en soi. Est-il vrai que Kant en fasse seulement un usage limitatif ? Nous ne le croyons pas.

Il nous paraît admettre expressément non pas seulement la possibilité, mais la réalité des noumènes.

Ce serait sans doute faire de ce concept un usage purement limitatif que de dire : « Il se peut que par delà les choses connues et connaissables, c'est-à-dire les phénomènes, existent d'autres choses dont nous n'avons et n'aurons jamais aucune idée ; il se peut même que ces choses inconnues et inconnaissables entretiennent avec les phénomènes des rapports mystérieux qui échappent à notre intelligence et où se trouve cependant la raison des phénomènes eux-mêmes. Mais il se peut aussi que les phénomènes seuls existent et soient seuls en rapport les uns avec les autres ; il se peut par conséquent que les choses sans nombre que nous ignorons soient toutes de même nature que celles que nous connaissons, c'est-à-dire réductibles à des phénomènes et à des rapports de phénomènes. Les deux hypothèses sont également légitimes ; et on ne voit pas qu'il soit possible de décider laquelle est la vraie ». Tout au plus pourrait-on prétendre (et c'est ce que fait le néo-criticisme de M. Renouvier) que la seconde, étant la plus simple, doit par cela même avoir la priorité, et que d'ailleurs la première est vide de toute conséquence théorique et pratique. Si la chose en soi est un x tellement indéterminé que nous ne pouvons nous en faire aucune idée, disons qu'un tel x existe peut-être ; mais, cela dit, à quoi nous servira-t-il d'en parler davantage ? Peut-elle nous représenter autre chose que le néant de toute pensée et de toute réalité ?

Seulement, quand on se place à ce point de vue, on ne saurait plus prétendre que le concept du noumène soit impliqué dans celui du phénomène. Le phénomène, ce semble, est conçu d'abord en lui-même et par lui-même, comme ce qui est donné dans la conscience à titre de représentation ; et c'est seulement par la négation du phénomène que l'on conçoit ensuite le noumène. Que ce second concept soit utile pour mieux faire ressortir le premier par contraste, nous l'accorderons sans peine ; mais il lui est logiquement postérieur comme le concept du *non blanc* est logiquement postérieur à celui du *blanc*.

Kant, cependant, n'établit-il pas une liaison interne entre les deux concepts du phénomène et du noumène ? Ne prétend-il pas que le phénomène ne peut être conçu comme tel qu'à la condition de se rapporter à la chose dont il est l'apparition ? Or c'est là faire un usage plus que limitatif du concept de la chose en soi ; c'est spéculer sur les rapports de la chose en soi et des phénomènes.

Partout, en effet, dans la *Critique de la Raison pure*, se trouve affirmé ce postulat, « que les choses ont une double existence, phénoménale et noumenale ; qu'elles existent d'abord en elles-mêmes, puis dans leurs rapports avec nous ; et que leur existence noumenale est le fondement des phénomènes qui nous les révèlent. » Où est la critique, où est la preuve de ce postulat ? Nulle part. Kant n'a pas fait sans doute ce paralogisme, de démontrer la chose en soi par le principe de causalité ou de raison suffisante ; et, cependant, on l'a vu, c'est bien un rapport de raison suffisante qu'il imagine entre le phénomène et la chose en soi. Dira-t-on que le concept du phénomène implique celui du noumène? Nous avons vu qu'il n'en est rien. Si l'analyse découvre le noumène dans le phénomène, c'est que la synthèse — et une synthèse forcément hypothétique — a commencé par l'y mettre. Le contraire serait plus exact : c'est l'idée du noumène, qui, comme nous l'avons montré, est essentiellement constitué par les trois idées : 1° de phénomène ; 2° de négation ; 3° de raison suffisante.

Kant commet donc une perpétuelle pétition de principe en présentant toujours le phénomène comme la manifestation de la Chose en soi. Il a beau exorciser l'Être en soi de la vieille métaphysique : son imagination en projette sans cesse le fantôme derrière les seules réalités qu'il déclare accessibles au savoir humain. Mais ces réalités mêmes, il ne les voit pas telles qu'elles sont : il les voit transfigurées, déformées par l'ombre du spectre.

Ainsi, d'après lui, tous les phénomènes nous sont donnés comme *passifs* ; et cela se comprend, puisqu'ils résultent en nous de l'*action* des choses. Nous les *recevons* en quelque sorte tout faits ; et notre *réceptivité* leur impose ses formes propres, qui sont l'espace et le temps. Mais peut-on continuer à dire après cela que les Choses en soi nous sont totalement inconnues? Nous savons tout au moins qu'elles sont *actives*, que leur activité s'exerce sur nous et qu'elle y *détermine* les intuitions du sens externe et du sens intime. Cette activité même que nous leur attribuons, Kant ne dit pas où nous en avons pris l'idée. Est-ce une application de la catégorie de Cause ? Mais cette Catégorie n'est applicable qu'aux phénomènes, et d'ailleurs, aux yeux de Kant, elle n'enveloppe aucune idée d'activité ; car elle se réduit à la notion de « succession nécessaire ». Est-ce une négation de la passivité ? En ce cas, c'est une idée purement négative, indéterminée et vide : elle ne représente rien à l'esprit, sinon que la Chose en soi est d'une autre nature que le phénomène sensible. Mais, à vrai dire, c'est la notion de passivité qui est négative. Est passif ce qui existe en nous sans que nous agissions pour le faire exister. Si nous ne savions pas au préalable ce que c'est qu'activité, nous ne dirions même pas que les phénomènes sont passifs : nous dirions qu'ils sont, et rien de plus.

De fait, l'entendement trouve en lui-même, d'après Kant, le type de l'idée d'activité. Si la sensibilité est une réceptivité passive, l'entendement est une spontanéité, et la pensée est une action. D'où cette double conséquence, qu'il paraît bien difficile de concilier avec les résultats généraux de la Critique. D'abord, la Chose en soi est analogue à la Pensée ; la Pensée même est une sorte de Chose en soi à l'égard des déterminations qu'elle produit dans le sens intime ; la seule différence assignable entre la Pensée et la Chose en soi, c'est que l'une est la raison de la matière, l'autre, celle de la forme des phénomènes ; et, puisque enfin nous avons une certaine connaissance de la Pensée, nous pouvons avoir par là même une certaine connaissance des Choses en soi. En second lieu, toute expérience n'a pas nécessairement pour objet les phénomènes, ou tout phénomène n'est pas nécessairement passif. En effet, comment Kant sait-il ce qu'il nous apprend sur la nature de la pensée? Qu'il dise, s'il le veut, que ce n'est pas par le sens intime, que c'est par la *conscience*, par l'*aperception pure primitive* : les mots ici n'importent guère. En reconnaît-il moins une certaine sorte d'observation ou d'expérience qui a directement pour objet l'action intellectuelle ou la pensée?

Kant se refuserait sans doute à donner le nom d'expérience à ce mode d'information ; comment la nommer cependant? Tout ce qui est connu *de visu*, par une constatation immédiate, n'est-il point connu par expérience? Est-ce par le raisonnement que nous savons que nous pensons et ce que c'est que penser? Il lui plaît de limiter le nom d'expérience à la simple connaissance immédiate des phénomènes, et le nom de phénomènes aux états passifs et successifs ; mais qu'est-ce qui prouve que cette limitation n'est pas arbitraire et nominale? Après tout, la pensée est un *fait*, si elle n'est pas un *phénomène ;* nous n'en connaissons point l'existence et la nature par déduction ou construction : quel nom encore une fois donner à la conscience que nous en avons, sinon celui d'observation ou d'expérience ? C'est ainsi que dans la *Critique de la Raison pratique* Kant parle du *fait* de l'obligation morale ; il ne veut pas cependant que ce soit un phénomène ni que nous le connaissions par expérience. Tout cela dépend du sens que l'on donne aux mots; mais, si c'est un fait et si nous le connaissons, je ne vois pas bien quel autre mot qu'*expérience* pourrait convenir à cette connaissance de fait.

Il ne sert de rien, à notre avis, de distinguer radicalement, comme Kant l'a fait (1), le sens interne ou conscience empirique et la conscience pure ou aperception pure. Que la conscience atteigne des états passifs ou des actions, en est-elle moins dans l'un ou l'autre cas une conscience, c'est-à-dire une connaissance immédiate, une vision de choses de fait ? La différence est ici dans le contenu, non dans la nature de la connaissance.

D'ailleurs, c'est une doctrine chère à Kant, que le temps ou la succession est la forme nécessaire de notre expérience intime, et à ce compte tout ce qui se succède dans le temps est nécessairement passif. Mais l'action intellectuelle par laquelle nous parcourons et enchaînons les divers éléments de l'intuition sensible n'est-elle pas successive ? Nos jugements, qui sont sans doute des opérations intellectuelles, ne tombent-ils pas dans le temps et n'y forment-ils pas une série ? Je veux bien que l'essence et les lois de la pensée soient intemporelles; mais il en est ainsi de toutes les essences et de toutes les lois, parce que ce ne sont là que des possibilités, des abstractions. L'action de la pensée est incon-

---

(1) *Critique de la Raison Pure.* Analytique des concepts, ch. ii, sect. II, § 167.

testablement dans le temps, où elle multiplie et juxtapose ses propres actes. Si l'on peut dire qu'elle est hors du temps, c'est à la condition de l'envisager dans l'unité permanente du sujet qui l'exerce et dont elle émane; mais la réalité de ce sujet est fort problématique dans la doctrine de Kant, qui n'admet à titre de fait que l'action même de la pensée. Comment concevoir en effet que tout l'ensemble des actes par lesquels nous organisons progressivement l'expérience soit déterminé à priori en dehors du temps, c'est-à-dire de la succession et de la durée? N'est-il pas manifeste au contraire que ces actes sont extérieurs les uns aux autres et par conséquent successifs comme les phénomènes auxquels ils s'appliquent? L'activité qui se manifeste par ces actes et qui en est la source commune et intarissable est étrangère et supérieure au temps : je l'accorde; mais, tant qu'elle ne s'exerce pas, cette activité est une pure puissance; elle ne se réalise que par ses actes, lesquels sont nécessairement temporels. Les conditions générales de son exercice, l'ensemble des lois qui dérivent de sa nature, sont encore hors du temps; mais cela, c'est la pensée abstraite : ce n'est pas la pensée réelle et, pour ainsi dire, en action. Il n'est donc pas vrai que les phénomènes soient nécessairement passifs : les actes aussi peuvent se succéder dans le temps, qui est la forme non du sens interne, mais de la connaissance en général.

Ainsi Kant s'appuie sur l'hypothèse métaphysique qu'il se propose de renverser lorsqu'il prétend que tout phénomène est nécessairement passif, car il suppose par là même: 1° que les choses en soi sont actives ; 2° qu'elles sont analogues à la pensée ; et en outre il se contredit lui-même, car la pensée, qui ne nous est connue que par la succession de ses actes, est un phénomène ; et nous avons cependant conscience de l'activité qui la constitue et la distingue seule de la sensibilité passive. De toute façon, il résulte de la théorie même de Kant que la conscience se suffit à elle-même pour concevoir le phénomène comme tel et que l'opposition du phénomène et du noumène est la conséquence d'une hypothèse métaphysique préconçue et non de l'analyse impartiale des phénomènes.

La critique de Kant, dira-t-on peut-être, n'admet en effet le noumène qu'à titre d'hypothèse ; tout au plus affirme-t-elle sa réalité pour des raisons morales, comme moyen de résoudre en faveur du devoir la « dramatique antinomie » de la liberté et du déterminisme. Soit ; mais alors toutes les théories de l'*Esthétique* et de l'*Analytique transcendantales* ne sont que les développements d'une hypothèse dont la vérité demeure problématique pour l'intelligence et que la foi morale transforme seule en certitude. Les postulats de la raison pratique, ce ne sont pas seulement la liberté, l'immortalité de l'âme et l'existence de Dieu : ce sont aussi tous les prétendus résultats de la critique de la raison spéculative. Ils n'ont rendu possible l'affirmation du devoir et de la liberté que parce qu'ils ont été dès l'origine préordonnés en vue de cette fin. Dès lors, la philosophie de Kant tourne dans un véritable cercle vicieux : « Qu'est-ce qui prouve que le devoir et la liberté soient possibles? — C'est, répond-elle, que les phénomènes ne sont pas toute la réalité; c'est qu'ils ne sont même que les apparences de la réalité véritable. — Qu'est-ce qui prouve, d'autre part, que les phénomènes se rapportent nécessairement à des choses en soi? — C'est que nous ne pouvons être libres et moralement obligés que si les choses en soi sont les véritables réalités dont les phénomènes ne sont que les apparences. »

Sans cette préoccupation de laisser une place ouverte aux affirmations de la raison pratique, on ne comprendrait pas que Kant ait jugé nécessaire d'impliquer l'hypothèse du noumène dans sa conception même du phénomène. Au point de vue de la spéculation pure, c'était entacher d'incertitude originelle tous les résultats de sa critique de la connaissance. Car enfin, pouvait-on lui dire, ou le noumène existe, ou il n'existe pas : s'il n'existe pas, toute votre théorie, fondée sur la réalité supposée d'un noumène en rapport avec le phénomène, est radicalement fausse; et, s'il existe, elle est sans doute vraie en soi, mais, comme nous ne pouvons savoir s'il existe en effet, c'est là une de ces vérités qu'il est à jamais impossible de distinguer de leurs contraires.

La critique de la connaissance doit donc, au moins provisoirement, écarter l'hypothèse de la réalité du noumène et considérer les phénomènes en eux-mêmes à titre de représentations données dans la conscience.

Au fond, nous l'avons dit, Kant nous paraît passer alternativement de l'affirmation conditionnelle à l'affirmation catégorique des choses en soi. Il oublie que le noumène ne peut être pour lui qu'une simple hypothèse d'exposition ; car, lorsqu'il affirme que le phénomène suppose nécessairement le noumène, il ne prétend pas seulement nous déduire les conséquences d'une définition nominale et provisoire du phénomène, mais nous faire connaître sa nature réelle et définitive. Sans le savoir et contre son gré, il cède à la même illusion dialectique qu'il combat chez les métaphysiciens et qui leur fait transporter au delà des phénomènes des rapports qui, comme ceux de la substance et de la cause, reçoivent, selon lui, des phénomènes eux-mêmes toute leur signification et tout leur usage.

Aussi ne faut-il pas s'étonner que, vérifiant sa propre théorie de l'*illusion dialectique*, Kant se soit heurté à d'incessantes contradictions.

Sa conception du phénomène, nous l'avons montré, est contradictoire en soi. Il convient d'y insister. D'après cette théorie, les choses en soi sont opposées, comme leur étant nécessairement corrélatives, aux choses telles qu'elles apparaissent. Une même chose a donc deux faces : l'une extérieure, celle qui regarde du côté de notre sensibilité, l'autre intérieure, qui échappe complètement à notre intuition. Elle a, par conséquent, deux modes d'existence, l'un relatif, l'autre absolu, ou, pour parler comme Kant, l'un sensible, phénoménal, l'autre intelligible, nouménal.

Maintenant, s'il n'y a aucun rapport entre la chose qui apparaît et la chose en soi, pourquoi les identifier l'une à l'autre ? Pourquoi entre le phénomène et le noumène admettre une simple distinction de modalité ? Pourquoi ne pas dire simplement : « Outre les choses qui nous apparaissent et dont toute la réalité consiste en cela même, il y a peut-être d'autres choses qui existent exclusivement en soi et pour soi et qui par conséquent ne nous apparaissent en aucune manière » ? Mais non ; il ne faut pas s'y tromper : ce sont bien les choses en soi qui nous apparaissent ; seulement elles nous apparaissent autrement qu'elles ne sont en soi. Or c'est là, ce semble, qu'est la contradiction. S'il n'y a aucun rapport entre le phénomène et le noumène, on n'a plus le droit de les considérer comme une seule et même réalité ; il serait plus exact de dire que le phénomène est une chose et que le noumène en est une autre. Le noumène nous apparaissant absolument autre qu'il n'est, c'est comme s'il ne nous apparaissait pas du tout. Que s'il y a au contraire un rapport, c'est au fond le noumène qui est présent dans le phénomène ; l'un est substantiellement identique à l'autre, et la différence qui les distingue est une simple différence de point de vue, comme celle qui dans le système de Spinoza distingue la Substance de ses attributs et de ses modes. Il ne faut plus dire alors que nous ne connaissons pas le noumène : au contraire, nous ne connaissons jamais que lui, bien que sans doute nous ne le connaissions jamais tout entier. Entre ces deux thèses, qui se contredisent l'une l'autre, nous paraît perpétuellement osciller la théorie kantienne du phénomène et du noumène quand elle renonce à l'œuvre impossible de les ramener à l'unité.

En résumé, Kant ne nous a pas démontré que le phénomène fût la manifestation d'un Être en soi ; cette hypothèse n'est nullement nécessaire à la constitution d'une critique de la connaissance ; elle est même contraire aux principes généraux d'une telle critique ; et l'analyse ne peut en développer le contenu sans y faire éclater les contradictions.

III.— Le Phénomène d'après Spencer.

Les raisons à priori pour lesquelles Spencer admet la réalité d'un Inconnaissable Noumène sont à peu près les mêmes que celles de Kant (si toutefois nous faisons abstraction des raisons morales, dont nous n'avons pas d'ailleurs à discuter ici la valeur).

D'abord l'idée du noumène lui semble impliquée dans l'idée du phénomène. Comment comprendre qu'il y ait apparition sans que quelque chose apparaisse ? (1)

Mais, répondrons-nous, le « quelque chose » qui apparaît, c'est l'apparition même. Ce que vous supposez par delà l'apparition n'apparaît pas en réalité. C'est donc par une synthèse gratuite que vous passez de la seule chose qui vous soit donnée à une autre chose toute différente. Si vous prenez le phénomène tel qu'il est, votre analyse n'y découvrira aucune trace d'une réalité distincte de la sienne propre. Qu'il soit possible de concevoir ainsi le

(1) *Premiers Principes*, trad. Cazelles, p. 31.

phénomène sans rapport avec un noumène sous-jacent, vous en avez la preuve dans les doctrines vraiment phénoménistes d'un Hume et d'un Stuart Mill. Au fond, c'est le principe de causalité qui vous fait ainsi lier à votre insu les deux idées du phénomène et du noumène. « La causalité, dit Stuart Mill (1), nous offre un exemple des plus remarquables de l'extension à la totalité de notre conscience d'une notion tirée de ses parties. C'est un exemple frappant de notre faculté de concevoir et de notre tendance à croire qu'une relation qui subsiste entre deux points quelconques de notre expérience subsiste aussi entre notre expérience prise dans sa totalité, et quelque chose qui n'est pas compris dans la sphère de l'expérience. » Mais, d'après Spencer comme d'après Mill, le principe de causalité, issu de notre expérience des phénomènes, n'a évidemment de sens et de valeur que dans son application aux phénomènes.

En second lieu, si le relatif existait seul, il serait par cela même l'absolu : ce qui est une contradiction (2).

Définissons les termes. Par relatif, on entend les phénomènes. En quel sens les phénomènes sont-ils relatifs ?

D'abord en ce sens qu'ils sont relatifs les uns aux autres. Nous ne pouvons les percevoir et les penser, d'après Spencer, qu'à la condition de les rapporter les uns aux autres, soit pour les distinguer, soit pour les assimiler, soit pour les lier ensemble par la succession ou la simultanéité. D'après cela, le non-relatif, l'absolu,

---

(1) *Philosophie de Hamilton*, trad. Cazelles, p. 223.
(2) *Premiers Principes*, trad. Cazelles, pp. 79 et 80.

c'est une existence telle qu'elle exclut tout rapport, une existence *en soi*. Mais une telle conception est purement négative : elle est la négation de tous les rapports par lesquels se définissent pour nous les phénomènes ; elle est la négation des conditions mêmes de la perception et de la pensée. En outre, elle est contradictoire ; car, en même temps qu'on déclare que l'absolu exclut tout rapport, on prétend le concevoir et l'affirmer en vertu du rapport qui l'oppose au relatif; et ce rapport n'est pas seulement un rapport de contrariété, c'est aussi un rapport de similitude, puisqu'on soutient que l'absolu existe comme le relatif. Nous pourrions donc retourner l'argument de Spencer et dire avec plus de justesse, ce semble : si l'absolu existait, il serait par cela même relatif. L'absolu est donc un concept purement négatif, « négatif du concevable même, » dit Hamilton, dont on ne peut sans contradiction supposer la réalisation objective.—Mais l'argument de M. Spencer ne subsiste-t-il pas? Si le relatif existait seul, il serait par cela même l'absolu. En aucune manière. Le relatif, c'est au moins un couple de termes relatifs l'un à l'autre. Si un tel couple existait seul, le relatif seul existerait. C'est une pure tantologie. Le relatif ne se transforme en absolu que si on supprime par la pensée la dualité des termes qui le composent, et le langage permet sans doute de le faire en mettant ce singulier : « le relatif », à la place du pluriel, qu'il sous-entend : « les relatifs ». Cela revient à dire que le relatif se transforme en absolu lorsque par l'abstraction du rapport qui constitue le relatif lui-même, on substitue l'absolu au relatif. Quand donc Spencer, dupe des abstractions verbales et voyant dans le relatif un *terme unique*, réclame l'absolu comme son pendant nécessaire, il ne fait qu'obéir encore à cette loi de relativité qui exige une dualité de termes pour toute pensée. Mais son soi-disant absolu en balance avec son soi-disant relatif, c'est le pur et simple relatif : à savoir deux termes relatifs l'un à l'autre.

Les phénomènes peuvent être dits relatifs en un second sens : ils sont tous relatifs à la conscience. L'absolu, ce serait alors une existence en dehors de la conscience. Ce n'est pas là le sens dans lequel Spencer entend ordinairement ces mots ; mais il est au fond conforme à l'esprit de sa doctrine. Seulement l'argument que nous discutons ne paraît plus lui-même avoir de sens. Si le relatif existait seul, il serait par cela même l'absolu. Traduisons : Si les phénomènes tels qu'ils nous apparaissent dans la conscience existaient seuls, ils constitueraient une existence en dehors de la conscience. — Mais le non-sens est apparent. Le sens véritable est celui-ci : Si les phénomènes tels qu'ils nous apparaissent existaient seuls, les apparences seraient les seules réalités. En effet, l'hypothèse impliquée dans les définitions sus-énoncées de l'absolu et du relatif, c'est que la conscience modifie et déforme les existences qui s'y manifestent, et que par conséquent une existence en dehors de la conscience peut seule avoir sa vraie et complète réalité.

Nous retrouvons ici la même pétition de principe déjà

relevée dans la définition du phénomène. Où est la contradiction à supposer que les apparences sont en effet les seules réalités ? La contradiction résulte de l'idée même qu'on se fait des apparences, lorsqu'on suppose qu'elles sont les projections plus ou moins exactes d'une réalité en elle-même extérieure à la conscience. Mais cette hypothèse est précisément en question. Le rapport de l'apparence à la réalité nous est primitivement donné dans l'expérience même entre deux phénomènes, par exemple entre un objet et son image optique. On n'est donc pas autorisé à le transporter au delà de toute expérience pour le jeter comme un pont entre les phénomènes et les noumènes.

Mais, dira-t-on peut-être, la loi de relativité, telle que vous l'entendiez vous-même tout à l'heure, n'exige-t-elle pas que nous admettions le noumène, c'est-à-dire ce qui existe en soi, comme corrélatif du phénomène? Accordons-le. De ce que les idées sont liées dans notre esprit, il ne s'ensuit pas que les deux choses sont liées dans la réalité : autant dire que deux propositions contradictoires doivent être vraies toutes les deux parce que la conception de l'une implique logiquement celle de l'autre. En outre, de ce que le noumène est la *négation* subjective du phénomène, il ne s'ensuit pas qu'il en soit le *fondement* objectif. Quand il y aurait forcément des choses qui n'apparaissent pas pour faire pendant aux choses qui apparaissent, rien ne prouve que les choses qui apparaissent, ce soient précisément celles qui n'apparaissent pas. Enfin l'expérience phénoménale nous offre toutes les conditions requises pour la formation de l'idée d'une existence en dehors de la conscience. Chacun de nos semblables n'est-il pas pour nous une telle existence, et sa physionomie, ses discours, ses actions, ne soutiennent-ils pas avec ses sentiments internes le rapport que M. Spencer imagine entre le phénomène et le noumène ?

A ces arguments à priori, Spencer en ajoute d'autres qu'il présente comme des vérités d'expérience.

Tout d'abord, nous aurions, selon lui, conscience de l'absolu (1). Mais, si nous avons en effet conscience de l'absolu, pourquoi dire que nous ne le connaissons pas et ne pouvons pas le connaître ? Nous en avons au conraire la plus positive, la plus directe, la plus satisfaisante des connaissances. La conscience n'est-elle pas en effet pour tous les philosophes le type de la connaissance immédiate et certaine ? Qu'est-ce qui manque donc à la conscience de l'absolu pour mériter le titre de connaissance ? C'est, répondra-t-on peut-être, que nous ne pouvons pas définir et démontrer l'absolu, le décomposer, le recomposer, en un mot le faire passer par la filière de nos opérations intellectuelles. Mais d'abord, ces opérations ne sont-elles pas pour l'intelligence une sorte de pis aller, des moyens, on oserait presque dire des expédients, auxquels elle ne recourt que pour faciliter l'intuition ou la suppléer quand elle est par malheur impossible ? Autant se plaindre de ne pouvoir aller en un certain point de l'espace parce que ce point est précisément

---

(1) *Premiers Principes*, p. 141.

celui où l'on se trouve déjà. Pascal tombait dans la même erreur lorsqu'il considérait comme une imperfection de la méthode géométrique son impuissance à tout définir et à tout démontrer. Ensuite, si l'absolu échappe aux procédés de la connaissance ordinaire, c'est sans doute parce que ces procédés sont ceux de la connaissance des phénomènes, lesquels présentent seuls à l'esprit une multiplicité d'éléments et de rapports. Dès lors, demander que l'absolu soit connu comme le relatif, c'est demander qu'il soit connu comme relatif; c'est vouloir qu'on le méconnaisse sous prétexte de le connaître. On se rappelle involontairement le mot de Leibniz, si souvent applicable aux métaphysiciens de toutes les écoles : Ils cherchent ce qu'ils savent et ne savent pas ce qu'ils cherchent. Que si la connaissance de l'absolu paraît vide et comme monotone, en comparaison de celle des phénomènes, c'est sans doute parce qu'on voudrait retrouver dans l'absolu l'analogue ou l'équivalent du relatif ; car enfin qu'est-ce qui prouve qu'il y ait rien de plus dans l'absolu que cela même qu'une intuition immédiate nous y découvre, à savoir qu'il est la réalité une et identique dont les phénomènes sont les multiples et diverses manifestations? En quoi le surplus pourrait-il consister, sinon en une pluralité de relations qui transformerait par cela seul l'absolu lui-même en relatif?

Allons plus loin. Si nous avons conscience de l'absolu, et si cette conscience est impliquée dans la connaissance des phénomènes, il s'ensuit que l'absolu est lui-même dans les phénomènes, qu'il y est présent et visible, qu'il est à vrai dire le Phénomène par excellence, le grand Phénomène dans lequel se confondent et s'absorbent tous les autres. Alors, pourquoi le concevoir encore comme une existence radicalement distincte et différente des phénomènes, située pour ainsi dire dans une autre région de la réalité ? La différence du Noumène et du Phénomène n'est plus celle de deux choses, mais celle de deux aspects sous lesquels nous envisageons une seule et même chose. Considérons-nous la multiplicité indéfinie des modes successifs, alors c'est le phénomène ; considérons-nous au contraire l'unité à jamais persistante de la puissance ou de la force qui les relie entre eux dans un seul tout, alors c'est le noumène. Mais phénomène et noumène sont dans le même rapport l'un avec l'autre que la *natura naturata* et la *naturans natura* de Spinoza. Encore une fois, ils ne sont pas deux réalités différentes séparées par un abîme infranchissable et cependant unies par un lien incompréhensible : ils sont une seule et même réalité que notre esprit envisage tour à tour aux deux points de vue opposés de l'analyse et de la synthèse.

Mais avons-nous vraiment conscience de l'absolu ? D'après Spencer, en même temps que nous avons conscience de nos pensées successives, nous avons conscience de leur fond commun et persistant. Chacune de nos pensées est nécessairement limitée et conditionnée ; mais sous ces limites et conditions nous percevons la substance illimitée et inconditionnée de la pensée. « Dans tout concept il y a un élément qui persiste. Il est impossible que cet élément soit absent de la conscience et y soit présent tout seul ; l'une et l'autre alternative impliquent la non-conscience : l'une faute de substance, l'autre faute de forme. Mais la persistance de cet élément sous des conditions successives exige qu'il soit perçu en tant que distinct et indépendant de ces conditions. Le sentiment d'une chose contenue dans toute pensée ne peut être rejeté parce que la chose ne peut être rejetée. Le contraste entre le relatif et l'absolu dans nos esprits n'est au fond que le contraste entre l'élément mental qui existe absolument et les éléments qui existent relativement. La conception de l'existence absolue n'est que le revers de l'existence de soi. Elle est également indéfinie et indestructible. Nous pouvons dans des actes intellectuels successifs nous défaire de toutes les conditions particulières et les remplacer par d'autres, mais non nous défaire de cette substance indifférenciée de la conscience qui reçoit des conditions nouvelles dans chaque pensée. La seule mesure de la validité relative de nos connaissances étant la résistance qu'elles opposent aux efforts qu'on fait pour les changer, celle qui persiste dans tous les temps, parmi toutes les circonstances et qui ne peut cesser, à moins que la conscience elle-même ne cesse, possède la plus haute valeur (1). » Il est difficile, à notre sens, d'accumuler autant d'équivoques et de contradictions dans un aussi petit nombre de lignes.

Ainsi Spencer nous accorde-t-il vraiment une *intui-*

(1) *Premiers Principes*, p. 84.

tion de l'absolu, laquelle aurait sans doute besoin d'un certain temps et d'une certaine attention pour se démêler et se dégager de l'intuition des phénomènes, mais qui n'en atteindrait pas moins immédiatement son objet propre ? Ou nous accorde-t-il seulement une *conception* de l'absolu qui se formerait, comme toutes nos idées abstraites, par la comparaison de nos idées des phénomènes, l'élimination de leurs différences et l'extraction de leur commun résidu ? En un mot, l'absolu est-il objet de conscience ou d'induction ? Les deux hypothèses sont inextricablement mêlées dans sa doctrine. Discutons-les tour à tour.

Que nous ayons conscience d'un élément commun à tous nos états et permanent, nous pouvons l'admettre ici, bien qu'il soit difficile de concilier cette thèse avec la doctrine de Spencer sur la succession comme loi nécessaire de la conscience. Mais nous demanderons aussitôt : Qu'est-ce qui prouve que cet élément soit l'absolu ? En fait, le seul élément que la conscience découvre nécessairement dans tous les phénomènes, c'est elle-même ; ils ont tous ce caractère d'être sentis, aperçus ou pensés par moi, de m'apparaître. Le « je pense », a dit Kant, le « moi de l'aperception pure » accompagne nécessairement toutes mes représentations. La conscience finit donc en effet par se démêler et se dégager de tous les états successifs où elle est impliquée ; elle devient conscience d'elle-même, conscience du Moi. Le Moi est-il donc l'absolu ? Kant nous dira qu'il est une simple forme de la pensée. Mais, fût-il une réalité, comment y voir ce Noumène, cet Inconnaissable, en un mot cet Absolu dont tous les phénomènes sont des modes ou des effets ? Il ne sera jamais qu'une forme des phénomènes, réelle sans doute au même titre que les phénomènes eux-mêmes ; il n'en sera pas le fond. Ce fond, quel qu'il soit, notre conscience n'y plonge en aucune manière. Ajoutons que l'absolu, d'après Spencer, est une puissance éternelle et universelle. Or, si la conscience en chacun de nous ne peut se représenter ses phénomènes que comme autant d'états à elle propres, elle n'en a pas moins le sentiment de ses limites dans l'espace et dans le temps. Nous n'avons nullement conscience d'un élément persistant à travers tous les phénomènes présents et passés (sans parler de l'avenir). Nous savons très bien au contraire que d'autres phénomènes se produisent ailleurs que chez nous sans ce même élément qui relie en nous tous les autres ; et nous savons très bien aussi que notre conscience a commencé et que, comme notre vie intérieure, elle a ses intermittences et ses éclipses.

Or, si l'on excepte la conscience, est-il dans les phénomènes quelque autre élément permanent ? Spencer dit quelque part que notre expérience fondamentale est celle de la Force. D'autre part, nous ne pouvons, selon lui, concevoir l'Inconnaissable que comme une Force. Prendrions-nous donc conscience de l'Absolu en prenant conscience de la force qui nous constitue ? Mais d'abord rien n'est plus obscur que cette conscience de la force. Entend-on par là le sentiment de l'effort ou du *nisus* animal qui accompagne la contraction des muscles et le mouvement volontaire ? Bien des psychologues y voient une sensation toute passive, l'effet de la réaction des organes sur le cerveau. En tout cas, si fréquent que soit ce sentiment particulier, il n'est pas l'élément persistant dans toute conscience. S'agit-il de cette conscience indéfinissable de l'activité qui paraît indissolublement attachée à certains de nos états internes, tels que l'attention, le désir, l'effort mental ou physique ? Elle est sans doute presque toujours présente en nous ; mais elle est loin de faire partie intégrante de tous nos phénomènes, et par exemple elle est complètement absente de nos sensations externes. L'activité est-elle d'ailleurs autre chose qu'un phénomène, ou, si on aime mieux, une tendance à passer d'un phénomène à un autre, en un mot, ce que Leibniz appelle une *appétition* ? Si l'on entend enfin par conscience de la force la conscience d'une causalité physique ou métaphysique extérieure à la conscience où elle produirait cependant les phénomènes, c'est là une fiction gratuite et contradictoire. Il suffit de l'énoncer pour en saisir la contradiction ; elle suppose que nous pouvons avoir conscience de quelque chose qui est par hypothèse en dehors de notre conscience. Mais, en fait, si nous nous observons nous-mêmes, nous n'y voyons aucunement cette prétendue conscience des forces mystérieuses qui animent par exemple les atomes de notre cerveau ni de la force immense et éternelle, qui, d'après Spencer, circule, sans commencement et sans fin, d'un bout à l'autre bout de l'univers.

Reste la seconde supposition. Nous connaissons l'absolu, non par une conscience directe, mais par une généralisation de notre expérience. C'est avouer que l'absolu est une simple idée, une hypothèse, et, par conséquent, reconnaître la nécessité d'en prouver la réalité objective. Nous obtenons l'idée de l'Absolu,. d'après Spencer, en supprimant toutes les conditions et toutes les limites de nos idées des phénomènes : le reste, c'est l'Absolu. Fort bien! S'ensuit-il que cette suprême abstraction de l'Absolu soit une réalité ? Spencer recommence, sans qu'il s'en doute, le raisonnement des réalistes du moyen âge. On démontrerait par le même procédé l'existence réelle de la Beauté en soi, de la Vérité en soi et de tous les autres universaux. Sans contredit, quand nous avons supprimé par la pensée dans les phénomènes tels qu'ils nous sont donnés en réalité les différences de nature et de degré qui les distinguent les uns des autres, il ne nous reste plus que l'idée d'un « je ne sais quoi » unique, indéterminé, qui n'est plus aucun phénomène particulier, mais qui redeviendra à volonté tel phénomène ou tel autre, selon que nous lui rendrons telle ou telle détermination. En faut-il vraiment conclure que dans la réalité, ce « je ne sais quoi » est le principe commun et originel des phénomènes, qui en sortent tous par des différenciations progressives ? Nous pouvons, dit Spencer, supprimer par la pensée tous les phénomènes particuliers ; nous ne pouvons nous défaire « de cette substance indifférenciée de la conscience qui reçoit des conditions nouvelles dans chaque pensée ». Oui, nous pouvons par la pensée remplacer toujours un phénomène par un autre, mais cet autre sera particulier comme le premier. Que, s'il n'y avait aucun phénomène particulier, ce que nous pouvons parfaitement concevoir, il n'y aurait par cela même à fortiori aucune substance indifférenciée des phénomènes. Supprimez un à un tous les êtres concrets : que sera l'Être en soi, l'Être en général, quand ils se seront tous évanouis ? Néant.

L'analyse de la conscience ne prouve donc nullement que les phénomènes soient nécessairement relatifs à une existence absolue. En est-il de même de l'analyse de la science ?

La science, d'après Spencer, dans ses généralisations les plus hautes, aboutit à nous présenter tous les phénomènes comme les modes divers d'une seule et même réalité qui demeure invariable en quantité et en essence. Ainsi, quelle est la signification du principe de causalité, résumé de toutes nos inductions spontanées, règle de toutes nos inductions scientifiques, sinon, comme l'avait déjà montré Hamilton, l'équivalence substantielle de la cause et de l'effet? Si un effet pouvait se produire sans cause, quelque chose apparaîtrait qui ne serait pas la transformation d'une réalité déjà existante ; et, si une cause pouvait manquer de produire son effet, une partie de la réalité déjà existante disparaîtrait sans reparaître sous une nouvelle forme et par conséquent serait annihilée. Mais, comme disait déjà Spinoza, tout ce qui est tend à persévérer dans son être, et la réalité totale demeure toujours égale à elle-même. Rien ne se crée, rien ne se perd, tel est l'axiome fondamental de la science moderne : il n'est pas vrai seulement de la matière, il l'est aussi de la force. L'ancienne physique croyait à l'hétérogénéité des différentes sortes de phénomènes naturels, pesanteur, chaleur, lumière, électricité, affinité chimique, propriétés vitales ; la physique moderne a montré leur corrélation, leur équivalence, leur convertibilité réciproque. Tous ces phénomènes ne sont que les emplois infiniment variés d'une seule et même force indestructible, immuable, éternelle. Ainsi c'est la présence de la force toujours identique sous la diversité des phénomènes qui fait la stabilité des lois naturelles et l'unité organique de l'univers (1).

Qu'il soit possible d'interpréter les principes et les résultats généraux des sciences d'après une hypothèse métaphysique comme celle que nous propose Spencer, nous l'accordons volontiers ; mais que cette interprétation soit nécessairement impliquée dans les théories des sciences ou prouvée par elles, nous le contestons hautement. Les sciences établissent par l'observation et l'expérience des rapports précis de quantité entre des phénomènes qualitativement différents et constamment liés en couples ou en séries ; elles expliquent ces rapports en les réduisant à des rapports plus généraux entre des phénomènes plus simples qu'elles supposent

(1) *Premiers Principes*, 2ᵉ partie, ch. viii.

présents sous ceux que nous percevons immédiatement par les sens ; mais ni dans leurs certitudes ni dans leurs hypothèses, du moins tant qu'elles restent fidèles à leur propre esprit, elles ne s'aventurent au delà des phénomènes. Maintenant l'interprétation de Spencer, si elle n'est pas, comme elle le prétend, la fille légitime de la science, peut-elle du moins être adoptée par elle ? Nous ne voyons pas, à vrai dire, ce que la science gagnerait à substituer de vagues symboles à ses formules précises.

Ainsi le principe de causalité n'a nullement dans la science la signification que Spencer lui attribue. Il signifie que tout phénomène se produit à la suite et sous la condition de phénomènes préalables et que quand les mêmes antécédents se reproduisent, ils sont invariablement suivis des mêmes conséquents. Quant à prétendre que l'effet est identique à la cause, c'est là, comme l'a objecté Stuart Mill, supprimer la causalité sous prétexte de l'expliquer. La causalité est la loi du changement et non de la permanence. Si le conséquent était réellement identique à l'antécédent, il n'y aurait pas apparition d'un état nouveau, mais continuation d'un état ancien, et par cela même le principe de causalité n'aurait aucune occasion de s'appliquer, car c'est pour le changement seul que notre entendement réclame une cause. La cause n'est donc nécessaire que dans la mesure où ce qui suit diffère de ce qui précède. Même en admettant qu'il y ait une partie commune entre la cause et l'effet, ce n'est pas là que réside la causalité : la vraie cause du devenir actuel est le devenir antérieur. Si rien n'avait changé dans l'instant précédent, rien ne changerait dans l'instant suivant. Il est vrai que nous admettons en effet une partie commune dans les antécédents et conséquents liés ensemble par la causalité, et quelques philosophes veulent voir là un principe de l'entendement qu'ils appellent le *principe de la substance.* Mais cette partie commune n'est pas nécessairement une réalité souterraine : ce peut être un phénomène plus simple, un élément de phénomène, impliqué dans l'antécédent et le conséquent, et que l'abstraction en dégage. Or c'est bien ainsi que la science entend et applique ce principe. « A travers tous les changements, la quantité de matière reste constante. » Traduisons. Quelle que soit la diversité des phénomènes qui se révèlent successivement dans nos expériences, nous pouvons toujours nous assurer qu'un même phénomène est commun à toutes : l'égalité de poids entre les composants et les composés.

Les arguments que Spencer croit pouvoir tirer de la transformation des forces ne nous semblent pas plus probants. A cet égard, il faut distinguer dans la science même les résultats de l'observation et l'hypothèse générale qui les explique. L'observation découvre entre les différentes sortes de phénomènes des rapports de causalité et de proportionnalité réciproques ; on explique ces rapports en supposant, à l'exemple de Descartes, que ces phénomènes, hétérogènes pour nos sens, recouvrent des phénomènes homogènes, des *mouve-*

ments susceptibles de se transformer les uns dans les autres selon les lois générales de la mécanique ; le calcul applique cette hypothèse et l'expérience la vérifie. On est ainsi amené à identifier, au moins verbalement, les phénomènes naturels avec les mouvements qu'ils recouvrent et à dire qu'ils se transforment les uns dans les autres comme ces mouvements eux-mêmes. Mais ces façons de parler ne doivent pas nous donner le change. L'hétérogénéité des phénomènes soumis à notre observation n'est pas pour cela supprimée, et il reste toujours à l'expliquer. Seulement cette explication dépasse la physique : elle est évidemment du ressort de la physiologie. Elle suppose en effet la distinction des mouvements objectifs, qui ne diffèrent entre eux que par la quantité, et des sensations subjectives, qualitativement irréductibles entre elles ; et cette distinction suppose à son tour dans les nerfs sensitifs et le cerveau la propriété vraiment inexplicable de faire correspondre aux différents modes quantitatifs des mouvements externes l'hétérogénéité qualitative des sensations.

Spencer prétend, il est vrai, que cette propriété consiste à *transformer* les mouvements en sensations ; mais le mot « transformer » perd ici toute signification intelligible. Nous l'avons vu, c'est seulement par analogie, par métaphore, qu'on dit que les phénomènes naturels se transforment les uns dans les autres, que la chaleur devient électricité, l'électricité lumière et ainsi de suite ; il n'y a de transformation que dans les mouvements invisibles qui accompagnent par hypothèse cette

succession de phénomènes divers. On exprime par là
directement les rapports observés entre ces phénomènes, indirectement les rapports démontrés entre les
mouvements qu'on suppose leur correspondre hors du
cerveau et de la conscience. En quel sens faut-il donc
entendre la transformation du mouvement en sensation?
Cela veut-il dire que le même phénomène, tout en restant mouvement, devient sensation par cela seul qu'il
se produit dans le cerveau sous certaines conditions de
direction et de vitesse? Mais, outre qu'il est difficile de
comprendre comment un seul et même phénomène peut
être à la fois deux choses aussi différentes que la sensation et le mouvement, il résulte de l'hypothèse même
que la sensation est un surplus qui s'ajoute au mouvement, et par conséquent un surcroît d'existence, une
création *e nihilo* : ce qui est contraire à la doctrine de
l'invariabilité de la force, au sens large et tout métaphysique où l'entend Spencer (quantité totale de phénoménalité ou d'existence). Faut-il croire au contraire que le
même phénomène, qui tout à l'heure était un mouvement, perdant tout caractère géométrique et mécanique,
se métamorphose subitement en sensation pour reprendre un instant après sa forme première et redevenir
mouvement? Mais, outre que l'identité du phénomène à
travers tous ces changements semble bien près de n'être
qu'un mot vide de sens, il résulte de l'hypothèse même
que, pendant un intervalle de temps si court qu'on
l'imagine, un mouvement a tout à coup disparu de la
chaîne du mécanisme universel : ce qui est, croyons-

nous, contraire à la doctrine de l'invariabilité de la force, au sens précis où la science l'entend. D'ailleurs, Spencer avoue lui-même, en certains passages de ses écrits, qu'il est impossible de réduire les états de conscience aux mouvements, et qu'à tout prendre, l'hypothèse qui prétendrait réduire les mouvements aux sensations est plus vraisemblable que l'hypothèse contraire.

On objectera peut-être que le seul moyen de comprendre la transformation des mouvements entre eux et leur corrélation avec les états de conscience, c'est précisément de supposer, comme le fait Spencer, que les uns et les autres sont les modes d'une seule et même réalité, la force. Seulement, de quelle force s'agit-il ? Est-ce de la force telle que la conçoit la mécanique ? Mais, au point de vue scientifique, les forces ne se définissent et ne se mesurent que par les mouvements qu'elles empêchent, produisent ou modifient : elles sont les mouvements eux-mêmes considérés sous leur aspect actif, en tant qu'ils se déterminent les uns les autres ; et, si on peut les considérer comme un seul et même mouvement qui passe de corps en corps en modifiant sa distribution, sa direction et sa vitesse, tout en restant toujours identique à lui-même en certains de ses éléments ou de ses rapports, cette unification verbale des mouvements en un seul ne fera pas que le mouvement soit autre chose qu'un phénomène ou plutôt un système de phénomènes homogènes liés indéfiniment les uns aux autres par une solidarité mathématique. Nous n'aurons rien là qui ressemble à la force unique et universelle de

Spencer, substratum commun des mouvements et de sensations.

S'il s'agit de la force, telle que nous la connaissons en nous par la conscience, c'est là un phénomène encore, un phénomène d'ordre mental; et, bien que nous soyons portés à l'imaginer derrière tout mouvement qui commence ou qui s'arrête, la science ne peut tirer aucun parti de cette conception, car toute application objective qu'on en pourrait tenter se déroberait à la fois à l'expérience et au calcul.

Telles sont les deux notions de la force, objective et subjective, que Spencer essaie en vain de fondre en une seule. Il ne réussit qu'à les annuler l'une par l'autre ; et ce qui reste de la synthèse, c'est l'idée d'une entité indéterminée dont on ne peut rien dire sinon qu'elle subsiste sous tous les phénomènes.

En résumé, nous découvrons dans la nature, telle qu'elle s'offre à nos sens, une partie immuable et une partie changeante. La partie immuable, ce sont les phénomènes et les rapports les plus simples, ceux qui se reproduisent persévéramment les mêmes; la partie changeante, ce sont les phénomènes et les rapports les plus complexes, ceux qui diffèrent plus ou moins d'un point à l'autre de l'espace et du temps. Ou plutôt ce ne sont pas là deux parties de la nature, ce sont deux aspects sous lesquels nous l'envisageons nous-mêmes. En éliminant par la pensée dans les phénomènes les différences qui les distinguent les uns des autres, leurs caractères et leurs rapports communs constituent pour notre entendement un nouvel ordre de phénomènes. L'erreur de Spencer, c'est de n'avoir pas vu d'abord que ces phénomènes abstraits impliquent eux-mêmes une diversité de caractères et de rapports, qu'ils sont pour ainsi dire le Nombre et le Devenir sous leurs formes les plus générales ; ensuite, et par cela même, qu'on ne les explique nullement en les substantifiant dans une entité unique et permanente. « Tous les phénomènes externes sont de même espèce ; ils s'entreproduisent les uns les autres ; ils sont réciproquement proportionnels. » Voilà les résultats de la science. — Mais, si vous supposez, comme Spencer, une réalité cachée sous les phénomènes dont la loi propre soit l'identité avec soi-même, vous ne pouvez plus comprendre pourquoi il s'est produit un premier phénomène, pourquoi ce premier a été suivi d'un second, et vous êtes enfermé comme Parménide dans la contemplation de l'Être immobile. « L'Être est, le Non-Être n'est pas : tu ne sortiras pas de cette pensée. »

IV. — Le Phénomène d'après le spiritualisme éclectique.

Quelle conclusion devons-nous tirer de cette critique ?

Les deux doctrines que nous avons discutées soutiennent que nous ne pouvons connaître que le phénomène ; mais elles prétendent en même temps que le phénomène lui-même ne se conçoit comme tel que dans sa relation avec le noumène, dont la réalité s'impose ainsi à notre croyance.

Nous pensons avoir démontré que le concept du phénomène n'implique pas analytiquement celui du noumène ; que l'entendement peut sans doute se faire une idée négative et hypothétique du noumène en concevant quelque chose de tout à fait différent du phénomène en quoi le phénomène aurait cependant sa raison ; mais qu'il est impossible d'affirmer la réalité du noumène si l'on admet avec Kant et avec Spencer que les principes de l'entendement n'ont de sens et d'usage que dans les limites mêmes de la connaissance des phénomènes.

Il n'est en effet qu'un seul moyen de conserver la notion ontologique du phénomène : c'est d'admettre l'existence et la légitimité d'une opération, quelle qu'elle soit, qui atteigne l'Être par delà le phénomène. C'est là le postulat toujours désavoué, toujours sous-entendu par Kant et par Spencer. Si les catégories de l'Existence, de la Substance, de la Cause, ne sont applicables qu'aux phénomènes, nous ne pouvons pas légitimement affirmer une existence différente des phénomènes qui soutienne avec eux le rapport de la substance au mode ou de la cause à l'effet ; et la foi morale ne rendra pas certaine, même pratiquement, une hypothèse théoriquement inintelligible. On ne peut pas croire une chose qu'on sait soi-même n'avoir aucun sens. De même, si toutes nos connaissances n'ont pas d'autres objets que les phénomènes, il faut bien en conclure ou que nous ne connaissons pas le noumène, bien que nous en ayons l'idée, ou que, si nous le connaissons, le noumène n'est qu'un élément ou un aspect des phénomènes : ce qui revient à dire que nous ne le connaissons pas. — Rétablissons donc le postulat, et voyons les conséquences qui en résultent.

Nous nous retrouvons ainsi dans les positions de la métaphysique antérieure à la *Critique :* ce sont celles-là mêmes que défendent encore toutes les doctrines substantialistes.

On peut, ce semble, entendre de deux façons différentes l'opération par laquelle l'esprit s'assure de la présence de l'Être sous le phénomène : on peut y voir soit une intuition immédiate de l'Être même, soit une conclusion immédiate fondée sur quelque principe de l'entendement pur.

Cette seconde hypothèse est la plus voisine des doctrines de Kant : elle se fût naturellement présentée à sa pensée s'il n'eût à priori limité aux seuls phénomènes l'usage possible des principes de l'entendement. Il semble bien, en effet, que l'esprit humain fasse spontanément de ces principes un usage transcendant, et les raisons pour lesquelles la critique le déclare illégitime ne sont pas en somme, on le verra plus tard, bien convaincantes (1).

Quels sont maintenant ces principes qui nous font légitimement conclure du phénomène à l'Être ? Avec l'école éclectique, on peut en reconnaître deux : le principe des substances, le principe de causalité.

L'expérience ne nous donne, d'après l'éclectisme, que des phénomènes successifs : mais notre esprit est ainsi fait qu'il ne peut percevoir la succession des phé-

(1) V. plus loin chap. x.

nomènes sans concevoir et affirmer une réalité permanente avec laquelle tous ces phénomènes sont en rapport et qui subsiste sous leurs changements. Cette réalité permanente est l'Être ou la Substance, et l'axiome des substances est l'affirmation de la nécessité qui lie dans notre esprit la conception de la substance à la perception des phénomènes, « pas de phénomène sans substance, pas de manière d'être sans être. »

Pareillement l'idée de Cause est une conception à priori qui nous est suggérée par la raison à l'occasion des faits d'expérience : c'est l'idée d'une force active produisant les phénomènes ou les faisant passer de la puissance à l'acte. Non seulement nous croyons que tout phénomène appartient à une substance, mais nous croyons qu'il est produit par une cause ; il n'est un *phénomène* qu'autant qu'on le suppose en rapport avec une substance et une cause (1).

Toutefois cette théorie est sujette à bien des difficultés. L'expérience, dit-on, suffit pour nous faire connaître la simple existence des phénomènes ; mais, vraisemblablement, elle nous fait connaître aussi quelques-uns de leurs rapports, ceux du moins qu'ils soutiennent entre eux, sinon ceux qu'on peut leur supposer avec des réalités d'autre sorte : tels sont, par exemple, les rapports de ressemblance, différence, analogie, contraste, succession et simultanéité. Dès lors, pourquoi ne dirions-nous pas que les phénomènes et ces rapports

(1) V. Cousin, *Du Vrai, du Beau et du Bien*, chap. I et II.

sont seuls réels, puisqu'après tout nous ne percevons jamais autre chose, le reste n'étant que conçu ou supposé sans vérification possible ?

De plus, si l'on examine ces idées de la substance et de la cause, on trouve que les objets idéaux qu'elle représente sont entièrement relatifs aux phénomènes, qu'ils n'ont aucun contenu propre, qu'ils consistent uniquement en des unités indéterminées, grâce auxquelles notre esprit peut établir entre les phénomènes certains systèmes de rapports. C'est l'imagination seule qui transforme ces systèmes de rapports en autant d'entités mystérieuses, distinctes et séparées des phénomènes. Aux yeux de l'entendement, la substance et la cause ne sont que des *points de vue* sous lesquels l'esprit envisage les phénomènes pour mieux les analyser et les unir.

Les empiriques mêmes vont plus loin : ils prétendent réduire ces rapports aux rapports de ressemblance, de succession et de simultanéité que l'expérience, plus ou moins prolongée ou répétée, suffit à nous faire connaître. Une substance, d'après eux, n'est rien de plus qu'un groupe de phénomènes dont nous observons la persistance et l'unité relatives : une cause, rien de plus qu'un phénomène antécédent dont nous constatons l'invariable présence toutes les fois que se produit le conséquent. L'illusion de l'imagination qui transforme en entités de simples lois, est donc elle-même précédée d'une illusion de l'entendement qui transforme en lois de simples rapports plus ou moins uniformes.

Sans aller jusque-là, on peut bien dire que rien ne prouve l'existence d'entités correspondantes à ces idées; car, de ce que nous ne pouvons nous empêcher de croire qu'elles existent, il ne s'ensuit pas qu'elles existent en effet. La croyance, même nécessaire, ne prouve pas, à elle seule, la réalité de son objet. Il est à la rigueur permis de supposer que la nature nous suggère des croyances fausses et pourtant irrésistibles, si de telles croyances se trouvent être les conditions de l'exercice ou du développement de nos facultés intellectuelles et actives.

Enfin, quand ces entités existeraient, les idées que que nous en suggère la raison sont, il faut bien l'avouer, trop vides par elles-mêmes pour que nous puissions savoir par ce moyen quelle est leur nature ni même pour que nous soyons capables de les distinguer les unes des autres. C'est donc à l'expérience que nous avons forcément recours pour les déterminer autant que possible; mais cette détermination même est purement relative et incertaine. Nos prétendues assertions sur ces entités sont des transformations verbales des assertions que nous pouvons porter sur les phénomènes. Tout notre savoir se réduit à ceci : c'est que l'existence des phénomènes et de leurs rapports dépend de quelque autre chose, d'un x dont nous ignorons tous les attributs; car il est douteux que nous puissions même dire s'il est un ou multiple ; et tous les prétendus caractères que nous en affirmons dérivent analytiquement de la notion même d'un quelque chose dont dépend l'existence des phénomènes et de leurs rapports.

Aussi, la plupart de ceux qui ont admis la doctrine éclectique se sont-ils efforcés de la compléter en attribuant à l'esprit, au moins en certains cas particuliers, une connaissance intuitive de la substance et de la cause.

Bien peu ont prétendu que nous ayions la connaissance intuitive d'une cause extérieure à la conscience. Peut-être, cependant, cette affirmation est-elle implicitement contenue dans la doctrine des Écossais et de Maine de Biran. D'après Reid et surtout d'après Hamilton, la perception de la solidité des objets extérieurs nous révèle, en une même intuition, le moi et le non-moi comme deux activités qui se limitent l'une l'autre. De même, d'après Maine de Biran, le sentiment de l'effort contient à la fois la conscience de notre activité personnelle et l'intuition du terme étendu et résistant auquel elle s'applique.

Mais, si la cause externe nous est ainsi donnée dans une intuition immédiate, nous ne la connaissons, à vrai dire, qu'à titre de phénomène, dans notre sensation subjective de résistance, et sa réalité en dehors de notre conscience demeure toujours une hypothèse, une inférence dont le principe et la valeur restent eux-mêmes en question.

C'est surtout dans la conscience de la causalité interne qu'on a cru trouver l'origine de l'idée de cause et la matière du principe de causalité. Nous avons, a-t-on dit d'après Maine de Biran, le sentiment immédiat de notre force propre, et, à son image, nous concevons et affirmons toutes les forces étrangères. Nous avons, en effet, le sentiment d'une différence entre les états passifs et les états actifs de l'esprit ; les seconds sont accompagnés d'une conscience *sui generis* qui manque aux premiers. Mais, nous l'avons déjà dit, cette activité dont nous avons conscience peut n'être qu'un phénomène, une tendance à passer d'un phénomène à un autre : en tout cas, nous ne la connaissons pas « en soi » ; elle est pour nous inséparable des phénomènes et de la conscience même. Nous devons donc conserver le même caractère aux activités que nous supposons au dehors de nous, c'est-à-dire les concevoir, à l'image de la nôtre, comme essentiellement enveloppées dans des séries de phénomènes, peut-être même dans des consciences. En un certain sens tout relatif, ces causes externes sont pour nous des choses en soi, car nous ne pouvons pas les connaître intuitivement en elles-mêmes ; mais en ce sens, nous le sommes aussi pour elles. De part et d'autre, cependant, ces prétendues choses en soi sont inextricablement incorporées aux phénomènes, sinon uniquement constituées par eux.

Kant conçoit plutôt la Chose en soi sur le modèle de la Cause externe ; Spencer sur celui de la Substance immanente. Le principe de substance tire-t-il son contenu, comme le principe de causalité, de quelque expérience immédiate ? Telle n'est point, ce semble, l'opinion de Maine de Biran. Par delà la cause active que perçoit la conscience, il suppose une substance immobile, obscure, simplement conçue par la raison, sorte de *caput mortuum*, nécessaire, à ce qu'il prétend, pour supporter et la causalité elle-même, et ses effets, et tout l'ensemble des phénomènes intérieurs. Peut-être, cependant, n'est-ce pas là une idée de la raison, mais une fiction imaginaire, un reste des habitudes imposées à l'esprit par les conditions de la perception extérieure. Cette prétendue Catégorie de la Substance, c'est au fond l'idée de la Cause externe, de l'Objet extérieur, avec la représentation de l'étendue, que notre imagination se figure sous la pensée comme sous les qualités sensibles des corps.

Accordons cependant que la raison, par une nécessité de sa nature, affirme à l'occasion des phénomènes l'existence de la Substance. Quel rapport établit-elle entre la Substance et les phénomènes? Car enfin elle n'affirme pas seulement qu'il y a des phénomènes et qu'il y a une Substance; elle affirme que les phénomènes sont les phénomènes de la Substance, que la Substance est la substance des phénomènes. Qu'on cherche tant qu'on voudra; si on ne se contente pas de simples métaphores, on aboutira forcément à l'une de ces deux formules : la Substance est la *cause* des phénomènes ; ce qui nous ramène au rapport de causalité déjà examiné ; ou la Substance est le *sujet* des phénomènes, ce qui nous impose l'examen de ce nouveau rapport.

On peut distinguer, croyons-nous, deux sortes de sujets : le sujet logique et le sujet psychologique. Le rapport du sujet logique avec ses attributs est celui du tout et des parties ; c'est un rapport d'identité totale ou partielle. Le sujet logique n'est pas quelque chose de réellement distinct des attributs ; il est leur somme, leur synthèse, leur unité. Sans doute, il ne se confond entièrement avec aucun de ses attributs pris à part ; mais il se confond entièrement avec tous ses attributs pris ensemble. Si tel est le rapport de la Substance et des phénomènes, il s'explique suffisamment par les lois de la pensée sans qu'il faille supposer l'existence contradictoire d'un sujet complètement extérieur à ses propres attributs.

Le sujet psychologique est le sujet même de la pensée, le « moi ». Mais un tel sujet, en le supposant réel, n'est pas à coup sûr en dehors de la conscience, il est dans la conscience, il est la conscience même, forme générale et permanente de tous les phénomènes internes. Il n'a donc rien de commun avec une chose en soi. Ce qui est étranger à ma conscience ne saurait être moi-même. Qu'il y ait, si l'on veut, quelque assemblage de causes externes dont dépendent mes phénomènes, peut-être même mon activité et mon existence ; mais ce prétendu substratum me limite plutôt qu'il ne me constitue ; il n'est pas moi, il est « non-moi ». Le sujet est donc nécessairement inséparable des phénomènes dont il est le lien ; et, si c'est là la seule substance à nous connue et d'après laquelle nous devons concevoir toutes les autres, il faut bien avouer que l'idée de substance, pas plus que l'idée de cause, ne nous autorise à supposer un monde de réalités radicalement extérieures aux phénomènes et à la pensée.

V. — Conclusion.

Notre critique de toutes les doctrines qui admettent une chose en soi nous conduit aux conclusions suivantes :

1° Si par « chose en soi » on entend une existence absolument différente des phénomènes, telle que nous ne puissions ni la connaître ni même la concevoir, il se peut qu'il y ait des choses en soi ; mais elles sont pour nous comme si elles n'existaient pas ; nous ne pouvons en parler sans contredire la notion même que nous nous en faisons. Quant à prétendre qu'elles sont le fondement des phénomènes, des choses même que nous connaissons, c'est là une hypothèse non seulement gratuite, mais contradictoire dans les termes. Si par « chose en soi » on entend une existence distincte de la nôtre, telle que nous ne puissions en avoir une connaissance immédiate ou intuitive, en ce sens, il y a certainement des choses en soi, et chaque être conscient est une chose en soi pour les autres êtres conscients. Il est aussi certain en ce sens-là que les choses en soi sont le fondement de nos propres phénomènes, à tout le moins de nos phénomènes externes, je veux dire de nos sensations. Mais ces choses en soi, nous pouvons les concevoir et les connaître, au moins partiellement, car elles sont, elles aussi, composées, comme nous, de phénomènes, et toute la difficulté est seulement de savoir jusqu'à quel point leurs phénomènes ressemblent aux nôtres.

2° Il ne s'ensuit pas cependant que la seule accumulation des phénomènes constitue toute la réalité. Les phénomènes paraissent en nous inséparablement liés à la *conscience* par le double rapport de la *substance* et de la *cause*, et une loi de notre entendement nous contraint à supposer ce même rapport en dehors de nous, à supposer par conséquent des substances et des causes qui soient pour leurs phénomènes ce que notre conscience est pour les siens.

Mais est-il vrai que les phénomènes soutiennent un rapport nécessaire avec la conscience? Nous nous trouvons ainsi amenés à examiner la seconde conception du phénomène, celle qui le définit par ce rapport même.

CHAPITRE SECOND

LE PHÉNOMÈNE ET LA CONSCIENCE

I. — Exposé analytique de la conception idéaliste du phénomène.
Partisans de cette conception.
Difficultés qu'elle soulève. 1° Comment comprendre la réalité des phénomènes extérieurs ?
2° La conscience est-elle un pur phénomène ou n'implique-t-elle pas une réalité supra-phénoménale ?

II. — Conséquence de la conception : l'idéalisme absolu. Tout phénomène est un état de conscience.
Solution de Berkeley. L'Esprit de Dieu. Critique.
Solution de Stuart Mill. Les possibilités permanentes de sensation. Critique.
Peut-elle se concilier avec nos croyances naturelles?
Peut-elle se concilier avec la science ?
Solution réaliste. La réalité de phénomènes extérieurs à notre conscience et distincte de nos sensations. Mais comment la concevoir ?
1° Sens commun. Les sensations objectivées. Critique.
2° Science. Les mouvements objectivés. Conception positive du phénomène, la troisième, à critiquer ultérieurement.
3° Métaphysique leibnizienne. L'analogie des phénomènes externes et internes.

III. — L'analyse de la conscience accordera peut-être la conception scientifique et la conception métaphysique des phénomènes extérieurs, en montrant que l'existence d'un sujet conscient n'est pas nécessaire à l'existence du phénomène.
Objections : 1° La conscience est un phénomène spécial ou un caractère spécial de quelques phénomènes psychiques.
Double réponse à l'objection.
2° La conscience totale n'est que le résultat de la fusion des consciences élémentaires.
Réponse à l'objection. Trois hypothèses sur la nature de la conscience élémentaire.
1° Elle est le rapport du phénomène avec un sujet.
Cette hypothèse revient ou à celle de la *Chose en soi* ou à l'une des deux suivantes.

2° Elle est le rapport des phénomènes entre eux.
Discussion de toutes les façons possibles de la concevoir. Comment elle se ramène à la suivante.

3° La conscience est un rapport immédiat du phénomène avec lui-même.

Difficultés. La conscience réfléchie : distinction du moi et de son objet. La continuité et l'unité de la vie interne.

Essai d'une hypothèse qui concilierait la première et la troisième. Elle implique ce postulat que l'individualité des phénomènes est apparente et relative.

Mais on couperait peut-être court à toutes ces difficultés en admettant la conception positive du phénomène.

I. — Préliminaires.

A ne consulter que l'étymologie, phénomène veut dire apparition : Τὸ φαινόμενον, ce qui apparaît, ce qui se montre. Un phénomène, c'est donc une chose qui tombe sous les prises de notre perception et dont tout l'être, comme disait Berkeley, consiste à être perçu : *cujus esse est percipi;* c'est une représentation, un spectacle Mais la perception peut-elle se concevoir en dehors d'un esprit ou plus généralement d'une conscience? Si la représentation ne suppose pas nécessairement un objet représenté, si elle est elle-même cet objet, n'implique-t-elle pas la nécessité d'un sujet représentatif? En l'absence de tout spectateur, il semble que tout spectacle s'évanouisse. Qu'on fasse donc, si l'on veut, bon marché de la prétendue substance, fantôme que l'imagination seule évoque par delà les phénomènes et qui se dissipe comme une ombre à la lumière de la réflexion ; mais que l'on reconnaisse dans l'esprit conscient la vraie et profonde réalité sans laquelle les phénomènes cessent d'être non seulement possibles, mais concevables.

D'ailleurs, cette notion du phénomène était déjà au fond de celle que nous avons discutée tout à l'heure. La seule existence de la chose en soi ne suffit pas, même aux yeux de ses partisans, pour expliquer le phénomène : il faut encore que la chose entre en rapport avec nous, qu'elle modifie notre sensibilité, qu'elle se manifeste à notre conscience : c'est du conflit de l'objet avec le sujet que le phénomène jaillit. Supprimez le sujet : si vous prétendez que l'objet avec ses propriétés intrinsèques subsiste encore, le prétendrez-vous aussi du phénomène, c'est-à-dire de l'apparence que revêt l'objet en se réfractant au travers des sens et de la pensée du sujet? Mais, nous l'avons vu, l'objet n'est qu'une hypothèse à jamais impossible à vérifier, tandis que le phénomène nous est donné dans le sujet même. Que je perçoive quelque chose, que quelque chose m'apparaisse, c'est là pour moi une certitude immédiate et infaillible, la certitude même de la conscience ; que l'apparence ainsi perçue corresponde à une réalité étrangère à ma conscience, c'est là une supposition, une inférence dont la vérité reste douteuse. La conception subjective du phénomène semble donc exempte de toute hypothèse métaphysique : elle est vraiment expérimentale et positive.

Pourquoi les positivistes déclarent-ils que les phénomènes sont pour l'homme les seuls objets de connaissance possible? C'est qu'ils se réfèrent, la plupart sans le savoir, à cette conception subjective du phénomène c'est que le phénomène est pour eux ce qui se voit, ce qui se touche, en un mot ce qui tombe sous nos sens, ce qui nous *apparaît* en quelque manière ; tandis que les prétendues réalités de la métaphysique, objets de pensée ou d'imagination pure, échappent à tous nos moyens d'observation. Ils ne se demandent pas, il est vrai, quelle sorte et quel degré de réalité peuvent avoir les choses qui se voient et qui se touchent quand par hypothèse elles ne sont plus vues ni touchées : ils s'en tiennent à cet égard au naïf préjugé du réalisme vulgaire.

C'est dans la philosophie anglaise que la conception subjective du phénomène a peut-être trouvé ses plus nombreux défenseurs. Berkeley la développe avec une parfaite clarté dans ses *Dialogues d'Hylas et de Philonoüs*. Elle reparaît dans les écrits de MM. Stuart Mill, Bain, Huxley, James Sully, etc. En dehors de l'école empirique, MM. Ferrier et Shadworth Hodgson la prennent pour base de leurs systèmes. Parmi les philosophes français, M. Renouvier nous paraît être le seul qui l'ait admise sans réserves.

Toutefois cette conception soulève deux difficiles problèmes dont nous devons ici poser les termes et discuter les solutions.

D'abord, si le phénomène est inséparable de la conscience même que nous en avons, en quel sens et dans quelle mesure est-il possible d'admettre la réalité des phénomènes extérieurs et physiques, de ceux qui composent, en dehors de notre vie propre, la vie inconsciente de la nature ?

Ensuite, la conscience, que tout phénomène suppose comme sa condition nécessaire, est-elle elle-même un phénomène, ou n'implique-t-elle pas, dans sa constitution intime, cette même réalité supra-phénoménale de la Substance et de la Cause que nous avons déjà rejetée?

II. — La réalité du monde extérieur.

Définissons-nous le phénomène : « tout ce qui nous apparaît, tout ce qui nous est donné en intuition? » Il en résulte aussitôt, ce semble, que tout phénomène est un état de conscience, une représentation, sinon une sensation. Mais alors, comment comprendre, comment admettre des phénomènes véritablement extérieurs? D'un seul coup, notre définition du phénomène nous transporte aux extrêmes limites de l'idéalisme. Non seulement il n'y a pas de choses en soi, mais il n'y a pas non plus de phénomènes en soi. Les prétendus phénomènes objectifs sont en réalité des phénomènes subjectifs, des faits de conscience ; et, si l'on en fait une classe à part, si l'on oppose dans les sciences positives et la vie ordinaire l'esprit et le monde extérieur, il ne faut pas qu'une simple façon de parler nous fasse perdre de vue la stricte vérité que la philosophie peut hardiment formuler en ces termes : « Le monde extérieur n'existe que dans l'esprit. »

Telle est en effet la doctrine à laquelle se sont ralliés la plupart des philosophes dont nous avons plus haut cité les noms. N'admettant que les phénomènes au rang des réalités véritables, et ne comprenant pas ce que peut être un phénomène qui n'apparaît pas, ils en ont conclu que les seuls faits dont nous puissions parler sont ceux qui font partie d'une expérience ou d'une conscience, et qu'ainsi les faits qui se produisent dans le vide du sentiment et de la pensée, si la notion même n'en est pas contradictoire, nous sont et nous demeureront toujours absolument inconnus.

« Le sentiment et la pensée, dit Stuart Mill (1), sont beaucoup plus réels que toute autre chose; ce sont les seules choses dont nous connaissions directement la réalité ; toutes les autres ne sont que des conditions inconnues dont les sentiments et les pensées dépendent. Toute matière, en dehors des sentiments des êtres pensants, n'a qu'une existence hypothétique et insubstantielle : c'est une pure supposition destinée à expliquer nos sensations ; elle-même, nous ne la percevons pas ; nous n'en avons pas conscience ; nous n'avons conscience que des sensations que l'on dit qu'elle nous procure. » Voici un passage peut-être plus significatif encore : « L'esprit (il n'importe quel nom nous donnions à l'objet impliqué dans la conscience d'une série continuée de sentiments) est au point de vue philosophique la seule réalité dont nous ayons quelque preuve, et on ne saurait reconnaître aucune analogie ni établir aucune comparaison entre l'esprit et les autres réalités, parce qu'il n'y a pas d'autres réalités connues auxquelles on puisse le comparer. »

(1) *Essais sur la Religion*, pp. 188 et 189.

Mais alors, la même question revient toujours : Que devons-nous penser de la réalité du monde extérieur ?

On sait quelle solution Berkeley donnait au problème. Les corps ne sont que des idées ; ils n'existent qu'autant qu'ils sont perçus. Mais en l'absence de nos perceptions ou de celles de nos semblables, ils sont présents dans un Esprit universel et éternel. Par malheur, nous n'avons d'autre preuve de la réalité des phénomènes représentatifs de la conscience divine que l'utilité même de l'hypothèse pour conserver quelque réalité aux objets et aux événements extérieurs en dehors des phénomènes représentatifs de la conscience humaine. En outre, nous ne pouvons nous faire aucune idée de ces phénomènes en Dieu, car il est certain à priori qu'ils doivent différer autant des perceptions de l'homme que ces perceptions mêmes diffèrent de celles des animaux inférieurs.

On comprendra donc que Stuart Mill ait cru fortifier la théorie de Berkeley en éliminant cette hypothèse théologique. Pour lui, le monde extérieur se réduit à nos sensations qui forment soit des groupes, soit des séries dont les différents termes se lient entre eux et se supposent les uns les autres, et qui, alors même que nous ne les éprouvons pas, n'en sont pas moins toujours possibles, comme notre expérience des sensations passées et de leurs rapports nous donne le droit de le croire ; il est une possibilité permanente de sensations qui se réalise dans notre conscience, dans celle de nos semblables, dans la conscience collective des êtres pensants (1).

Cette doctrine peut-elle se concilier avec nos croyances naturelles ? D'autre part, ne renverse-t-elle pas le fondement même des sciences du monde extérieur ?

Outre les sensations que nous éprouvons actuellement, il en est une infinité d'autres que nous pourrions éprouver, croyons-nous, si telle ou telle condition se réalisait, et que nous éprouvons en effet dès que cette condition se réalise. Ce sont là les sensations possibles ou possibilités de sensations qui, aux yeux de Stuart Mill, constituent le monde extérieur. Mais des sensations possibles, ce sont des sensations qui ne sont pas senties, des phénomènes qui n'apparaissent pas. On ne peut sans contradiction leur supposer une réalité intrinsèque. Or Stuart Mill ne nous renseigne nulle part sur la façon dont il entend les « *possibles* » et le mode d'existence qu'il leur assigne.

C'est une loi universelle de notre expérience que tout phénomène a une cause, c'est-à-dire qu'il dépend d'un phénomène antécédent. Il suit de là que toutes nos sensations ont aussi des causes, qui ne peuvent être que des sensations antécédentes. Alors se pose une question très délicate, que Stuart Mill ne semble pas avoir assez examinée : De simples possibilités de sensations peuvent-elles être causes de sensations actuelles ? Des sensations anciennes peuvent-elles cesser d'être possibles, de nouvelles sensations peuvent-elles le devenir

(1) *Philosophie de Hamilton*, ch. xi, trad. Cazelles, p. 219.

si on suppose que ces changements survenus dans l'état des possibilités ont pour causes d'autres possibilités encore? Admettez qu'un phénomène actuel puisse seul être cause, et qu'il ne puisse y avoir un changement, un ordre de succession dans la sphère des pures possibilités : le principe de causalité vous contraindra d'admettre l'existence de phénomènes actuels, quoique inconnus, pour expliquer celles de nos sensations actuelles dont la cause n'est pas immédiatement observable, ainsi que les changements qui surviennent dans nos possibilités de sensations.

Ainsi un phénomène nouveau surgit dans ma conscience. Ce phénomène doit avoir une cause, et même, si l'on veut, une cause dont je connais la nature, et qui est telle série de sensations ; mais cette série n'est présentement pour moi qu'une possibilité ; elle est hors de ma conscience. Dire que mon changement interne a pour cause des sensations que je pourrais éprouver dans telle ou telle hypothèse, mais que cependant je n'éprouve pas et qui, par conséquent, n'existent pas ou qui n'existent que dans mon imagination, dans mon attente conditionnelle, est-ce dire quelque chose qui ait un sens, ou n'est-ce pas dire que mon changement n'a pas de cause? Pour qu'il ait véritablement un sens, ne faut-il pas supposer que cette série de sensations possibles est en elle-même une série de faits actuels?

Pareillement, la théorie de Stuart Mill n'explique pas les changements qui surviennent en dehors de notre conscience dans les possibilités de sensations. Par le fait d'une certaine série de sensations, une autre série de sensations qui précédemment n'était pas possible est devenue possible en effet, et la série qui est la cause de cette possibilité nouvelle n'est elle-même qu'une possibilité fugitive et évanouie. Traduisons ceci en termes moins abstraits. Nous sommes maintenant capables d'éprouver des sensations que nous n'aurions pu éprouver autrefois, par exemple voir couvert de blé un champ que nous avions vu en friche. D'où nous vient cette capacité ? De ce que nous aurions pu, en nous plaçant dans de certaines conditions, éprouver d'autres sensations encore (labour, semailles, pluie, chaleur, lumière, germination, etc., etc.), que nous n'avons éprouvées cependant et que nous ne pourrions plus éprouver actuellement. N'est-ce pas encore ou dire quelque chose qui n'a pas de sens ou dire que ce changement survenu dans nos capacités de sensations n'a pas de cause ?

Même difficulté, ce semble, à l'égard d'une série d'événements que nous supposons se passer tout entière en notre absence et en l'absence de tout être sentant, soit qu'il s'agisse du présent ou du passé. Que deviennent dans la théorie de Stuart Mill les faits antérieurs à l'apparition des êtres sentants ? Ces possibilités de sensations qui existaient déjà et qui évoluaient pendant des milliards de siècles, alors qu'en fait aucune sensation n'était possible, faute d'un organisme ou d'un sujet capable de sentir, si elles sont quelque chose de réel, ne faut-il pas qu'elles soient en elles-mêmes des faits positifs et actuels ? — Ce sont, répondrait Stuart Mill, les séries de sensations que nous aurions pu avoir et que nous aurions eues si nous avions existé à cette époque. — Mais, justement, nous ne pouvions pas exister à cette époque, ni nous ni aucun être sentant ; par conséquent ces prétendues possibilités de sensations sont au fond des sensations impossibles. D'ailleurs que signifie la condition : si nous avions existé à cette époque ? Il est difficile d'y voir autre chose qu'une tautologie : cela revient à dire que si j'avais existé au moment où ces sensations étaient possibles, j'aurais certainement pu les avoir.

Toutes les explications de Stuart Mill se ramènent à cette identité : « Je vois, dit-il, un morceau de papier blanc sur une table ; je vais dans une autre chambre et, quoique j'aie cessé de le voir, je suis persuadé que le papier est toujours là. Je n'ai plus les sensations qu'il me donnait, mais je crois que si je me place de nouveau dans les circonstances où je les ai eues, c'est-à-dire si je rentre dans la chambre, je les aurai encore, et de plus qu'il n'y a eu aucun moment intermédiaire où je n'eusse pu les avoir. « Mais, si j'admets que la chambre existe, bien entendu comme possibilité de sensations, je n'aurai pas de peine à admettre l'existence de la feuille de papier. Dire que la chambre existe, c'est dire que les sensations que j'ai eues concurremment avec la sensation du papier blanc sont encore possibles ; mais en quoi consiste cette possibilité ? Si on fait abstraction de toute condition réellement externe, il paraît difficile de traduire la phrase autrement que par ce *truisme :* Nous pourrions voir la chambre et le papier qui est dans la chambre si nous les voyions en effet.

La théorie de Stuart Mill laisse donc sans explication notre croyance à l'existence présente du monde extérieur, en dehors de toute sensation actuelle; et, ce qui est plus grave, elle supprime virtuellement le principe de causalité en donnant pour causes à des phénomènes réels des phénomènes possibles, c'est-à-dire en somme des phénomènes qui n'existent pas.

Elle ne se concilie pas davantage avec les exigences ou, si l'on aime mieux, avec les prétentions de la science.

Peut-on dire en effet que les êtres ou les phénomènes élémentaires, grâce auxquels la physique, la chimie, la physiologie s'efforcent de tout expliquer — atomes d'éther ou de matière et mouvements atomiques — soient de simples possibilités de sensations?

En premier lieu, c'est refuser aux éléments ou aux principes des choses cette réalité objective et actuelle qu'on a déjà refusée aux choses mêmes. La science se trouve ainsi avoir pour objet des virtualités sans fondement, suspendues pour ainsi dire dans le vide du pur possible, au sein desquelles on admet cependant par une contradiction étrange des changements qui ont précédé l'existence de tout sujet et qui se continuent même tout sujet étant absent. Bien plus, elle tourne dans un cercle sans issue; car, d'une part, l'existence même du sujet et de ses états dépend absolument, d'après les conclusions d'une physiologie qu'on adopte, de la préexistence et de l'évolution de ces virtualités, et d'autre part ces virtualités elles-mêmes sont toutes relatives à l'existence d'un sujet, sont la présupposition de ses états, sont pour ainsi dire ses états eux-mêmes, représentés, attendus comme futurs.

En second lieu, rien ne nous autorise à affirmer que les atomes et leurs mouvements soient des sensations possibles ; car, en fait, ils ne nous sont jamais apparus, nous ne les avons jamais observés, et on peut affirmer, d'après les dires mêmes de la science, qu'ils échappent par leur nature à toute observation.

Stuart Mill répondrait peut-être que dans l'état actuel de nos organes, nous ne pouvons sans doute les observer ; mais il ne s'ensuit pas que, sous certaines conditions, ils ne puissent devenir sensibles. Le monde exprimé en fonction de mouvements atomiques, c'est donc le système des sensations qui se produiraient en nous, si nos sens étaient arrivés à l'extrême limite de leur acuité. En attendant, ces sensations sont purement possibles. Qui plus est, leur possibilité est soumise à une condition dont nous ignorons entièrement la nature. Car, ne nous y trompons pas, parler de « l'extrême limite de l'acuité de nos sens », c'est énoncer une condition qui est pour nous absolument indéterminée : ces mots ne représentent rien de positif. Leur fait-on signifier que nos sens ou (ce qui revient au même dans le cas présent) notre conscience a une intuition, une appréhension plus ou moins complète de phénomènes déjà existant en eux-mêmes, et que la limite de l'acuité, c'est une vision adéquate de tous ces phénomènes, on renverse la théorie qu'on voulait étayer, la théorie des possibilités de sensations. D'ailleurs, on s'enfermerait encore ici dans un cercle. Supposez que la science réussisse à déterminer la structure des organes hypothétiques dont dépendent les sensations d'atomes et de mouvements atomiques — sensations qui, en l'absence de ces organes, demeurent des possibilités sans fondement — en fonction de quoi ces organes seront-ils représentés ou connus ? Ils ne pourront l'être qu'en fonction d'atomes et de mouvements atomiques. Ils ne seront donc, eux aussi, qu'un cas particulier de ces possibilités de sensations ultimes qui les présupposent pour exister, même à titre de simples possibilités : par conséquent, eux-mêmes en présupposeront d'autres encore, et ainsi de suite à l'infini.

Faut-il donc, pour respecter le principe de causalité, expliquer nos croyances naturelles et conserver aux théories de la science quelque signification et quelque valeur, admettre la réalité de phénomènes extérieurs à notre conscience et distincts de nos propres sensations ? Mais ces phénomènes, encore une fois, comment devons-nous les concevoir ?

Nous avons, ce semble, le choix entre trois conceptions différentes : celle du sens commun, celle de la science, celle de la métaphysique leibnizienne.

Si l'on recherche comment le vulgaire conçoit l'existence objective du monde extérieur, on reconnaît, tout d'abord, qu'il n'y a pas pour lui d'autre monde extérieur réel que le monde sensible, le monde des apparences colorées, résistantes, sonores, etc. Le monde extérieur, tel que la science le conçoit, le monde des atomes et des mouvements mathématiques, lui est profondément inconnu. Le monde extérieur est donc, pour lui, le système des sensations objectivées. Seulement il croit que ce système peut continuer d'exister actuellement, tout en perdant la propriété d'apparaître à la conscience, cette propriété qui fait de chacun de ses éléments une sensation proprement dite. Néanmoins il ne la perd pas pour toujours : même quand il a cessé de nous apparaître, il peut, sous certaines conditions, nous apparaître encore. D'après cela, les faits véritablement externes sont des sensations, couleurs, résistances, odeurs, saveurs, etc. : qu'elles soient ou ne soient pas dans la conscience, peu importe ; elles existent et se produisent telles quelles, à la différence des idées, des sentiments, des volitions, etc., pour qui la conscience est inséparable de l'existence.

Mais cette conception nous laisse toujours aux prises avec la même difficulté. Si les faits externes ne nous apparaissent pas, ce ne sont plus des phénomènes ; et, s'ils nous apparaissent, ce ne sont plus, à proprement parler, des faits externes. A fortiori, est-il contradictoire de supposer que des sensations puissent subsister en l'absence de tout sujet sentant ? Cette supposition n'est pas plus légitime pour les sensations que pour les autres états de conscience.

Lorsque la science s'en tient à la simple description des phénomènes ou à l'énonciation des lois naturelles les plus immédiates, en physique, en chimie, en physiologie, elle use absolument de la conception et du langage du vulgaire. En d'autres termes, le monde n'est pour elle que le système des sensations objectivées et conçues comme subsistant telles quelles en dehors de toute conscience. Mais, quand il s'agit de l'explication des phénomènes et surtout de celle des lois les plus générales, il semble que la science ait la prétention d'avoir des faits extérieurs une conception plus raffinée et plus exacte. Elle se sert, en tout cas, pour l'exposer, d'un autre langage que le vulgaire. Or, quand les savants parlent de molécules, d'atomes, de mouvements moléculaires et atomiques, de quoi parlent-ils au fond ? Dirons-nous que ce sont encore là des systèmes de sensations objectivées et supposées capables de subsister en dehors de toute conscience ? Mais d'abord ni les atomes, ni les molécules, ni leurs mouvements ne tombent sous aucun de nos sens, et, de l'aveu des savants eux-mêmes, ils n'y peuvent pas tomber ; ils sont donc nécessairement extérieurs à la conscience, et, par suite, ils n'ont jamais été, ils ne seront jamais des sensations. Ensuite, le but de la science, c'est de réduire par degré tous les phénomènes et toutes les lois exprimés d'abord dans le langage vulgaire en fonction de sensations, à des complications plus ou moins variées de phénomènes de mouvement atomique ou moléculaire. Comment cette réduction serait-elle possible, ou, pour mieux dire, quelle en serait la signification, si ces nouveaux termes d'atome, de molécule, etc., n'exprimaient encore que des sensations ?

Il semble donc que la seule interprétation admissible des théories scientifiques, la seule que la science admette en effet, ce soit de voir dans les notions de molécules, d'atomes, d'éther, de mouvements moléculaires, atomiques, etc., et dans toutes celles qu'elles-mêmes contribuent à former, des notions de faits réels et actuels, mais étrangers à toute conscience, n'apparaissant à personne, ne ressemblant enfin en aucune manière à des sensations.

Cette conception du « phénomène en soi », que l'analyse dégage des notions fondamentales de la science est, sans contredit, la plus simple et la plus abstraite de toutes. C'est la dernière des trois conceptions générales du phénomène que nous avons distinguées au début de ce travail : il n'est pas encore temps d'en faire la critique.

Que si l'on se refuse à admettre des phénomènes étrangers, par hypothèse, à toute conscience, comparable sous ce rapport à l'Absolu de la vieille métaphysique, au Noumène de Kant, à l'Inconnaissable de Spencer, et cependant analogues en tant que phénomènes à ceux-là seuls que nous connaissons avec certitude, c'est-à-dire à nos représentations conscientes, on trouvera dans l'hypothèse leibnizienne de la Monadologie un moyen de concilier la conception subjective du phénomène avec la réalité objective du monde extérieur. Rien ne nous interdit en effet de supposer que les faits extérieurs à notre conscience sont eux-mêmes des faits de conscience, tels que des sensations ou des désirs, des volitions ou des efforts : rien ne nous interdit même de supposer que ces faits s'apparaissent à eux-mêmes ou les uns aux autres, ou qu'ils apparaissent à des sujets plus ou moins nombreux et complexes. En tout cas, ce n'est pas comme des sensations susceptibles de tomber sous notre conscience, que nous devons les concevoir, car ce serait leur enlever toute objectivité ; c'est comme des sensations ou en général des états de conscience existant exclusivement en eux-mêmes et pour eux-mêmes. Nous devons faire pour eux ce que nous faisons pour les sensations, les idées, les volontés de nos semblables, c'est-à-dire les concevoir comme complètement et nécessairement extérieurs à notre conscience ou à toute conscience qui n'en soit pas absolument inséparable. C'est bien ainsi que les concevait Leibniz, lorsqu'il prétendait que la série des phénomènes extérieurs est, en elle-même, une série de perception et d'appétitions élémentaires, et que nos sensations ne sont que l'expression en nous ou la représentation plus ou moins simplifiée et abrégée d'un certain nombre de ces séries.

Entre ces deux conceptions opposées, comment partager le débat ?

III. — La nature de la conscience.

Peut-être l'analyse de la conscience nous montrera-t-elle que la conception subjective du phénomène se résout, quand on écarte toute hypothèse métaphysique, dans celle qui, aux yeux de ses partisans, est la seule vraiment positive, je veux dire dans la conception du phénomène existant par lui-même, sans sujet comme sans objet.

La Conscience, pourrait-on dire, dont on veut faire la condition générale de tous les phénomènes, n'est elle-même qu'un phénomène : c'est un phénomène tout à fait spécial, qui ne se produit que chez certains êtres vivants ; et au prix de quel concours prodigieux de circonstances ! Pour mieux dire, ce n'est pas même un phénomène ; c'est un caractère, un mode de quelques-uns des phénomènes de l'ordre psychique, de ceux qui remplissent certaines conditions de complexité, d'intensité et de durée. Leibniz lui-même n'a-t-il pas admis dans l'âme des perceptions insensibles, c'est-à-dire des phénomènes inconscients, sans se laisser effrayer par la prétendue contradiction de sensations qui ne sont pas senties et de phénomènes qui n'apparaissent pas ?

Sans aucun doute, la conscience est inséparable des phénomènes. Avoir conscience, c'est nécessairement avoir conscience de quelque état. Même, en un sens, la conscience d'un phénomène et le phénomène dont on a conscience sont une seule et même chose. Mais, pour cette raison même, il est impossible de conserver au phénomène aucune réalité propre si on le sépare de la conscience : il devient alors un phénomène purement possible, c'est-à-dire, au regard de l'existence actuelle, un pur non-être.

On objecte la multitude immense des phénomènes physiques, chimiques, biologiques qui se produisent en dehors de la conscience et dont la conscience même est le produit. L'objection est une pétition de principe. On oublie que ces phénomènes, nous ne les connaissons que dans la mesure où ils sont représentés dans notre conscience, qu'ils ne sont à vrai dire que des représentations possibles, et qu'on peut toujours se demander s'il n'est pas contradictoire de supposer des représentations qui ne soient pas représentées. La conscience n'est donc pas seulement le caractère des phénomènes psychiques ; elle est celui des phénomènes de tous les ordres, car ils ne sont *phénomènes* qu'autant qu'ils sont accompagnés de conscience.

On objecte en outre les faits psychiques inconscients, et on couvre cette objection de l'autorité de Leibniz. Mais, tout d'abord, il est douteux que Leibniz ait admis, sous le nom de perceptions insensibles, des faits psychiques absolument inconscients. Cette interprétation compte parmi les historiens et les critiques moins de partisans que d'adversaires. Il semble bien que tous les textes peuvent s'entendre dans le sens de perceptions obscures ou peut-être aussi de perceptions virtuelles et conditionnelles. En tout cas, la loi de continuité, si chère à Leibniz, nous empêche d'admettre la complète disparition de la conscience à aucun des degrés de l'échelle des phénomènes psychiques. Sur ce point, Stuart Mill est sans doute un plus fidèle interprète de la pensée de Leibniz que Hamilton. « Le bruit de la mer, dit Hamilton (1), est une somme composée de parties ; et cette somme serait égale à zéro, si chaque partie ne comptait pas pour quelque chose. Nous devons donc admettre que le bruit de chaque vague produit sur le sujet qui le perçoit une certaine modification qui échappe à la conscience ; car la réalité de l'effet total nous y oblige. » A quoi Stuart Mill (2) répond excellemment, à notre avis : « Si l'effet d'un ensemble doit être la somme d'effets homologues produits par toutes ses parties, si tous les états de conscience sont les effets d'une modification de l'esprit composée d'une infinité de petites parties, l'état de conscience doit être aussi composé d'une infinité de petits états de conscience produits chacun respectivement par ces infiniment petites modifications mentales. » Ainsi la conscience suit pas à pas les phénomènes : elle monte et baisse avec eux. Elle est en quelque sorte le phénomène général dont tous les autres ne sont que les modes. D'elle seule on peut dire qu'elle est le phénomène en soi et pour soi ; car elle est essentiellement ce qui s'apparaît à soi-même.

Prenez garde, dira-t-on, d'être dupe d'une abstrac-

---

(1) Hamilton, *Lectures*, I, 349, 351.
(2) Stuart Mill, *la Philosophie de Hamilton*, tr ad. Cazelles, 328.

tion en prenant la conscience pour une forme réelle enveloppant à priori tous les phénomènes qui s'y déroulent alors qu'elle n'est qu'une résultante enveloppée à posteriori dans ces phénomènes eux-mêmes. L'esprit humain n'est que trop sujet à ces sortes d'illusions. Ainsi il s'imagine volontiers que l'Espace est réellement distinct des étendues corporelles qui y coexistent et que c'est lui qui les crée, pour ainsi dire, en communiquant aux corps, en divisant entre eux son étendue propre. Le vitalisme ne prétend-il pas que les unités organiques ne sont vivantes que par l'effet de leur participation à la vie totale de l'organisme? L'erreur est la même à s'imaginer que la conscience est antérieure dans son unité aux différents phénomènes qui la traversent et s'y imprègnent de sa vertu représentative. La conscience de l'individu ne peut être qu'une résultante : les consciences élémentaires, qui accompagnent chaque phénomène, qui en sont inséparables, voilà les composantes, seules réelles au fond, qui la constituent. On dit bien, dans la langue courante de la psychologie, que les phénomènes se succèdent dans la conscience, qu'ils y entrent, qu'ils en sortent, qu'ils s'y arrêtent, etc.; on semble ainsi la considérer comme une sorte de milieu permanent et pénétrable, distinct des phénomènes qu'il contient, condition générale de leur existence et de leurs rapports réciproques : mais, si cette conscience totale a quelque réalité, elle la doit tout entière aux consciences partielles, dont elle est la complexe et mouvante **synthèse**.

Est-il possible de comprendre que la conscience de la personne se forme par la juxtaposition et la pénétration mutuelle des consciences élémentaires qui accompagnent ses phénomènes? C'est là peut-être la plus importante et la plus difficile question que la philosophie contemporaine ait à résoudre ; mais nous n'avons pas besoin de la résoudre en effet pour répondre à l'objection. La seule conscience qui soit impliquée dans la conception subjective du phénomène, c'est la conscience élémentaire et non la conscience totale. Pour qu'un phénomène existe comme tel, il n'est pas nécessaire qu'il nous apparaisse ; il suffit qu'il s'apparaisse à lui-même.

Mais enfin cette conscience élémentaire du phénomène peut-elle se concevoir autrement que comme un rapport du phénomène avec le sujet qui le perçoit?

On peut, ce semble, faire trois hypothèses principales sur la nature de la conscience : 1° elle est un rapport du phénomène avec un sujet ; 2° elle est un rapport des phénomènes entre eux ; 3° elle est un rapport du phénomène avec lui-même.

D'après la première hypothèse, la conscience est la représentation du phénomène à un sujet, à ce sujet qui est le Moi en puissance. On peut donc l'envisager soit du côté du sujet soit du côté des phénomènes. Du côté du sujet, elle semble un acte par lequel il prend successivement conscience et possession des phénomènes qui se succèdent devant lui, s'identifiant tour à tour avec chacun d'eux et s'en distinguant tour à tour. Cet acte même, imposé au sujet ou par sa nature essentielle ou par les phénomènes auxquels ils se termine, semble, malgré ses incessantes variations d'intensité, un seul et même acte continu, indivisible, du moins au regard du sujet. Du côté des phénomènes la conscience paraît être une modification passive, nécessaire, inséparable de chaque phénomène et faisant corps avec lui.

Toute la difficulté est de concevoir la nature du sujet de la conscience. Si on le suppose réellement distinct du phénomène, il lui devient par cela même extérieur ; et alors comment comprendre qu'il puisse entrer en rapport avec lui ? Comment expliquer surtout l'identité immédiate et primitive du phénomène avec sa propre conscience ? Bien plus, l'existence du sujet en dehors de la conscience du phénomène est une hypothèse impossible à vérifier, du même ordre que celle de l'Objet ou du Noumène. Que s'il est identique au phénomène, la conscience n'est plus que le rapport du phénomène avec lui-même : le phénomène est à lui-même son propre sujet.

Dans la seconde hypothèse, la conscience consiste dans la représentation des phénomènes les uns aux autres. Telle est à peu près l'idée que s'en fait Spencer, qui la définit « une différenciation continue de ses propres états » (1). Selon lui, la conscience réduite à un état unique ne se subsisterait pas : la forme de conscience la plus simple qui se puisse concevoir exige un changement d'état, une sorte d'oscillation entre deux états dif-

(1) *Principes de psychologie*, ch. XXVI. Cf. ch. XXV.

férents qui engendre les termes d'une relation de ressemblance et de différence. Ainsi un phénomène solitaire est nécessairement dépourvu de conscience : c'est au moment où un autre phénomène lui succède, qu'il rencontre les conditions nécessaires à son apparition et à sa transformation en état de conscience : cet autre phénomène lui devient un sujet auquel il apparaît.

Admet-on avec Spencer que la succession est la loi nécessaire de la vie mentale et qu'il ne peut y avoir coexistence simultanée de deux phénomènes dans l'esprit, on rend par là impossible, à ce qu'il semble, la conscience d'un phénomène par un autre ; car, si au moment où le second apparaît, il ne reste absolument rien du premier, comment l'un pourrait-il avoir conscience de l'autre ? Et, s'il reste en effet quelque chose, ce résidu coexiste nécessairement avec le phénomène subséquent. Admettre cette conscience d'un phénomène par un autre, c'est donc admettre leur commune coexistence ; et d'ailleurs le second peut-il envelopper la conscience du premier sans que cette conscience devienne comme un phénomène additionnel qui coexiste avec lui ? Ainsi la doctrine de Spencer sur la nature de la conscience semble en contradiction avec les conditions qu'il attribue d'autre part à l'existence même de la conscience.

Quoi qu'il en soit, il résulte de cette théorie que la conscience d'un phénomène est toujours en retard d'un instant sur son existence, puisque c'est le phénomène du second instant qui détermine seul la conscience du premier. Mais alors comment vérifier la préexistence du phénomène à la conscience ? A, dit-on, n'est connu comme A que lorsque B existe, et c'est B qui est le sujet de cette connaissance ou conscience ; mais B lui-même n'est connu comme B que par C qui lui succède et qui en a conscience tout en étant inconscient de lui-même. Ne pourrait-on objecter que rien ne prouve, et que, d'après les conditions mêmes de l'hypothèse, rien ne pourra jamais prouver l'existence de A, B, C, avant la conscience ? Dès lors, il est beaucoup plus simple de supposer que A, B, C ont chacun immédiatement conscience de lui-même. Que si l'on veut simplement dire que c'est le choc du second phénomène qui détermine le passage du premier de la conscience implicite à la conscience explicite, à la bonne heure ! Mais quel est alors le sujet de cette conscience explicite ? Est-ce le premier phénomène, le second, ou constitue-t-elle un troisième phénomène distinct ?

Substituons dans l'hypothèse la simultanéité à la succession : quand deux phénomènes coexistent, ils ont conscience l'un de l'autre, et c'est même là en général la condition de la conscience. Dès lors, chacun de ces phénomènes devra se dédoubler en deux parties, l'une constituant ce phénomène lui-même, l'autre contenant la conscience qu'il a d'un autre phénomène. Si ce ne sont pas seulement deux phénomènes qui coexistent, mais trois, quatre, un nombre quelconque, il en faudra conclure que chaque phénomène est conscient de tous les autres, quelque nombreux qu'ils soient. Ce qui revient à dire que chaque phénomène, outre sa nature spécifique, a deux faces, subjective et objective ; par l'une, il est sujet de conscience pour tous les autres phénomènes coexistants; par l'autre, il est à l'égard de ces mêmes phénomènes objet de conscience. Et ce que nous disons des phénomènes coexistants peut et doit se dire des phénomènes immédiatement successifs, car les successions mentales ne consistent jamais que dans la présence ou l'absence, à deux moments contigus de la durée, d'une partie plus ou moins considérable de termes coexistants entre eux.

Même ainsi modifiée, l'hypothèse demeure contestable. L'existence de chaque phénomène en dehors de la conscience qu'un autre phénomène est supposé en avoir est une existence « en soi » qu'on ne peut prouver, qu'on ne peut même concevoir, s'il est vrai que pour tout phénomène l'être et l'apparaître soient une seule et même chose. Aucune différence appréciable ne peut être assignée entre l'hypothèse que nous discutons et celle où chaque phénomène aurait conscience de lui-même tout en étant à certains égards représentatif de ceux avec lesquels il coexiste ou auxquels il succède. En outre, si tous les phénomènes sont présents à chacun et si chacun est présent à tous, l'un quelconque d'entre eux peut-il avoir conscience des autres sans avoir conscience en même temps de sa propre conscience impliquée dans chacun d'eux et inséparable de leur existence même? Tous auraient donc la conscience d'eux-mêmes, mais une conscience médiate, indirecte, réflexe, une conscience par ricochet. Qu'est-ce à dire cependant, sinon que, de même qu'il est impossible de séparer de chaque phénomène la conscience qui l'accompagne, il est impossible de la lui attacher exclusivement et de le séparer lui-même de tous les autres, sinon par conséquent que tous les phénomènes donnés en coexistence ou en succession dans un esprit sont au fond un phénomène unique qui a conscience tout à la fois de son unité et de la multiplicité de ses parties simultanées ou successives ? D'où il suit que la conscience réciproque des phénomènes n'est possible que là où ces phénomènes forment un système analogue à celui de notre esprit, mais qu'il reste à découvrir les conditions d'existence d'un tel système, et que la première de toutes paraît être l'apparition immédiate de chaque phénomène à lui-même.

Nous sommes donc ramenés à la troisième hypothèse, qui est évidemment la plus simple. « La conscience est un rapport immédiat du phénomène avec lui-même. » Dans la première hypothèse, le phénomène est en rapport avec un sujet auquel il s'oppose à titre d'objet : ici, il est lui-même l'objet et le sujet de la conscience. De là, si l'on veut, une distinction au moins idéale qui opère comme une scission dans l'intérieur du phénomène, mais sans en rompre l'unité. D'une part, le phénomène en tant qu'il est ou apparaît, en tant qu'il est pensé, senti, représenté, c'est la face objective, passive ; c'est l'objet. D'autre part le phénomène en tant qu'il s'apparaît à lui-même, en tant qu'il est pour soi, en tant qu'il se pense, se sent, se représente lui-même, c'est la face subjective, active : c'est le sujet. Ainsi, tout en restant un, le phénomène se dédouble : il se pose, pour ainsi dire, en face de lui-même ; mais il se polarise sans se diviser. Aucun intervalle de temps ne sépare l'existence du phénomène de sa représentation; la conscience n'est pas un acte qui vienne s'ajouter après coup à la sensation ou à l'idée. Le phénomène interne, après s'être posé dans une unité sans rapports, ne sort, pour ainsi dire pas, de soi par une sorte de répulsion pour revenir à soi par une sorte d'attraction ; sans doute il équivaut, dans son ensemble, à cette série de moments, mais il ne les traverse pas : il en est lui-même la synthèse instantanée et indivisible.

Dans cette hypothèse, le phénomène semble se suffire entièrement à lui-même, puisqu'il est identique à sa propre conscience, et que, s'il implique un sujet, ce sujet n'est qu'un élément, un point de vue du phénomène. Elle nous permet de comprendre comment un phénomène peut exister hors de l'esprit (je veux dire hors d'une conscience collective et durable comme la nôtre). Peut-être en revanche ne permet-elle guère de comprendre comment il peut exister dans l'esprit.

D'abord, si dans la première période de la vie, et plus tard dans les moments d'inattention, ou seulement à l'égard des phénomènes qui nous trouvent ou nous laissent inattentifs, la conscience semble n'être, en effet, qu'un simple rapport immédiat du phénomène avec lui-même, en est-il tout à fait ainsi dans la vie mentale ultérieure, lorsque les fonctions en sont complètement développées ou quand nous fixons et concentrons notre attention sur quelque objet ? La conscience n'est-elle alors que ce sentiment immédiat du fait présent à lui-même ? Ne dirait-on pas que le sujet se distingue maintenant du fait, qu'il lui préexiste, qu'il le soumet à son action et qu'il décompose dans le temps les moments autrefois contenus dans son instantanéité ? Ainsi l'hypothèse explique le caractère d'unité absolue et indivisible que présente, malgré sa polarité nécessaire, la conscience primitive ; elle n'explique pas aussi bien, du moins à ce qu'il semble, le caractère de dualité que présente, malgré son unité nécessaire, la conscience ultérieure.

En outre, si la conscience est l'apparition du phénomène à lui-même, et si le sujet n'est qu'un point de vue du phénomène, le phénomène en tant qu'il s'apparaît, peut-être devient-il difficile de comprendre la continuité et l'unité de la vie mentale. La face subjective, étant complètement et sous tous les rapports inséparable du phénomène, en partage nécessairement les destinées : elle naît, elle meurt avec lui. Il en résulte que lorsqu'un second phénomène succède au premier, lui seul peut être à la fois le sujet et l'objet de sa propre conscience. Comment alors s'opèrera la comparaison du premier et du second ? Comment l'un et l'autre pourront-ils, en quelque sorte, communiquer entre eux ? D'où pourra naître l'illusion même de la continuité, si la vie mentale n'est qu'une série d'accidents qui s'apparaissent chacun à eux-mêmes et entraînent chacun avec eux leur propre et fugitif sujet sans apparaître en même temps à un sujet commun et relativement stable ? A plus forte raison, si plusieurs phénomènes coexistent dans l'esprit, aura-t-on peine à s'expliquer la pénétration, la communication réciproque de leurs consciences. L'illusion même de l'unité de l'esprit ne pourra se produire si l'on ne suppose pas cela même qu'elle est supposée remplacer, à savoir un sujet unique par rapport auquel toutes ces consciences partielles sembleraient se réunir et se confondre en une seule. Sans cela, chacune restant distincte et à part, où se ferait même l'illusion ?

La vraie solution résiderait donc, ce semble, dans la conciliation de la troisième thèse avec la première : « Les phénomènes apparaissent à un sujet phénoménal, immanent, impliqué dans les phénomènes mêmes. » Tous les phénomènes comprenant un sujet et un objet, une face subjective et une face objective, ne peut-il y avoir liaison, continuité, entre leurs sujets successifs ? Ne peut-il même se faire que la face subjective de tel phénomène ne soit que le prolongement, la persistance de celle du phénomène qui le précède, et ainsi de suite, les faces objectives s'enchaînant sans doute aussi, mais en variant indéfiniment de quantité, de qualité, de rapport, avec les phénomènes extérieurs, alors que les faces subjectives semblent résulter de la répétition indéfinie et à peu près invariable d'un même caractère ou élément ? Mais, pour qu'une telle explication soit intelligible, il faut admettre non seulement la solidarité, mais encore l'unité intime de phénomènes divers, soit simultanés, soit même successifs : elle suppose par conséquent résolue une question que nous ne pourrons aborder que plus tard : « Chacun des phénomènes que nous distinguons de l'ensemble des autres, soit dans notre esprit, soit dans le monde extérieur, a-t-il une individualité propre? Ou ce qui est en un sens une pluralité de phénomènes ne peut-il être en un autre sens un phénomène unique et indivisible ? »

Si l'on admet que l'individualité que nous assignons d'ordinaire à chaque phénomène est entièrement apparente et relative, il faut avouer ou bien que la vraie conception du phénomène n'implique pas nécessairement l'idée d'une différence et d'un changement, qu'il peut y avoir, qu'il y a même des phénomènes uniformes et permanents, ou bien que les phénomènes tels qu'on les entend d'habitude ne se suffisent pas complètement à eux-mêmes et supposent comme leur condition d'existence des Sujets qui, tout en leur étant présents par la conscience, s'en distinguent par la continuité même de la conscience.

Voyons cependant si nous ne couperions pas court à toutes ces difficultés en admettant la troisième notion du phénomène, celle qui, faisant abstraction de tout sujet comme de tout objet, le définit précisément par le changement et la différence.

CHAPITRE TROISIÈME

LE PHÉNOMÈNE ET LE TEMPS

I. — Arguments en faveur de la conception positive du phénomène.
    1º Le sens commun.
    2º La science.
    3º Le principe d'économie.
    4º La prétendue contradiction d'un phénomène qui n'apparaît pas est purement verbale.
    Il y a deux sortes de phénomènes : la sensation ou état de conscience et le mouvement.

II. — Critique de l'hypothèse du mouvement existant en soi.
    Définition du mouvement. Le mouvement substantifié par certains philosophes contemporains.
    Les réquisits du mouvement : l'atome ; le point ; l'espace. Analyse et critique.
    Conclusion : Le mouvement ne peut pas être un phénomène objectif. Signification et valeur des notions ultimes de la science.
    Nécessité de pousser l'abstraction au delà de l'idée du mouvement.

III. — Critique de l'idée indéterminée de changement.
    A. Tout fait, et par exemple tout de fait de conscience, est-il un fait de changement ?
    1º Il y a dans la conscience des phénomènes durables.
    2º Le changement même, dans la conscience, se fait au sein de l'identité.
    Le phénomène, tel qu'il nous est donné, est l'unité du changement et de la permanence, du divers et de l'identique. En ce sens il y a de l'Être.
    1re objection : Le temps n'est pas quelque chose de distinct des faits, donc il est absurde de supposer qu'un même phénomène puisse exister en deux instants successifs. — Réponse.
    2e objection : La durée d'un phénomène n'est que sa répétition. — Réponse.
    3e objection : Le permanent, l'identique dans les phénomènes ne consiste qu'en caractères et en rapports. — Réponse.
    B. L'idée indéterminée du changement permet-elle de comprendre les phénomènes objectifs ?
    Une telle conception n'est ni nécessaire ni possible.

Seul moyen de donner l'objectivité à ces phénomènes : les considérer comme immanents à leur propre conscience.

Sinon, la seule conclusion possible : c'est qu'il existe un inconnu qui est le fondement de tout ce que nous connaissons de phénomènes et de rapports. Voilà le phénoménisme revenu à l'affirmation du Noumène.

Donc il n'est pas d'autre réalité que la Conscience.

I. — Préliminaires.

Notre critique du phénoménisme nous a mis en présence de deux conceptions différentes du phénomène : l'une qui le lie indissolublement à la conscience, l'autre qui l'en détache et le pose à part de tout sujet. La première nous a paru jusqu'ici exempte de toute contradiction intrinsèque, et, si elle n'est pas sans quelque difficulté, elle semble pourtant pouvoir se concilier avec l'ensemble de notre expérience. Que devons-nous penser de la seconde ?

D'abord elle pourrait revendiquer en sa faveur une double autorité, celle du sens commun, celle de la science.

Le sens commun croit qu'il se produit des changements, des événements en dehors de notre conscience : que nous soyons présents ou absents, il n'en continuent pas moins à se dérouler dans le temps. Nos sens et notre intelligence les constatent et ne les créent pas. Quoi de plus absurde que de prétendre qu'ils s'évanouissent aussitôt que nous ne sommes plus là pour les contempler ? Peut-être, cependant, est-il plus absurde encore de s'imaginer que chacun d'eux se contemple lui-même à défaut de tout spectateur doué de sens et d'intelligence. Pour être perçu, il faut tout d'abord être. C'est donc la réalité des phénomènes qui rend possible la perception que nous en avons.

Pareillement la science distingue nos sensations des mouvements extérieurs qu'elles nous représentent. Mais ces mouvements ne sont pas moins réels que nos sensations, bien que, pris en soi, ils échappent nécessairement à notre conscience. Ils sont même en un sens plus réels que nos sensations, puisqu'ils en sont les causes objectives et que c'est par eux seuls qu'elles s'expliquent.

D'ailleurs, cette conception vraiment positive a pour elle l'avantage de la plus grande simplicité : c'est l'hypothèse la plus *économique*. On a beau dire : supposer que tout phénomène apparaît à une conscience, c'est mettre à la base même des sciences la plus obscure des énigmes métaphysiques ; car, comment concevoir la conscience sans un Esprit ? Et comment concevoir un Esprit sans un système de phénomènes physiques et physiologiques qui lui serve, pour ainsi dire, de support ? Au contraire, tout s'éclaircit dès qu'on admet qu'un phénomène est un changement qui succède à un changement antérieur, occupe une portion plus ou moins grande de la durée et cède à son tour la place à un nouveau changement. Le phénomène se trouve alors défini par la combinaison de deux idées élémentaires au delà desquelles, ce semble, l'analyse ne peut pas remonter : l'idée d'existence et l'idée de temps. Il est une existence dans le temps. Tout son être consiste à jeter, en quelque sorte, une différence sur la ligne uniforme de la durée dans l'intervalle de deux autres différences, l'une précédente, l'autre suivante.

On objecte la soi-disant contradiction d'« un phénomène qui n'apparaît à personne et qui, par conséquent, est comme s'il n'était pas. » Mais la contradiction est purement verbale, et on est la dupe de l'étymologie. Parce que le mot *phénomène* vient d'une racine qui signifie *apparaître*, il est puéril de supposer que le phénomène ne puisse exister à moins d'apparaître effectivement. Si vous commencez par admettre implicitement qu'un phénomène, c'est ce que nous observons, ce qui tombe sous nos sens ou dans notre conscience, vous ne pourrez plus, sans vous contredire, affirmer l'existence d'un phénomène, que nous n'observons pas et qui ne tombe en aucune manière dans notre conscience ou sous nos sens. Mais vous ne prouvez ainsi qu'une chose : c'est que notre conception du phénomène contredit la vôtre ; vous ne prouvez pas qu'elle se contredise elle-même. Il suffira, pour éviter la contradiction, de définir le phénomène : « ce que nous *pouvons* observer, ce qui est *susceptible* de tomber sous nos sens ou dans notre conscience ; » plus simplement encore de substituer au mot phénomène un mot moins équivoque, le mot *fait* ou *événement*. Libre à vous de limiter le sens du mot phénomène à celui de sensation ou de représentation donnée dans un esprit. Nous dirons alors que les vraies réalités, ce sont les faits, tels qu'ils existent objectivement dans le temps et dans l'espace, soit qu'ils apparaissent à notre conscience et à nos sens, soit qu'ils leur demeurent étrangers et que nous parvenions seulement à les connaître par les voies détournées, mais infaillibles, de la science. Ces faits, non seulement nous savons qu'ils sont, mais nous savons encore ce qu'ils sont : des mouvements.

Ainsi, cette nouvelle hypothèse aboutit à distinguer le fait et le phénomène. Le phénomène est un état particulier du fait ; c'est le fait devenu sensible, apparent. Pour mieux dire, le phénomène est une sorte particulière de fait : c'est le fait représentatif, la sensation, qui correspond dans la conscience au fait représenté, lequel est en soi un mouvement. D'où il suit que le monde se partage entre ces deux sortes de faits, les uns objectifs, les autres subjectifs, mouvements et sensations.

II. — Critique de l'idée du mouvement.

A l'égard de la sensation, tout le monde s'accorde à reconnaître qu'elle est un phénomène dans le sens étymologique du mot. Mais le mouvement peut-il être conçu à titre de fait réel, en dehors de tout rapport avec la conscience ?

Le mouvement est une série continue de changements de situation. Rien de plus clair en apparence que cette définition, rien de plus obscur en réalité. Il est, en effet, impossible de séparer la notion du mouvement d'un certain nombre d'autres notions qui sont au plus haut degré « énigmatiques ».

On peut, sans doute, avec certains philosophes contemporains, parler du mouvement comme s'il se suffisait à lui-même. Ainsi substantifié, sans mobile, sans espace, on peut le déclarer capable à lui seul non seulement de subsister toujours égal à lui-même, mais encore de créer deux mondes, le monde des sens et le monde de la pensée. Dans son livre de l'*Intelligence*, Taine, après avoir décomposé le sujet et l'objet en phénomènes, affirme que tous les phénomènes sont au fond des mouvements. Mais il est bien difficile de se contenter jusqu'au bout avec de pures abstractions. Aussi, après avoir dit que les êtres, les corps, ne sont rien que des phénomènes et, par conséquent des mouvements, il en vient à attribuer le mouvement à « ces inconnus que nous nommons des corps (1). » C'est ainsi qu'il définit l'existence objective d'une pierre : « les *inconnus* que nous nommons *molécules* et qui composent la pierre subsisteraient encore, quand bien même tous les êtres vivants seraient supprimés » ; en d'autres termes, « les *mobiles moteurs* dont la pierre est l'ensemble continueraient à peser sur le sol, proportionnellement à leur masse, et exécuteraient les oscillations internes qu'ils décrivent aujourd'hui. » Cet exemple prouve bien, ce semble, qu'il est impossible de concevoir le mouvement sans concevoir du même coup quelque chose qui se meut. Pour avoir, en effet, le droit d'attribuer le mouvement à ces inconnus « que nous nommons corps ou molécules, » encore faut-il savoir qu'ils existent objec-

(1) *L'Intelligence*, t. II, p. 59.

tivement et s'en faire une idée quelconque. Un mouvement sans un *mobile moteur*, pour parler comme Taine, c'est un être de raison, un *accident absolu* comme ceux dont usaient les scolastiques. Pour qu'il y ait série continue de changements de position, il faut de toute nécessité qu'une chose, et toujours la même, occupe successivement ces positions différentes. Evidemment donc, il est impossible que le mouvement ait lieu sans qu'il existe quelque chose, quelque être qui en soit le sujet.

Qu'est-ce que cet être ? C'est l'atome, selon les uns ; c'est le point, selon les autres. Ici commencent les difficultés.

L'atome, c'est une étendue que l'on suppose indivisible, et cela seul, semble-t-il, est une contradiction ; mais l'étendue peut-elle réellement s'objectiver ? N'est-elle pas un mode de nos sensations visuelles et tactiles ? L'atome n'est plus alors, selon l'expression de Leibniz, qu'un fantôme sensitif ou, comme dirait Stuart Mill, une possibilité de sensations ultimes. Nul moyen, par conséquent, de le considérer comme une réalité externe. Comment, en effet, objectiver une sensation de résistance ou de contact, fût-elle réduite au minimum et dépouillée par fiction de toute conscience, pour lui faire occuper successivement des positions différentes ? Or, si on ne l'objective pas, elle demeure une simple image qui ne représente elle-même que des sensations possibles sous des conditions inconnues et absolument hypothétiques.

Même difficulté pour le point. On sait que le point géométrique est une pure abstraction, et encore l'étoffe de cette abstraction est-elle prise dans les sensations, partant dans des phénomènes de conscience. En effet, le point géométrique est une simple marque de position que l'on réduit par la pensée à l'infiniment petit, à l'indivisible. Mais, prenons-y garde, cette marque de position, pour être réellement une marque, doit se distinguer par quelque caractère, par quelque qualité, du milieu où elle se trouve et qui comprend un nombre indéfini de positions quelconques. On peut, dans les raisonnements géométriques, ne pas tenir compte de cet élément différentiel qui donne, pour ainsi dire, au point un contenu; il n'en est pas moins vrai que sans lui le point se confondrait entièrement avec le milieu indéterminé au sein duquel l'esprit le distingue, milieu qui n'est autre que l'espace. Or, si l'on se reporte à la façon effective dont nous nous représentons le point, on reconnaît que nous nous servons pour cela de l'image d'une sensation visuelle ou tactile réduite, en quelque sorte, au minimum; c'est, pour ainsi dire, un *minimum visibile* ou *tangibile*. Ainsi, une tache noire, aussi petite que possible, sur un fond blanc, tellement petite qu'elle nous est à peine perceptible et que sa forme et ses dimensions restent pour nous indéterminées et, en quelque sorte, nulles, voilà ce qu'est pour nous positivement le point. La couleur du point, dira-t-on, est indifférente ainsi que son étendue; il n'a pas, à vrai dire, d'étendue ni de couleur. Mais, encore une fois, s'il n'a absolument aucune qualité, comment peut-il se distinguer de l'espace ? Par le choix que l'esprit fait de telle position, plutôt que de telle autre, se posant lui-même ici plutôt que là par un effort de son attention ? Toujours est-il cependant que, pour fixer cette position, l'esprit a besoin d'une marque sensible, laquelle n'est autre chose qu'une image, pour ainsi dire, rapetissée.

D'ailleurs, quand l'esprit s'enquiert des propriétés des points et des figures géométriques — quelque différence que l'abstraction ait pu introduire entre les idées qu'il contemple en lui-même et les réalités sensibles qui lui apparaissent, comme on dit, au dehors, — ce sont cependant ces réalités qui lui sont présentes, bien qu'il en néglige volontairement, systématiquement, la plupart des qualités concrètes : elles sont le principe et la fin de la science. C'est à l'image des figures réelles que nous concevons les figures idéales ou tout au moins leurs éléments générateurs : c'est afin de pouvoir tracer et mesurer des figures réelles que nous construisons des figures idéales et en déterminons tous les rapports. Au fond, et quelque usage qu'elle fasse des procédés à priori dans le cours de son développement, la géométrie est une science des choses sensibles : c'est de la sensation qu'elle part, c'est à la sensation qu'elle retourne, la sensation, c'est-à-dire un fait de conscience et, qui est plus, est un fait de notre conscience.

Le point physique est-il plus facile à concevoir comme fait ou réalité objective que le point géométrique ? Peut-il lui aussi être autre chose qu'une sensation imaginaire, la sensation d'un minimum d'étendue soit de couleur, soit de résistance ? Mais alors ce n'est qu'une simple possibilité, la possibilité pour nous d'éprouver cette sensation dans des conditions d'ailleurs inconnues : ce n'est pas une réalité externe. On ne tient pas compte, dira-t-on, de la qualité de la sensation ni même de son étendue : en ce cas, il ne reste plus rien pour constituer le point physique; on ne peut plus le distinguer soit de n'importe quel autre point, soit de l'espace : c'est un pur zéro. On n'a pas même ici la ressource de dire qu'il est une position, une situation définie et fixe et que cela seul suffit à le déterminer; car, si le point géométrique est immobile, du moins relativement aux autres points qui avec lui forment la limite d'une figure donnée, il n'en est pas ainsi du point physique, lequel est nécessairement mobile, puisqu'il est expressément supposé pour servir de sujet au mouvement, pour représenter à notre esprit *ce qui se meut*. Il n'est donc pas une position définie : il est ce qui occupe une série de positions, ce qui passe par une série de situations.

Croit-on pouvoir se sauver en disant que le point, c'est justement l'unité de ces positions ou situations successives, et que ce qui détermine son existence ou sa nature, son individualité, c'est son mouvement même ou, si l'on aime mieux, la totalité des mouvements incessants et continus qui lui font parcourir l'espace en différents sens ? Mais cette réponse n'est qu'une suite de présuppositions sans fin : car, pour qu'il y ait des positions ou situations successives, il faut quelque chose d'un qui les occupe successivement ; et ce quelque chose d'un doit, pour exister, être déterminé en soi : pour qu'il y ait des mouvements et des mouvements incessants et continus, il faut quelque chose qui fasse l'unité de cette totalité, et quelque chose de réel, sans quoi on retombe dans l'immobilité et l'indistinction des points de l'espace pur.

De plus, en admettant même que le point soit simplement l'unité d'une série distincte de situations successives, comme il est une unité purement idéale, comment, dans cette hypothèse, peut-on marquer, distinguer, ces situations ? La situation est chose toute relative : elle ne se détermine, elle n'existe que par rapport à d'autres situations prises plus ou moins arbitrairement comme points de repère. Mais au moins faut-il que ces situations, auxquelles on se réfère pour déterminer toutes les autres, soient réelles et saisissables en quelque manière. Sinon, c'est l'indétermination complète, c'est le néant. Or, dans l'hypothèse où le point n'est qu'une série distincte de situations successives, comme ces situations elles-mêmes n'existent que par rapport à d'autres situations, lesquelles ne sont pas elles-mêmes moins relatives et moins indéterminées, il en résulte que les prétendus mouvements extérieurs demeurent nécessairement indiscernables les uns des autres. Le seul moyen de les déterminer serait de les supposer en relation immédiate avec quelque phénomène ou quelque sujet réel ; mais cette supposition leur enlèverait aussitôt tout caractère d'objectivité et en ferait de simples possibilités de sensations ou de phénomènes de conscience.

Il semble donc que l'élément matériel ou soit un pur inconnu dont on ne peut absolument rien dire, ou soit un simple fragment de nos sensations que nous dépouillons de toute conscience et qu'à tort ou à raison nous nous imaginons subsistant en dehors de nous, dans un nombre indéfini d'exemplaires, lesquels changent incessamment de situation les uns à l'égard des autres, sans qu'il nous soit possible de différencier leurs situations, attendu qu'ils sont censés tous identiques, à moins de nous référer à telles et telles consciences compliquées et centralisées dans lesquelles se rencontrent des sensations nettement différenciées.

Mais cette conclusion ne contredit-elle pas les principes de la philosophie positive ? L'Être, disait-on, est *nécessairement postérieur au Phénomène* : il n'est qu'un groupe plus ou moins distinct et constant formé par la juxtaposition des phénomènes. Et voici que le phénomène lui-même, le phénomène élémentaire et typique, le mouvement, implique comme sa condition nécessaire un sujet, un être qui lui est logiquement antérieur ou du moins contemporain, masse, atome, point, peu importe. Cet être n'est pas une collection, une suite de phénomènes, l'unité extérieure d'une somme de termes distincts les uns des autres : il est l'unité intime du phénomène le plus simple, de celui qui entre comme élément dans tous les phénomènes de l'univers. A vrai dire, il est le réel et l'essentiel : car qu'importe à son existence qu'il ait été autrefois ici et que tout à l'heure il doive être là ? Ces changements ne sont évidemment, en ce qui le concerne, que des modifications accidentelles et adventices, des « dénominations extrinsèques » ; ici ou là, il n'en existe pas moins, et il n'en est pas moins lui-même. Dès lors, comment le réduire à n'être qu'un phénomène, c'est-à-dire un simple changement ? Et si, en nous comme hors de nous, tout n'est que phénomène, comment même le concevoir ? Que si nous le concevons, si nous en avons une représentation positive, ce n'est pas à coup sûr à l'image d'une sensation : ce ne peut être, semble-t-il, qu'à l'image du sujet de la conscience. Il y aura alors dans la réalité comme en nous deux éléments distincts et inséparables : les phénomènes, états ou changements ; les êtres ou sujets qui en constituent l'unité. Seulement il faudra dire que dans la réalité extérieure, phénomènes et sujets nous sont profondément inconnus dans leur nature intime et qu'ils le demeureront toujours.

Est-il possible d'imaginer une hypothèse qui échappe à la nécessité d'admettre un sujet du mouvement ? Un philosophe et mathématicien anglais, M. de Morgan, paraît l'avoir fait (1).

Il suppose que l'espace contient en chacun de ses points une virtualité ou *potentialité*, sur la nature de laquelle il ne s'explique pas d'ailleurs. On peut supposer que c'est la virtualité d'une sensation. Chaque situation possible dans l'espace est donc en même temps une

(1) *Philosophical Transactions*, année 1868.

sensation possible. Déterminez l'une quelconque de ces situations en actualisant la sensation qu'elle enveloppe : ce sera là le point de départ, le commencement d'un mouvement. Pour avoir un mouvement effectif, il suffira que la position contiguë à la première actualise immédiatement sa potentialité, la première cessant d'être actuelle, et ainsi de suite continuellement. On aura par là un mouvement ou plutôt une apparence de mouvement. C'est ainsi qu'une série de lumières dont chacune s'éteint aussitôt que s'allume la suivante fait l'illusion d'une seule lumière en mouvement le long d'une série de points.

Mais cette hypothèse revient, elle aussi, à mettre finalement dans le monde extérieur des sensations, c'est-à-dire des états de conscience. Seulement elle ne dit pas si ces sensations sont possibles et actuelles pour elles-mêmes, sans relation avec aucune conscience, ou si elles n'existent que relativement à une conscience, et en particulier à une conscience humaine, comme les sensations et possibilités de sensations de Stuart Mill. En tout cas, ce n'est pas ainsi, ce semble, que la science entend le mouvement. A vrai dire, l'hypothèse le supprime : il n'existe plus que comme apparence, illusion, relativement à l'esprit humain, qui seul peut connaître la continuité des illuminations successives des points de l'espace, à la condition peut-être de ne pas se résoudre lui-même en une série analogue.

Mais cette hypothèse n'échappe pas plus que les autres à la difficulté que suscite une seconde condition du mouvement, je veux dire l'existence de l'espace. Elle l'augmente même, puisqu'elle fait de l'espace, avec les potentialités qu'elle lui attribue, la seule réalité extérieure.

Pour que le mouvement soit possible, il faut d'abord un mobile, un sujet du mouvement, qui occupe successivement différentes positions immédiatement contiguës ou continues entre elles, mais il faut aussi un lieu ou milieu, un espace, c'est-à-dire un système général de positions réelles ou possibles par rapport auquel puisse se déterminer une série donnée de positions successives. Nous n'avons pas ici à rechercher quelle est la nature de l'espace ; il nous suffit de savoir que la notion de l'espace est nécessairement impliquée dans celle du mouvement. Cependant tous les philosophes semblent s'accorder sur la nature subjective et idéale de l'espace : sur ce point, quelques différences de détail qui les séparent, Leibniz, Kant et Stuart Mill sont d'accord. L'école anglaise, dont le positivisme adopte volontiers les analyses psychologiques, ne voit rien de plus dans l'espace qu'une simple possibilité de sensations musculaires successives, dites sensations de mouvement, théorie qui ne permet guère d'attribuer à l'espace une existence vraiment objective.

Les partisans du mouvement objectif nous diront que, si l'objectivité du mouvement est possible, celle de l'espace l'est par cela même, l'espace étant une conséquence et non une condition du mouvement. Il semble bien cependant que l'espace soit présupposé par le mouvement, attendu qu'il y a dans la situation un élément *sui generis* qui est, à proprement parler, la caractéristique de l'espace. Or, sans la situation, le mouvement est impossible ; car, pour qu'il puisse y avoir changement de situation, ne faut-il pas qu'il y ait à priori pluralité de situations distinctes ? Supprimez la situation, la contiguité, la proximité, la distance, la direction, en un mot l'élément *sui generis* de l'espace, le mouvement se réduit à un simple changement, à une simple succession d'états. Ceux qui ont cru pouvoir ramener l'espace à une totalité de coexistences, comme Spencer, ont été dupes d'une illusion. L'espace est sans doute une totalité de coexistences, mais il est autre chose encore : comme dit Leibniz, c'est un ordre des coexistants, *ordo coexistentium ;* mais c'est un *certain* ordre des coexistants ; et Leibniz l'a bien connu, « un ordre qui les rend *situables* les uns par rapport aux autres (1). » C'est la situation qui introduit entre les coexistants ces rapports du contigu, du proche, du distant, et cette possibilité de la mesure, sans lesquels il n'y a point d'espace véritable.

Ainsi nous arrivons par toutes les voies à cette conclusion : le mouvement n'est pas, ne peut pas être un phénomène extérieur; les atomes ne sont pas, ne peuvent pas être des réalités objectives. Nous ne pouvons dire du monde externe qu'une chose : c'est qu'il s'y produit des états successifs, des changements, dont nous ignorons absolument la nature, et qui, s'ils se passent chez des êtres, se passent en tout cas chez des êtres que nous

(1) Voir notre thèse latine *De spatio apud Leibnitium*, cap. II.

ne connaissons aucunement. Ces états successifs, qui ne sont pas des mouvements au sens scientifique du mot, fondent ou détruisent à notre égard des possibilités de sensations dont seule une très petite partie s'actualise. Parmi ces possibilités de sensations, il en est d'infiniment plus simples et plus constantes que toutes les autres, bien qu'en fait elles ne s'actualisent jamais, du moins pour nous, et qu'elles soient simplement imaginées et supposées : ce sont celles qu'on nomme mouvements atomiques et moléculaires. Elles peuvent donc être considérées comme correspondant avec une certaine exactitude ou, pour mieux dire, avec une inexactitude moindre que toutes les autres, à ces changements successifs desquels nous ignorons absolument tout, sauf leur pure et simple existence.

On voit, d'après cela, ce qu'il faut penser de toutes ces idées sur lesquelles reposent les sciences positives, corps, matière, molécules, atomes, espace, mouvement, etc. Elles expriment non des réalités, mais des possibilités, non des états extérieurs, mais des états internes, non des objets d'expérience actuelle, mais des objets d'expérience possible, des images, des hypothèses, des symboles. Que si l'on s'étonne de la certitude et de la fécondité des résultats auxquels la science est parvenue en s'appuyant sur des notions dont elle ignore le plus souvent le contenu et dont le contenu est presque entièrement hypothétique et insubstantiel (1), nous ferons observer que cette situation n'est point particu-

---

(1) Le mot est dans Montaigne.

lière aux sciences de la nature, et qu'il en a été longtemps ainsi des sciences mathématiques, où il semble pourtant qu'une notion exacte des principes soit la condition nécessaire de toutes les opérations de leur méthode. Ainsi, selon la remarque de Stuart Mill (1), « dans le calcul de l'infini, les mathématiciens ont l'habitude d'admettre certaines vérités et en font la base de leurs raisonnements, quelque obscures et incompréhensibles qu'elles leur paraissent, et, les résultats étant toujours vrais, l'hypothèse se trouve vérifiée. Mais ils savent très rarement ce qu'ils font, quand ils adoptent cette hypothèse. Comme les résultats sont toujours justes, ils savent d'une manière empirique que l'opération ne peut être mauvaise, que les prémisses doivent être vraies en un sens, mais en quel sens ? Cela dépasse la portée d'esprit de la plupart d'entre eux (2). » Telle est aussi, pouvons-nous dire, la situation des sciences positives à l'égard de leurs notions fondamentales. Du moment qu'elles peuvent faire entrer ces inconnues dans leurs raisonnements sans avoir à les déterminer et qu'elles arrivent ainsi à des conséquences qui, une fois traduites dans le langage de la vie ordinaire, dans le langage des sensations, se trouvent constamment vraies, cela suffit pour qu'elles soient justifiées dans l'emploi d'une telle méthode, quelque peu satisfaisante qu'elle puisse paraître à la philosophie spéculative.

---

(1) *Philosophie de Hamilton*, trad. Cazelles, p. 525.
(2) Cf. Berkeley, *Analyste* et *Défense de la liberté de penser des mathématiciens.* — Lefranc, *De l'esprit moderne au point de vue religieux*, p. 221.

Nous pouvions à priori nous attendre à ces conclusions.

Qu'il soit possible de concevoir d'autres faits que ceux qui nous apparaissent dans la sensation ou, en général, dans la conscience, les partisans de la conception subjective du phénomène l'accorderont sans peine ; mais les partisans de la conception soi-disant positive devront bien accorder qu'il ne nous est pas possible d'observer ou de connaître d'autres faits que les phénomènes de conscience. Il s'ensuit que la notion que nous pouvons nous former des faits objectifs procèdera nécessairement, soit par analogie, soit par négation, soit par l'une et l'autre voie tout ensemble, de notre intuition des faits subjectifs. Puisque le premier et le seul élément de toutes nos connaissances, c'est le fait de conscience sous ses différentes formes, avec ses caractères plus ou moins constants ou variables, il est bien certain que tout ce que nous pouvons faire dans nos idées ultérieures, c'est de transformer plus ou moins cet élément au moyen de l'abstraction et du langage. Tout d'abord, nous pouvons retrancher par la pensée l'un ou l'autre des caractères habituels de tous les faits psychologiques ; et, en première ligne, le caractère qui leur est commun à tous, cette propriété qu'ils ont d'apparaître, de se sentir eux-mêmes ou de se faire sentir à un sujet. C'est ainsi que le vulgaire conçoit le monde extérieur comme un système de sensations subsistant en dehors de toute conscience. Nous pouvons pousser plus loin la simplification en atténuant leur intensité, en supprimant tels ou tels de leurs caractères, puis les compliquer en les disposant en groupes, en séries, et former ainsi la conception d'un nouvel ordre de faits. C'est ainsi qu'est née la notion des phénomènes proprement extérieurs. Nous l'avons vu, des sensations visuelles et tactiles réduites au minimum d'intensité et dépouillées de toute conscience, voilà, ce semble, le point matériel; une combinaison de sensations musculaires, visuelles et tactiles, ainsi modifiées, voilà le mouvement du point matériel dans l'espace. Mais, tant que l'abstraction n'a pas entièrement fait le vide dans le contenu du fait, l'analyse y retrouve, plus ou moins appauvrie et raréfiée, la sensation primitive ; et dans le prétendu fait objectif, la représentation consciente reconnaît son propre fantôme.

Il faut donc aller plus loin encore, dépouiller le fait extérieur de tout attribut sensitif, lui retirer jusqu'à la dernière des apparences dont il se revêt en entrant dans notre conscience ; et alors que reste-t-il, sinon la notion absolument indéterminée et négative de changements qui se succèdent les uns aux autres hors de toute conscience, et qui ne présentent plus aucune des propriétés des faits à nous connus, sinon celles d'exister, de durer plus ou moins longtemps, et d'avoir chacun sa place dans une série entre un antécédent et un conséquent ?

Un philosophe contemporain (1) a bien vu que telle est, en effet, la seule notion possible des faits extérieurs. Mais il s'est mépris sur sa véritable signification. « De la série des sensations musculaires par laquelle nous

---

(1) Taine, *De l'Intelligence*, t. II, p. 59.

concevons le mouvement, nous retranchons tous les caractères qui peuvent la distinguer d'une autre série. Après cette grande suppression, elle n'est plus pour nous qu'une série abstraite d'états successifs interposée entre un certain moment initial et un moment final. Chacun des états composants a été dépouillé de toute qualité et n'est plus défini que par sa position dans la série, comme plus proche ou plus lointain du moment initial ou du moment final. C'est cette série plus ou moins courte d'états successifs compris entre un moment initial et un moment final et définis seulement par leur ordre réciproque, que nous nommons le mouvement pur. » — « Or, ajoute-t-il, nous avons toutes les raisons du monde pour l'attribuer à ces inconnus que nous nommons des corps, pour être certains que de l'un elle passe à l'autre, et pour poser les règles de cette communication. »

Par quelle étrange inadvertance ce philosophe a-t-il pu confondre avec le mouvement pur « une série abstraite d'états successifs ? » Et il ne sert de rien d'ajouter, comme il l'a fait, « interposée entre un certain moment initial et un certain moment final, » car il est bien entendu que toute série s'étend entre deux termes extrêmes ; et, d'ailleurs, aucun moyen n'existe pour nous de savoir quel est le moment initial et le moment final, ou, pour mieux dire, il n'y a pas de moment final ni de moment initial, et, par conséquent, on pourra toujours les placer l'un et l'autre où l'on voudra, les événements extérieurs se succédant indéfiniment sans commencement et sans fin. En tout cas, le mouvement, même *pur*, n'est pas une simple série d'états successifs : c'est une série de positions successives ; mais la position implique 1° un point matériel qui l'occupe et qui tende à occuper une position différente ; 2° un système général de positions réelles ou possibles, par rapport auxquelles puisse se déterminer une série donnée de positions successives ou un mouvement, et c'est en termes plus simples ce ce qu'on entend par l'espace. Mais nous retrouvons, dans cette définition, des éléments dont l'objectivité est suspecte, espace, point matériel, lesquels ne peuvent se concevoir, nous l'avons vu, indépendamment de toute image sensible.

En outre, que sont ces « inconnus nommés corps » auxquels est attribué le mouvement pur ? S'ils sont absolument inconnus, que peut-on en dire ? Et, s'ils sont connus, ou du moins conçus en quelque manière, peuvent-ils être autre chose que des groupes ou séries de phénomènes, c'est-à-dire d'états ? Comment donc leur attribuer « des états successifs ? » Sans le savoir, l'auteur de cette hypothèse s'est encore laissé prendre à la vieille notion de l'Être ou de la Substance. Ses prétendus phénomènes sont bien des *états*, dans le sens précis du terme, c'est-à-dire des manières d'être ; mais, comme dit la métaphysique réaliste, pas de manière d'être sans être. Les corps sont donc des êtres, d'ailleurs indéterminés, dans lesquels se produisent des séries d'états successifs également indéterminés. Conclusion qui n'est pas assurément bien instructive.

Enfin, dire qu'une série plus ou moins courte d'états successifs peut passer d'un inconnu à un autre, n'est-ce pas dire un non-sens ? Comment *la même* série, après s'être déroulée par hypothèse dans un inconnu, pourrait-elle passer dans un autre ? Que deviendrait le premier inconnu après ce passage ? Qu'était le second inconnu avant qu'il ne s'opérât ?

Bon gré, mal gré, les partisans de la conception soi-disant positive du phénomène doivent renoncer à voir dans le mouvement le type des phénomènes en général ou même des phénomènes extérieurs. Le phénomène ne peut être pour eux qu'un changement, une différence dans le temps.

III. — Critique de l'idée indéterminée de changement.

Quelque indéterminée que soit la notion du phénomène qui nous est ici proposée, nous n'en devons pas moins la soumettre à la critique et voir d'abord si elle s'applique exactement à ceux des phénomènes qui tombent sous les prises de notre expérience, ensuite si nous y trouvons un moyen légitime de concevoir, comme fondement objectif de notre expérience elle-même, des faits étrangers à toute conscience.

Tout fait, nous dit-on, est un changement. Si cette définition est correcte, elle doit se vérifier des seuls faits que nous puissions connaître, je veux dire des faits de conscience. Quoi qu'on puisse penser des faits objectifs c'est-à-dire des faits qu'on suppose indépendants, non seulement de notre conscience, mais de toute conscience en général, il doit être vrai que tout fait subjectif, que tout état de conscience, est un changement. En est-il réellement ainsi ?

Sans doute le spectacle que nous découvre le plus superficiel regard jeté dans notre conscience est celui d'une succession incessante d'états divers. Aussi les psychologues anglais contemporains font-ils de la diversité la loi même de la conscience. Voyons cependant si une analyse plus profonde ne démentira pas cette induction.

L'idée de changement implique l'idée d'une différence entre deux moments successifs de la durée. En effet, si le second moment était identique au premier, s'il n'en était que la continuation ou la répétition intégrale, il n'y aurait pas de changement ni par conséquent de phénomène. Il faut donc, pour que la conscience tout entière se réduise au changement, qu'à chacun des moments successifs de la durée, le phénomène qui la constitue diffère de celui qui précède et de celui qui va suivre. Bien plus, il faut que la différence et la discontinuité soient complètes entre le premier phénomène et le second; car, si le second ressemble, à certains égards, au premier, la partie qui leur sera commune pourra, ce semble, être considérée comme un phénomène unique et identique présent aux deux moments de la durée, avec lequel coexistent d'un moment à l'autre deux phénomènes différents qui s'excluent l'un l'autre de chaque moment en raison de leur différence même. Mais alors ce phénomène ne sera pas un changement ; et par suite la définition universelle du phénomène par le changement se trouvera renversée.

Or, l'observation prouve-t-elle cette hétérogénéité, cette discontinuité absolue des moments successifs de la durée ? Elle ne permet pas, il est vrai, d'affirmer la permanence indéfiniment actuelle d'aucun phénomène ; même les plus durables paraissent sujets à des intermittences et à des variations nécessaires ; mais qui osera prétendre que nos sensations et représentations conscientes n'occupent chacune que l'infiniment petit de l'instant présent ? Le fait même que nous distinguons des différences de durée entre les divers phénomènes prouve que chacun d'eux nous paraît couvrir de sa durée un plus ou moins grand nombre d'instants successifs. Il se peut donc qu'il y ait des phénomènes instantanés, radicalement différents de ceux qui les précèdent et les suivent ; mais il y a aussi dans la conscience des phénomènes durables qui ne sont que la répétition ou la continuation d'un même état et qui par conséquent ne sont pas de purs changements.

En tout cas, si nous considérons l'état de la conscience (la cénesthèse) à un moment donné comme un phénomène unique et total dont les diverses sensations et représentations sont les éléments coexistants, cet état, comparé au précédent, est en partie différent, en partie semblable. Parmi les éléments anciens, certains ont disparu et ont été remplacés ; d'autres sont restés identiques. Le phénomène présent est donc la continuation plus ou moins fidèle du phénomène passé : le changement même s'est fait au sein de l'identité. Que si, au bout d'un temps plus ou moins long, tous les phénomènes qui occupent la conscience paraissent avoir changé, il en est cependant qui ont toujours été et qui sont encore présents : à savoir le sentiment de l'activité ou de la causalité interne et, plus manifestement encore, ce sentiment général qui enveloppe tous les autres et qui est la conscience même.

Ainsi l'expérience montre qu'il y a en nous et dans le monde sensible à la fois du divers et de l'identique, du changement et de la permanence. Réduire le phénomène au changement et au divers, c'est ne le voir que par une de ses faces. Il est l'unité de ces deux contraires. Nous pouvons, selon les cas, fixer notre attention et accorder notre intérêt tantôt à l'un, tantôt à l'autre ; mais prenons garde d'oublier qu'ils sont inséparables et aussi réels l'un que l'autre. En ce sens, si on entend par *Être* la partie immuable des choses, il y a certainement de l'Être ; mais l'Être n'est pas en dehors du phénomène ; il est dans le phénomène ; il est le phénomène lui-même. Ce qui prouve bien cette connexion réciproque des deux éléments de l'existence, c'est que nous pouvons indifféremment les prendre tour à tour pour sujet et pour attribut l'un de l'autre ; traiter la conscience comme un mode de nos phénomènes internes ou nos phénomènes internes comme les modes de la conscience. Toute la différence est dans le point de vue, ici synthétique, là analytique. Et c'est sans doute au point de vue de la synthèse que se plaçait Descartes, lorsque, faisant de la *Pensée* l'attribut essentiel de l'âme, il la définissait « *une nature qui reçoit en soi tous ces modes* (sensations, idées, etc.), *ainsi que l'extension est une nature qui reçoit en soi toutes sortes de figures* (1). »

On objectera peut-être à cette façon de comprendre le changement qu'elle repose sur un postulat indémontrable et que n'accorderont pas les partisans de la définition contestée : c'est que le temps, la série des instants successifs, est en soi quelque chose de distinct des faits eux-mêmes. Vous supposez, dira-t-on, que le même phénomène peut se continuer ou se répéter en deux instants successifs de la durée, mais on ne peut distinguer deux instants successifs que par la succession même des phénomènes qu'on leur rapporte. Le temps n'est, comme l'a dit Leibniz, que l'ordre des successions, *ordo successivorum*. Il est donc absurde de supposer qu'un même phénomène puisse exister en deux instants successifs. Ou la dualité des instants est réelle, et alors elle suppose la dualité des phénomènes et par conséquent leur diversité et leur succession ; ou le phénomène est réellement un, et alors il n'y a pas deux instants, mais un seul, celui qui correspond à l'unité même du phénomène.

Pour répondre à cette objection, il nous faut examiner de plus près la nature du temps et montrer que, sans être une réalité distincte des phénomènes, il ne se réduit pas tout entier à une pure succession.

(1) *Lettres à Arnauld*, t. X, p. 160, Ed. Cousin.

A la définition de Leibniz, Clarke objectait déjà que « le temps n'est pas l'ordre des choses qui se succèdent l'une à l'autre, puisque la quantité du temps peut être plus grande ou plus petite, et cependant cet ordre ne laisse pas d'être le même. L'ordre des choses qui se succèdent dans le temps n'est pas le temps même ; car elles peuvent se succéder l'une à l'autre plus vite ou plus lentement dans le même ordre de succession, mais non dans le même temps. » A quoi Leibniz répondait : « Cela n'est point, car, si le temps est plus grand, il y aura plus d'états successifs interposés, et, s'il est plus petit, il y en aura moins (1). »

Au fond, la querelle de Leibniz et de Clarke est celle de la succession et de la durée, du changement et de la permanence, de la diversité et de l'identité. Leibniz, d'après Clarke, ne tient aucun compte de l'intervalle compris entre l'avant et l'après dans la succession. Cet intervalle est cependant une quantité susceptible de degrés et de mesure ; il est la durée même de chacun des termes de la succession. Que la notion de durée soit un élément nécessaire de l'idée du temps, tout le monde le reconnaîtra sans doute. La conception vulgaire du temps n'est-elle pas celle-là même que défendait Clarke : « Le temps est une durée sans commencement et sans fin dans laquelle se succèdent les phénomènes ? » D'où il suit que la succession est le rapport des durées finies comprises dans la durée infinie du temps, et que le temps est métaphysiquement antérieur aux durées suc-

(1) *Lettres de Leibniz et de Clarke*, Ed. Janet, t. II, p. 647.

cessives qui le remplissent. Une série de termes successifs est une quantité discrète, c'est-à-dire discontinue; or la continuité est un des caractères du temps ou de la durée. Comme la quantité continue ne peut se mesurer que par la quantité discrète, c'est la succession qui sert à mesurer la durée; mais la durée n'en est pas moins distincte et indépendante de la succession.

Quelle est donc la nature propre de la durée?

Il semble au premier abord que durée et succession s'excluent. Une chose qui dure ne change pas, et par conséquent il n'y a en elle ni avant ni après en tant qu'elle dure. La durée implique donc une existence permanente. Dirons-nous cependant que durer, ce soit simplement exister? Mais la durée est une quantité mesurable : on n'en peut évidemment dire autant de l'existence. En quoi consiste donc cette *mensurabilité* de la durée? Une chose ne peut être mesurée que si elle enveloppe une multiplicité actuelle ou du moins possible. Une durée unique peut donc toujours être considérée comme composée de durées distinctes ; ces durées qui la composent, n'étant pas simultanées, sont nécessairement successives ; et ce sont ces successions possibles qui rendent mesurable la durée totale. Donc, sans un rapport à la succession, la durée ne serait pas mesurable et se confondrait avec l'existence. Concevoir la durée d'une chose, c'est concevoir la possibilité de successions dans l'état de cette chose. Nous affirmons que cet état est resté le même ; mais nous affirmons en même temps qu'il aurait pu changer, et nous mesurons sa durée par le nombre de ces changements possibles. Nous nous représentons donc son existence comme composée d'une succession d'éléments identiques en nous référant à des éléments différents qui auraient pu à la rigueur prendre leur place. Mais nous n'avons ainsi que l'idée de la durée *in abstracto*. La durée concrète enveloppe en outre un rapport de simultanéité avec le successif : une chose dure quand elle est simultanée à des choses successives ; elle reste la même pendant que les autres changent. Nous sommes incapables de mesurer une durée quelconque si elle n'a pas coexisté avec une série de successions. Nous distinguons alors dans son identité des moments distincts dont chacun a coexisté avec un des changements de la série, et, par cet artifice, nous introduisons de nouveau la multiplicité et la succession dans l'unité de la durée.

Il résulte de cette analyse qu'on peut parfaitement supposer qu'un même phénomène se continue ou se répète en deux ou plusieurs instants successifs de la durée sans attribuer au temps une existence distincte de celle des choses. Sans doute, si l'Esprit ou le Monde se réduisait à *un seul phénomène* toujours identique à lui-même, il serait impossible de distinguer dans ce phénomène des instants divers et successifs ; mais il suffira que ce phénomène identique coexiste avec une série de phénomènes divers pour qu'il devienne aussitôt légitime de le concevoir comme la continuation ou la répétition d'un même phénomène à travers les vicissitudes de la durée.

Mais, dira-t-on, il n'est pas indifférent de considérer un phénomène qui dure soit comme la répétition, soit comme la continuation d'un même phénomène. Laquelle des deux hypothèses admet-on en effet? Si c'est la première, il faut concevoir le phénomène total et en apparence unique comme une somme de phénomènes à la fois distincts et identiques, distincts par le nombre, identiques par la qualité, que séparent les uns des autres des intervalles complètement vides. Mais alors la permanence est une fausse apparence : les phénomènes sont radicalement discontinus et hétérogènes; car, si le second phénomène se trouve ressembler au premier, il n'en est pas moins un phénomène nouveau, différent; il est *lui* et non pas *l'autre* : la différence de qualité est accessoire et superficielle en comparaison de cette différence d'individualité. Telle est en effet la seule conception de l'identité que puisse admettre le pur phénoménisme. Elle est en contradiction avec notre expérience immédiate, qui témoigne plutôt en faveur de la continuité des phénomènes de quelque durée ; mais cette continuité, nous dit-on, n'est qu'une apparence. Des phénomènes qui semblent à la conscience continus et uniformes peuvent résulter d'une succession extrêmement rapide de phénomènes divers dont les intervalles et les différences nous échappent. La seconde hypothèse est d'ailleurs sujette aux difficultés sans nombre qui font du « continu » un des labyrinthes où se perd l'humaine raison. Admettre l'existence continue d'un phénomène pendant une certaine portion de la durée, c'est admettre la contradiction de l'infini actuellement réalisé ; car toute portion de la durée est divisible à l'infini : ce phénomène réalise donc dans sa durée supposée un nombre infini d'instants successifs.

L'hypothèse de la continuité du phénomène ne nous paraît nullement entraîner celle de la réalité du nombre infini. L'infini actuel est-il ou n'est-il pas contradictoire? (1) Nous n'avons pas sur ce point à prendre parti. Un phénomène dure ; nous mesurons sa durée en l'égalant à celle d'un certain nombre de phénomènes successifs avec lesquels il a coexisté ; nous la considérons par cela même comme une somme de durées successives. Si nous imaginons que le nombre de ces phénomènes coexistants eût pu être double, triple, quadruple, etc., chacune de ces durées partielles devient deux, trois, quatre fois plus petite. Nous en concluons que la durée totale du phénomène équivaut à un nombre infiniment grand de durées infiniment petites ou d'instants successifs. Mais tout cela n'est qu'un jeu de l'imagination dans le pur possible : le réel n'en est pas même effleuré. De ce que nous concevons une quantité comme divisible à l'infini, il ne s'ensuit pas qu'elle soit réellement composée d'un nombre infini de parties.

Si la continuité n'est pas contradictoire, elle est tout au moins illusoire. Ce qui paraît continu à la conscience est en réalité discontinu. — Ceux qui raisonnent ainsi nous semblent eux-mêmes la dupe de cette illusion métaphysique qui consiste à opposer sans cesse l'apparence

(1) Voir *la Critique philosophique,* 26 avril 1877.

et la réalité, le phénomène et la substance. Qu'il y ait des phénomènes discontinus ; que ces phénomènes discontinus soient avec les états de notre conscience dans le rapport de la cause à l'effet, du texte à la traduction, cela est fort possible; mais, si les états de notre conscience *paraissent* continus, ils *sont* continus; car, pour eux, être et paraître ne font qu'un. Si le continu est une apparence, il a donc tout au moins la réalité de l'apparence ; or, à vrai dire, la seule réalité dont nous soyons immédiatement sûrs est celle-là. L'autre est objet d'imagination et de conjecture. D'ailleurs, dans l'hypothèse de la discontinuité absolue des phénomènes, on suppose que les phénomènes identiques qui se répètent d'instant en instant sont séparés par des intervalles vides. Mais, si ces intervalles sont vraiment vides, s'ils ne sont rien de réel, ils sont égaux à zéro ; et cela revient à dire qu'il n'y a pas d'intervalles, et les soi-disant phénomènes identiques sont un seul et même phénomène. Si on accorde à ces intervalles quelque réalité, c'est qu'on les imagine comme des *durées* pendant lesquelles rien ne se produit, bien que quelque chose pût s'y produire. Mais on admet alors la chimère d'un Temps en soi distinct et indépendant des phénomènes. Comme les premiers métaphysiciens de la Grèce, on fait du vide et du plein les deux principes des choses.

Peut-être nous objectera-t-on encore que l'identité de quelques-uns des phénomènes de notre expérience est entièrement abstraite et fictive, et qu'elle recouvre une réelle diversité. La définition du phénomène par le changement n'implique en aucune manière la complète hétérogénéité des phénomènes : il suffit pour la rendre applicable que chaque phénomène se distingue par quelque différence de celui qui le précède et de celui qui le suit. Maintenant tout phénomène contient une multiplicité de caractères et de rapports, et il est parfaitement possible qu'un phénomène donné reproduise quelques-uns des caractères et des rapports du phénomène auquel il succède ; il se peut même qu'un certain ensemble de caractères et de rapports se trouve ainsi commun à toute une série de phénomènes. Est-il pour cela légitime de séparer par abstraction ces caractères et ces rapports des phénomènes auxquels ils adhèrent et de supposer qu'ils constituent un phénomène distinct et permanent ? On tombe ainsi, ce semble, dans l'erreur commune à toutes les métaphysiques : on réalise des abstractions. Avec de simples caractères, de simples rapports, on fait sinon des substances, du moins des phénomènes ; mais c'est toujours au fond le même paralogisme, puisque, après tout, on s'accorde avec nous pour transférer aux phénomènes toute la réalité autrefois attribuée aux substances.

Cette objection suppose résolu un problème qui ne l'est pas et qui est même un des plus difficiles à résoudre parmi ceux que le phénoménisme enveloppe : « En quoi consiste l'individualité du phénomène ? A quel signe reconnaît-on qu'on a devant soi un phénomène distinct et complet, et non une partie ou même un caractère, un rapport de phénomène ? En un mot, comment savoir où commence, où finit chaque phénomène dans cette trame continue d'événements qui se déroule sans cesse dans les différentes consciences ? »

Tant qu'on n'aura pas déterminé le véritable principe d'individuation des phénomènes, c'est arbitrairement qu'on prétendra réduire la permanence de certains phénomènes, telle qu'elle nous est donnée dans notre expérience, à une permanence de caractères et de rapports. Si l'on admet, par exemple, que l'état prodigieusement complexe de l'univers à chaque instant de la durée est un phénomène unique et indivisible, il est trop clair qu'on ne verra plus que des caractères, des rapports, ou, pour employer l'expression favorite des phénoménistes de ce temps-ci, des *faces* de ce grand phénomène dans les éléments divers qui le composent et qu'on s'accorde généralement à considérer comme autant de phénomènes véritables.

Mais alors, pourquoi ne pas aller plus loin encore et ne pas dire, avec Laplace, que l'univers, envisagé non seulement dans un des instants de sa durée mais dans leur suite indéfinie, est un seul phénomène, ou pour mieux dire le seul ? Par malheur, ainsi étendu, le mot « phénomène » n'a plus aucune signification propre ; il est devenu synonyme d'*existence;* et alors il reste toujours vrai de dire que dans cette existence changeante qui est le monde, certains éléments persistent d'un instant à l'autre, éléments égaux en réalité et, pour ainsi dire, en dignité, à ceux qui s'effacent et se renouvellent, puisqu'ils sont au même titre des aspects du grand fait universel. Que si l'on prend le mot *phénomène* dans son acception commune, si l'on entend par là un état qui se distingue qualitativement pour notre conscience de ceux qui le précèdent, l'accompagnent ou le suivent, alors nous pouvons maintenir notre affirmation : il est, au moins en nous, des phénomènes qui se continuent et persistent identiques à travers plusieurs instants de la durée : tout phénomène n'est pas nécessairement et par essence un changement.

La notion du changement ne nous a pas semblé rendre complètement raison des phénomènes tels qu'ils se manifestent dans notre conscience. Permet-elle du moins de comprendre les phénomènes objectifs ?

D'après les partisans de cette notion, les phénomènes du monde extérieur doivent être conçus comme des changements purs, étrangers à toute conscience, se succédant indéfiniment les uns aux autres en des séries qui s'entrecroisent de toutes parts.

Ne nous attardons pas à montrer combien cette conception de la réalité extérieure est indéterminée et vide : demandons-nous, d'abord, si elle est vraiment nécessaire ; ensuite si elle est vraiment possible.

Pourquoi devons-nous admettre cette succession de changements dans les impénétrables ténèbres de l'inconscience ? — C'est, nous répondra-t-on, pour expliquer les changements qui se succèdent dans la pleine lumière de la conscience. — Le principe de causalité exige impérieusement que nos propres états aient des causes ; ces causes sont des phénomènes, mais des phénomènes foncièrement différents de ceux que nous connaissons en nous. Nos sensations correspondent point par point à ces faits inconnus ; elles sont leurs effets, leurs signes ; notre pensée même est leur apparence, l'apparence qu'ils revêtent lorsqu'ils deviennent tout à coup visibles pour eux-mêmes.

Sans doute, le principe de causalité nous invite à chercher hors de notre conscience les causes de ceux de nos états qui n'en ont point dans notre conscience même ; mais il reste à savoir quelle sorte de causes nous pouvons et devons leur attribuer. Celles qu'on nous propose sont non seulement inconnues, mais inconnaissables ; il nous est radicalement impossible de les déterminer, de les discerner même les unes des autres. Ce sont, à tout prendre, de véritables *choses en soi*. Nous ne pouvons les faire rentrer indirectement dans notre connaissance qu'en les exprimant en termes de sensations ou plutôt, comme dit Stuart Mill, de possibilités de sensations. Au fond, elles ne sont pas autre chose que ces possibilités mêmes, vidées de tout contenu qualitatif, réduites à des différences indéterminées et supposées capables de se succéder sans fin les unes aux autres. Et c'est par de telles abstractions qu'on prétend expliquer les seules réalités positives, je veux dire les sensations ou représentations conscientes ? N'est-ce pas vouloir expliquer *clarum per obscurum ?* Ce phénoménisme est, sans le savoir, bien voisin du platonisme : c'est par des « idées », par des « ombres » de phénomènes qu'il prétend rendre raison des phénomènes réels.

Où est d'ailleurs la preuve que les causes de nos états

de conscience ne puissent être eux-mêmes des états de conscience ? On cède ici au même préjugé que la métaphysique réaliste ; on s'imagine que l'état de conscience est la représentation d'un objet qui, tout en apparaissant au sujet, lui demeure extérieur et irréductible. Cet objet, chez Kant et Spencer, c'était l'Être ; ici, c'est le changement ; mais la conception reste toujours contradictoire. La cause ne passe pas dans l'état de conscience, elle lui est simplement liée dans le temps par un rapport nécessaire ; mais, par cela même qu'elle n'est en aucune façon dans notre conscience, elle peut être dans sa propre conscience. Si, au contraire, on suppose que la cause passe dans l'état de conscience, qu'elle est l'objet même qui y est représenté, elle cesse aussitôt d'exister objectivement, et l'état de conscience n'a plus lui-même de cause. Il faut donc renoncer résolument à croire qu'un phénomène soit dispensé d'être en soi une représentation consciente, sous prétexte qu'il est représenté dans notre conscience. Le phénomène en soi et sa représentation en nous ne sont pas un seul et même phénomène : ce sont deux phénomènes corrélatifs, l'un cause et l'autre effet. Supposer l'identité de la cause et de l'effet, c'est ramener leur rapport à celui de la substance et du mode, c'est revenir à la vieille théorie métaphysique de la substance.

Ainsi nous ne sommes nullement obligés d'admettre que les phénomènes extérieurs soient des changements purs et simples et non des changements ou, pour mieux dire, des états de conscience plus ou moins analogues à nos propres phénomènes. Mais, si cette hypothèse n'est pas nécessaire, est-elle du moins possible ?

Nous pourrions objecter que la représentation de changements étrangers à toute conscience est impossible *pour nous;* car, en se les représentant, notre imagination leur restitue la conscience. Nous croyons concevoir des faits qui se déroulent en l'absence de tout spectateur, et nous ne nous apercevons pas que nous, qui les concevons, nous sommes précisément ce spectateur dont nous supposons l'absence. Mais on nous répondrait, sans doute, qu'on n'essaie pas de se représenter, de réaliser mentalement sa conception ; qu'on la constitue tout entière dans l'esprit au moyen de l'abstraction et des notations du langage. Voyons cependant si les éléments mêmes dont on la compose n'impliquent pas cette donnée de la conscience qu'on prétend lui être radicalement étrangère.

La notion de changement implique celle de différence qualitative ou quantitative. Si tout était partout et toujours identique, il n'y aurait plus de changement : cela est trop évident pour qu'on insiste.

Mais d'abord nous ne connaissons pas d'autre différence qualitative que celle que nous observons entre nos différentes sensations. Par conséquent, nous ne pouvons concevoir les différences de qualité qui distinguent les unes des autres les faits objectifs que d'après celles qui distinguent nos propres états.

Ensuite, toute différence quantitative se ramène pour nous à une différence dans le nombre, la durée, l'étendue ou l'intensité. Ces diverses formes de la quantité sont-elles possibles en dehors de toute conscience ?

Le nombre suppose, ce semble, la possibilité de distinguer et d'unir, possibilité vaine et de nul effet si toute intelligence est supprimée. Il reste alors, dira-t-on, le fondement objectif de cette possibilité, le nombre possible en soi; mais rien ne nous autorise à concevoir ce fondement objectif, cette possibilité du nombre en soi comme semblable au nombre tel qu'il se réalise pour nous dans les objets sensibles sur lesquels opère notre pensée. La quantité numérique du changement extérieur demeure donc en soi inconcevable. Nous retournons toujours au point de vue de Stuart Mill : possibilité de sensations, et, ajouterons-nous, d'opérations intellectuelles, inséparables de ces sensations mêmes.

La durée, si nos précédentes analyses sont exactes, est le résultat de la coexistence d'un même fait avec une série de faits successifs ; elle suppose donc un rapport, une comparaison au moins possible des faits entre eux. Même difficulté que pour le nombre.

L'étendue nous est donnée dans notre conscience comme un mode inséparable de quelques-unes de nos sensations (musculaires, tactiles et visuelles) ; nous ne pouvons donc pas en faire un attribut de faits objectifs. D'ailleurs, plus encore que le nombre et la durée, elle semble supposer l'unité synthétique d'une conscience sensible et intelligente. Nous l'avons vu, le changement dans l'étendue, c'est-à-dire le mouvement, n'est que le symbole des phénomènes véritables.

Pouvons-nous dire du moins que ces phénomènes diffèrent les uns des autres par leur intensité? Mais il en est de l'intensité comme de la qualité en général : elle ne nous est connue que comme rapport de nos sensations ou de nos actions intimes ; nous ne pouvons donc concevoir comment des changements pourraient être plus ou moins intenses à moins d'être analogues à nos sensations ou à nos actions.

Enfin, la différence même n'est intelligible que relativement à un esprit ; elle est pour nous un état de conscience ou, comme dit Stuart Mill, un sentiment (*feeling*) qui naît de la perception et de la comparaison au moins implicite de deux phénomènes. En quoi consiste donc la différence dans les faits supposés extérieurs à tout esprit? Elle est le fondement de la possibilité de la différence ; mais, de ce fondement, nous ne pouvons rien dire et rien savoir ; nous ne devons même pas supposer qu'il ressemble le moins du monde à notre propre sentiment intellectuel de la différence. Bien mieux, la possibilité même que nous lui rapportons implique, dans sa conception, celle d'un esprit, car les faits ne pourront paraître différents que si on les suppose en rapport avec un esprit capable de les percevoir et de les comparer. Supprimez l'esprit : cette possibilité deviendra ce que deviendrait la possibilité de voir si tous les yeux se fermaient à jamais.

Outre la différence, le changement implique la succession. Pour qu'il y ait changement, il faut que des différences s'excluent l'une l'autre, se chassent, pour ainsi dire, l'une l'autre de l'existence. Deux faits se succèdent, pourrait-on dire, quand l'existence de l'un est la non-existence de l'autre. La succession est, en un sens, la contradiction réalisée ; par elle, le non-être est, l'être n'est pas ; le même sujet possède des attributs non seulement différents, mais contradictoires. En un autre sens, elle est ce qui empêche et ôte la contradiction, car c'est le non-être d'avant qui devient l'être d'après, et ce n'est pas en même temps, mais tour à tour, que les attributs contradictoires se posent dans le même sujet. Visiblement, la succession n'a de sens que dans et pour un esprit. Spencer et Mill s'accordent à n'y voir qu'un sentiment, le sentiment de la succession. Kant, on le sait, en fait la forme du sens intime, la loi la plus générale peut-être de la conscience. Elle implique non seulement le sentiment de la différence, mais encore celui de l'incompatibilité et de l'exclusion mutuelle des successifs. Si elle est le premier acte de conscience, elle est aussi le premier acte de mémoire ; car, pour connaître la succession, il faut, au second instant, pouvoir se rappeler le premier. Mais alors, que pourra être la succession dans l'objectif ? Rien, sans doute, qui ressemble à notre sentiment de la succession, mais un inconnu qui, mis en rapport avec un esprit, déterminera en lui ce sentiment.

C'est donc en vain que nous avons essayé de concevoir des faits étrangers à toute conscience en les définissant par le changement pur. Cette vicissitude indéfinie d'événements successifs, qu'est-ce autre chose que le scénario du spectacle de notre conscience? Dans ce prétendu monde objectif se laisse encore entrevoir l'ombre atténuée et pourtant reconnaissable du monde des représentations subjectives.

Il n'est qu'un seul moyen de donner l'objectivité à ces phénomènes jusqu'ici purement imaginaires : c'est de les considérer avec Leibniz comme des perceptions et des appétitions, extérieures sans doute à notre conscience et à toute conscience humaine ou animale, mais immanentes à leur propre conscience ; c'est en un mot d'admettre la conception idéaliste du phénomène, la seule qui assure aux phénomènes objectifs une véritable réalité.

Faute de cette interprétation, le système supposé des phénomènes objectifs n'est qu'un ensemble de possibilités : c'est ce que pourrait voir un esprit à la limite des extensions progressives de son expérience. Mais, si nos perceptions actuelles ne sont qu'un symbole de la réalité objective, comment des perceptions possibles pourraient-elles être autre chose? Voici donc à quoi se réduit notre conception de la réalité : il existe un inconnu dont nous ne pouvons rien dire et rien savoir, et qui est le fondement de tout ce que nous démêlons, dans notre conscience, de phénomènes et de rapports non seulement actuels, mais possibles. Quel droit avons-nous, en effet, de prétendre que le fondement objectif de nos sensations soit un monde de faits successifs, alors que la succession n'est elle-même qu'un rapport inséparable de nos sensations et de notre conscience ?

Il se peut donc que la réalité objective soit, comme l'a supposé Kant, intemporelle, et que la succession soit la forme que lui impose nécessairement notre esprit. Il se peut que le nombre, la ressemblance, la différence, en un mot les caractères les plus généraux des choses soient la projection dans notre conscience de déterminations de la Chose en soi qui aient avec eux autant de rapport que le Chien, constellation céleste, en peut avoir, selon l'expression de Spinoza, avec le chien, animal aboyant.

Est-ce la conclusion à laquelle veulent nous conduire les partisans du phénoménisme pur ? Par un retour inattendu, le Noumène de Kant et de Spencer reparaît sous le masque du prétendu phénomène objectif. Il ne reste plus en présence que ces deux réalités : d'une part, le monde des consciences avec les phénomènes qui s'y déroulent et les possibilités de phénomènes qui s'y cachent ; de l'autre, l'inaccessible et impénétrable Chose en soi ; et on exige de notre intelligence qu'elle affirme leur mystérieuse correspondance, ou, pour mieux dire, leur incompréhensible identité.

Une seule voie ouvre à l'esprit humain l'issue de cette impasse : le principe de causalité ne peut achopper la science à une insoluble contradiction. La chose en soi n'est pas le fondement de notre expérience et de notre pensée ; elle en est la limite idéale et la négation possible. Il suffit de regarder en face cet épouvantail pour le voir s'évanouir *comme un spectre à la lumière du jour*. Il n'est pas d'autre réalité que la Conscience. Si nous nous représentons le monde à notre image, c'est qu'il est fait à notre image. Leibniz avait raison : « C'est partout et toujours la même chose, au degré de perfection près (1). »

(1) *Nouveaux Essais*, l. I, ch. i.

CHAPITRE QUATRIÈME

L'INDIVIDUALITÉ DU PHÉNOMÈNE

I. — Le phénoménisme ne supprime pas, mais transpose les problèmes traditionnels de la métaphysique.

La métaphysique, dit Aristote, est la science de l'Être et de l'Unité. Le phénomène est l'être et l'unité véritables. En quoi consiste son individualité ? Définition scolastique de l'unité : *ens individuum in se et divisum ab aliis.*

II. — Comment les phénomènes se distinguent-ils les uns des autres ?

1° Unité relative et arbitraire du phénomène au point de vue de la science.

2° Difficulté du problème au point de vue philosophique.

Critérium de la différence qualitative, pratiquement inapplicable. Cas de la continuation ou répétition d'un phénomène identique. Différence quantitative.

Critérium de la succession. Difficultés.

Critérium de l'indépendance. Sa signification : c'est l'espèce qui fait l'individu. Il n'assigne au phénomène qu'une individualité abstraite.

Donc, pas de critérium.

III. — A quelle condition un phénomène est-il complet et indivis ?

Problème du discernement des phénomènes élémentaires et des éléments de phénomènes, ou des phénomènes et des épiphénomènes.

Tendance des phénoménistes à multiplier les épiphénomènes au détriment des phénomènes.

Discussion du problème au point de vue particulier de la conscience ; est-elle un phénomène ou un mode de phénomène ?

Critérium de la relativité. Son insuffisance.

Critérium de l'inséparabilité réciproque ou même unilatérale. Il semble supposer, en outre, la proportionnalité et la dépendance absolues. Comment la conscience, dans la réflexion, semble devenir indépendante des états dont elle n'est, dit-on, qu'une face.

Critérium de la distinction des facultés. Il implique un cercle vicieux.

Donc, pas de critérium.

Conclusion générale. La question est mal posée : la notion de fait individuel ne correspond pas à une réalité véritable.

I. — Préliminaires.

Le phénoménisme ne supprime pas, comme on pourrait le croire, et comme il en a lui-même la prétention, les problèmes traditionnels de la métaphysique : il ne fait que les transformer. Les anciennes données, les anciennes inconnues subsistent, mais elles sont, pour ainsi dire, transposées. Ce sont les mêmes thèmes musicaux ; seulement ils se jouent à une autre octave ; et, comme ils cessent d'y être perceptibles pour leurs oreilles, plusieurs s'imaginent qu'il n'en reste plus que le souvenir. Nous essayons de montrer ici qu'ils se trompent.

La Métaphysique, a dit Aristote, est la science de l'Être ; mais elle est par cela même la science de l'Unité, car l'Être et l'Un sont univoques (1). Tout *être* est nécessairement *un* être. La thèse fondamentale du phénoménisme, c'est que le phénomène est le seul être véritable. Il est, pourrait-on dire, en soi et par soi. Les êtres de l'ancienne métaphysique n'existent au contraire qu'en lui et par lui : ce sont des groupes ou des séries de phénomènes, et leur unité est celle d'une somme ou d'une résultante. La vraie unité est celle de chacun des phénomènes qui les composent. C'est à elle que s'arrête l'analyse, c'est d'elle que part la synthèse. L'individualité des phénomènes est la donnée primitive de notre expérience et de notre science, autrement profonde

---

(1) Ravaisson, *Essai sur la métaphysique d'Aristote*, t. I.

et solide que l'imaginaire individualité des substances.

Mais en quoi consiste cette individualité ? On sait quelles discussions souleva chez les métaphysiciens du moyen âge le problème de l'individuation. Transporté des substances aux phénomènes, ce problème demeure toujours redoutable. L'individualité, l'unité, disaient les scolastiques, c'est l'être indivis en soi et divisé d'avec les autres, *ens indivisum in se et divisum ab aliis*. Les deux parties de la définition sont les deux aspects de l'unité : elles sont applicables l'une et l'autre au phénomène. Intrinsèquement, le phénomène vraiment un doit être indivis et complet; extrinsèquement, il doit être distinct de tout autre phénomène. A quels signes reconnaît-on qu'il remplit cette double condition ?

II. — Le critérium de la distinction des phénomènes.

Voyons d'abord comment les phénomènes se distinguent les uns des autres.

Dans l'usage courant que font de l'idée de phénomène les sciences de la nature, la délimitation des phénomènes est toujours arbitraire et mobile. L'attention de l'esprit se fixe sur un certain ensemble d'objets liés entre eux par des rapports de lieu, de temps, d'action commune ou réciproque : un certain changement s'y manifeste qu'elle suit dans toutes ses phases; c'est là ce que nous appelons *un* phénomène. Mais une telle unité est l'œuvre de l'abstraction : c'est cette unité purement logique que la pensée porte partout avec elle et qu'elle applique nécessairement à tout objet sur lequel elle se pose. Le phénomène est un, parce que nous le rendons tel en le représentant par une idée unique et en le désignant par un terme unique. Mais nous pourrions tout aussi bien le considérer comme une partie d'un phénomène plus complexe ou comme un composé de phénomènes plus simples : il suffit pour cela que notre curiosité et notre attention se déplacent, qu'elles élargissent ou resserrent le champ de l'action intellectuelle. La raison en est claire. Le phénomène pour le savant n'a pas la même signification que pour le philosophe : ce n'est pour lui ni la réalité tout entière ni un des éléments de la réalité ; c'est un *point de vue* sous lequel il envisage les choses. Les changements qui se produisent dans les objets sensibles et qu'on y peut observer, voilà ce qu'il appelle les phénomènes ; et il ne s'inquiète nullement de savoir si les objets sensibles se réduisent au fond à ces changements. Il se contente de faire abstraction de tout ce qui n'est point l'objet de son observation présente et dont il ne nie pas pour cela la réalité (1).

Il nous faut donc chercher ailleurs que dans la science le critérium de la distinction *réelle* des phénomènes. Mais, au point de vue même de la philosophie, la difficulté est presque inextricable.

En effet, l'expérience nous présente toujours des phé-

(1) Chevreul, *Lettre à Villemain*. « L'appréciation du fait est du ressort du jury ; la difficulté de cette appréciation vient de ce que « le fait » n'est pas un, mais multiple, puisqu'un assassinat, par exemple, enveloppe autant de faits à apprécier qu'il y a de circonstances distinctes mises en évidence par l'instruction. »

nomènes indissolublement associés et combinés ; et on peut toujours se demander si ce n'est pas arbitrairement que nous distinguons des parties diverses dans la trame indivise et continue de la conscience ou de la Nature. Plus d'un phénoméniste en a fait l'aveu. « C'est seulement pour la commodité de l'étude, dit Taine, que nous séparons nos événements les uns des autres ; ils forment effectivement une trame continue où notre regard délimite des tranches arbitraires. » — « L'univers, a dit Laplace, ne serait, pour qui l'envisagerait tel qu'il est, qu'un grand fait unique. »

Prendra-t-on pour critérium de l'individualité la différence qualitative ? Sans doute, nous distinguons pratiquement les phénomènes par la différence de nos sensations : si nous éprouvons une impression visuelle complexe, nous pouvons la décomposer en autant de phénomènes distincts que nous y démêlons de couleurs et de nuances différentes. Mais qui nous garantit que l'analyse a été complète et qu'elle a vraiment atteint les dernières unités phénoménales ? Peut-être une attention plus pénétrante ou plus prolongée eût découvert dans ces sensations en apparence élémentaires d'autres sensations encore, comme le gourmet découvre sans cesse de nouvelles sensations dans la saveur des vins qu'il déguste. En tout cas, les sensations que notre conscience ne décompose pas, nous les rapportons à d'autres phénomènes plus simples encore, c'est-à-dire aux mouvements de nos organes ou des objets extérieurs, phénomènes qu'elles nous traduisent en les résumant, et, quand ces mouvements ne seraient au fond, selon l'interprétation de Stuart Mill, que des possibilités de sensations, ils n'en représenteraient pas moins des unités de sensation plus profondes que celles auxquelles s'arrête notre analyse. Le critérium de la qualité est donc pratiquement inapplicable : il nous lance dans un progrès à l'infini où le phénomène individuel nous fuit éternellement.

En outre, on peut supposer, nous l'avons vu, qu'un phénomène se continue ou se répète, identique, à travers des instants contigus de la durée. En l'absence de toute différence qualitative, les moments successifs de ce phénomène devraient sans doute appartenir à un seul et même phénomène individuel ; mais, s'il survient ensuite une différence purement quantitative, devons-nous dire qu'un nouvel individu phénoménal a surgi à la place de l'ancien ; ou, pour être conséquents avec nous-mêmes, ne devons-nous pas dire que c'est toujours le même phénomène qui persiste en se transformant ? Or c'est là l'histoire de tout phénomène objectif, si on admet qu'il consiste au fond en mouvement. Dans le mouvement d'un point donné, impossible de distinguer, autrement que d'une façon arbitraire et par des dénominations extrinsèques, une série de phénomènes distincts : l'essayer, ce sera vouloir détruire le mouvement lui-même en le ramenant, comme l'avait déjà fait Zénon d'Elée, à un nombre infini de repos successifs. C'est en toute vérité que Leibniz a pu dire : « Le mouvement de quelque point qu'on puisse prendre dans le monde se fait dans une ligne d'une nature déterminée que ce point a prise une fois pour toutes et que rien ne lui fera jamais quitter (1). » Encore dans cette hypothèse, le mouvement a-t-il une certaine individualité, parce que nous le rapportons à un mobile unique et toujours le même ; mais cette individualité d'emprunt est elle-même inexplicable, nous l'avons déjà montré, dans la doctrine du phénoménisme pur.

Au critérium de la différence on pourrait joindre ou substituer celui de la succession. Un phénomène est nécessairement distinct de ceux auxquels il succède. Mais ce nouveau critérium n'est pas d'une application moins délicate. Là où les phénomènes à distinguer sont coexistants, il est évidemment inapplicable ; là où ils sont successifs, il laisse les difficultés dont nous venons de parler sans solution, ou il en suscite de nouvelles. En effet, si les phénomènes successifs sont qualitativement différents, nous pouvons sans doute leur appliquer en toute sécurité le double critérium de la différence et de la succession ; mais, s'ils sont qualitativement identiques, devons-nous les considérer par cela seul qu'ils se succèdent, comme des phénomènes individuellement distincts ? Il semble bien plutôt que, si quelque chose peut distinguer un phénomène de tous les autres, ce soit son uniformité plus ou moins persistante à travers la diversité des phénomènes avec lesquels il coexiste tour à tour. En tout cas, un phénomène qui en reproduit un autre immédiatement antérieur nous paraît faire

(1) *Réplique aux réflexions de Bayle*, éd. Janet, t. II, p. 582.

corps avec lui bien plus intimement qu'avec l'infinité de ceux qui lui coexistent en un même point de la durée.

Peut-être le vrai critérium de l'individualité est-il l'*indépendance* au moins relative, la possibilité pour un phénomène d'entrer avec tous les autres dans les combinaisons les plus diverses. On a ainsi la preuve qu'il n'est indissolublement lié à aucun d'eux : c'est parce qu'il peut se séparer effectivement de chacun d'eux qu'il s'en distingue. Mais cette indépendance n'est pas complète ; elle suppose même, comme sa condition, la dépendance de chaque phénomène à l'égard du phénomène antécédent dont il est le conséquent invariable. Il peut coexister avec une infinité d'autres, succéder à une infinité d'autres, sans se confondre jamais avec eux, parce qu'il est déjà lié à un phénomène et à un seul qui l'introduit dans toutes les combinaisons où il entre et l'exclut de toutes celles dont il sort. On est ainsi amené à chercher dans un principe général, dans une loi de causalité, le critérium de l'individualité du phénomène. Le phénomène n'est un individu que parce qu'il réalise *hic et nunc* un type général et défini de succession. Il y a là, ce semble, une contradiction au moins apparente. Cependant n'est-ce pas aussi dans un ensemble de caractères généraux que réside la condition de l'individualité des êtres vivants ? C'est l'espèce, pourrait-on dire, qui fait l'individu ; si les caractères qui le composent n'étaient pas ordonnés d'après un type général et défini de coexistence, nous n'aurions aucune raison de distinguer dans le chaos universel cet amas instable et confus de caractères sans lien.

L'objection la plus forte qu'on puisse faire à ce nouveau critérium, c'est qu'il n'assigne au phénomène qu'une individualité abstraite. En effet, il nous faut, pour la concevoir, supposer que le phénomène peut se produire dans d'autres circonstances, au milieu d'autres concomitants et à la suite d'autres antécédents ; mais par cela même nous faisons du phénomène une abstraction : il n'est plus, à vrai dire, un individu, mais un genre. Dans la réalité concrète, chaque phénomène est inséparable du point particulier de la durée où il s'accomplit : c'est donc par une fiction de la pensée que l'on traite comme un seul et même phénomène des événements qui, quelque semblables qu'ils puissent être, n'en sont pas moins profondément distincts par cela seul qu'ils se produisent en différents temps. Qui nous assure même qu'il puisse se produire d'un intervalle à l'autre de la durée deux phénomènes semblables au point d'en être identiques ? Lebniz affirmait, à bon droit peut-être, qu'il ne saurait y avoir deux choses indiscernables. Pour *qu'un même phénomène* se reproduisît une seconde fois dans l'univers, il ne faudrait peut être rien moins que la reproduction intégrale de l'état collectif de l'univers au moment où il s'est produit et par conséquent celle de tous les états antérieurs ; l'indépendance du phénomène et par conséquent son individualité serait alors illusoire, et la vérité philosophique, sinon scientifique, serait encore une fois l'unité de tous les phénomènes dans le grand phénomène universel. Comment échapper à cette conclusion, si l'on réfléchit d'autre part que l'individualité supposée de chaque phénomène tient à la liaison exclusive qui l'attache à sa cause, et que par cela seul la cause et son effet peuvent à leur tour être considérés comme les deux moments successifs, mais inséparables, d'un seul et même phénomène ? Or cette cause a été elle-même un effet ; cet effet sera lui-même une cause. Voilà donc une série indéfinie de causes et d'effets qui pourra, de même, être considérée comme un phénomène unique en raison de l'individualité nécessaire des moments successifs qui la composent.

Il ne semble donc pas qu'il soit possible de trouver dans le phénomène pur et simple un critérium vraiment satisfaisant de son individualité. Suffisants pour la science, tous ceux que nous avons examinés sont philosophiquement insuffisants. Les distinctions et séparations que nous établissons dans la trame des phénomènes sont toujours plus ou moins artificielles et arbitraires. L'individualité du phénomène nous échappe, si toutefois il en a une.

III. — **Le critérium de l'unité intrinsèque des phénomènes.**

L'unité du phénomène n'exige pas seulement qu'il se distingue de tous les autres : il doit encore être en lui-même indivis et complet. Cette seconde condition n'est pas beaucoup plus facile à déterminer que la première.

En effet, la plupart des phénomènes enveloppent un certain nombre de qualités ou de caractères qui nous sont donnés simultanément dans une association inséparable. Ainsi la couleur et l'étendue ; la représentation et l'émotion agréable ou pénible qui l'accompagne ; l'état de conscience et la conscience. Nul doute que les deux éléments du phénomène ne soient qualitativement différents : sinon comment pourrions-nous les discerner ? Faut-il donc y voir deux phénomènes accollés l'un à l'autre ? ou n'avons-nous affaire qu'à un phénomène unique où l'abstraction seule distingue deux aspects ? Comment discerner les *éléments des phénomènes* d'avec les *phénomènes élémentaires ?*

Cette question a, dans le phénoménisme, une importance capitale. Le phénomène, étant mis au lieu et place de la substance, devient le sujet duquel s'affirment les caractères et les rapports. Le vieux problème métaphysique de la distinction de la substance et du mode revêt une nouvelle apparence : c'est maintenant le problème de la distinction du *phénomène* et de ce qu'un philosophe anglais contemporain, Huxley, a ingénieusement appelé l'*épiphénomène*.

On ne voit pas bien clairement de quel critérium usent ceux-là mêmes qui font la distinction. Chez la plupart des psychologues de l'école dite expérimentale ou positive, on croit reconnaître une tendance à diminuer le plus possible le nombre des faits complets et véritables et à multiplier d'autant le nombre de leurs accessoires ou, comme on dit encore, de leurs *faces*. Ainsi, d'après Léon Dumont, les phénomènes de sensibilité, plaisir et douleur, ne *sont pas de vrais phénomènes*: ce sont de simples rapports, des passages d'un phénomène à un autre. D'après Taine, les connaissances, les affections, les désirs, les volontés, ne sont pas non plus de vrais phénomènes : ce sont de simples faces des sensations ou des images. « Toute idée, conception, représentation, a une double face. D'un côté, elle est une connaissance ; de l'autre côté, elle est une émotion. Il n'y a là qu'un seul et même fait à deux faces, l'une intellectuelle, l'autre affective et impulsive (1). » Obéissant, peut-être sans le savoir, au même besoin intellectuel d'unité qui a fait si longtemps la fortune de l'idée métaphysique de substance, la nouvelle école replie successivement tous les phénomènes les uns sur les autres comme autant de faces indéfiniment superposées. Après avoir fait des différents phénomènes psychologiques des faces ou des degrés de la sensation, elle fait de la sensation une face (la face qu'elle nomme subjective) d'un phénomène hybride dont l'autre face (la face qu'elle nomme objective) est le mouvement. C'est ce phénomène à double face qui est l'élément unique et universel de la nature.

Le problème paraît d'abord s'être posé au sujet de la conscience. La conscience est-elle un phénomène spécial ou un caractère commun à tous les phénomènes psychologiques ? Condillac le résolvait déjà dans le second sens. « La perception et la conscience, dit Condil-

(1) *De l'Intelligence*, t. II, p. 169.

lac, ne sont qu'une même opération sous deux noms. En tant qu'on ne la considère que comme une impression de l'âme, on peut lui conserver celui de perception ; en tant qu'elle avertit l'âme de sa présence, on peut lui donner le nom de conscience (1). » Mais c'est surtout James Mill qui a soutenu cette solution. « Avoir une sensation et sentir ne sont pas deux choses. Il n'y a qu'une chose et deux noms. Les philosophes qui ont parlé de la conscience comme d'un sentiment distinct des autres ont commis une grave erreur ; en combinant cet ingrédient chimérique avec les éléments de la pensée, ils ont dès le début introduit dans leurs recherches la confusion et l'obscurité. » Stuart Mill, qui professe la même doctrine, la complète en ajoutant : « Si nos états d'esprit et notre conscience sont le même fait, ils sont le même fait considéré en des relations différentes. »

Essayons nous-même ici de déterminer le principe de la distinction des phénomènes et de leurs caractères en prenant pour exemple ce caractère des phénomènes qui nous a paru le plus général de tous : la conscience.

On pourrait dire tout d'abord que, lorsqu'un phénomène manifeste à l'analyse une nature entièrement relative à quelque autre phénomène dont on aurait pu le croire distinct, c'est là un signe suffisant pour le considérer comme une simple circonstance de cet autre phénomène. En d'autres termes, s'il est impossible, s'il est contradictoire de le concevoir sans concevoir en même temps un autre fait, il faut évidemment y voir non un

(1) *Traité des sensations*, ch. I.

fait distinct, mais un élément de fait. C'est ce qui a lieu, par exemple, pour la conscience. En effet, peut-on sans contradiction concevoir une conscience qui ne soit en même temps conscience de quelque état? N'est-ce pas l'essence même du sentiment que quelque chose soit senti? Sans ce rapport avec le contenu qui la détermine et la pose, la conscience n'est plus rien. Elle est donc tout entière dans ce rapport, elle est ce rapport même; elle n'est donc pas un fait distinct.

Mais le critérium proposé n'est pas d'une application aussi facile qu'on le prétend. Par exemple, l'hypothèse d'une conscience pure, qui ne soit pas en même temps conscience de quelque état, ne présente pas sans doute une contradiction évidente, puisqu'elle est la conception même qui couronne la métaphysique d'Aristote et puisqu'un grand nombre de théologiens y voient la plus exacte représentation de la conscience divine.

En outre, l'argument prouve trop et par conséquent ne prouve rien. Tous les phénomènes de l'univers ont une nature essentiellement relative, et il est impossible d'en concevoir un seul à part, indépendamment de tout rapport à quelque autre. Ceci est surtout sensible dans les phénomènes de l'esprit. Par exemple, on ne peut concevoir la connaissance sinon comme étant la connaissance de quelque chose. En conclut-on qu'elle n'est qu'une particularité du fait qui lui sert d'objet? De même, pas de volonté, pas de désir, sans un fait final qui soit l'objet du désir ou de la volonté. D'après le critérium proposé, on pourrait donc considérer la volonté et le désir comme des manières d'être de l'objet voulu ou désiré.

Enfin, quand il serait vrai que la conscience fût essentiellement relative à quelque état, il s'ensuivrait sans doute qu'elle ne peut pas réellement s'en séparer et que ce rapport est une partie intégrante de sa nature ; il ne s'ensuivrait pas que ce rapport *seul* la constitue et qu'elle ne contient pas d'autres rapports encore et d'autres éléments. Elle serait alors un fait relatif, dépendant, subordonné, mais cependant un fait distinct. Par exemple, pour ceux qui admettent l'existence d'un sujet réel dans la vie mentale, la conscience représente l'acte par lequel ce sujet établit, sous certaines conditions, un rapport immédiat entre ses états et lui-même. Elle est donc *nécessairement* mais non *exclusivement* déterminée par son rapport avec les états qu'elle accompagne : elle l'est aussi par son rapport avec le sujet et les conditions dans lesquelles il la réalise.

Si on demande un critérium à l'observation des faits plutôt qu'à l'analyse des idées, on dira peut-être que, lorsque deux phénomènes sont réciproquement inséparables, qu'ils ne se produisent jamais l'un sans l'autre et vice versa, on peut les considérer comme un seul et même phénomène et faire de l'un une simple circonstance de l'autre.

Même alors, cependant, le critérium reste douteux. En effet, si la conscience ne va jamais sans un état interne, il n'est pas sûr, du moins pour les psychologues de l'école phénoméniste, que les phénomènes ne puissent aller sans la conscience.

On répondra que, dans cette hypothèse, on peut relâcher les conditions du critérium et dire qu'il suffit que l'un des phénomènes soit inséparable de l'autre (bien que la réciproque ne soit pas vraie) pour considérer le premier comme une circonstance du second. Mais ne faut-il pas alors que le premier soit complètement et dans tous les sens inséparable du second, qu'il lui soit exactement proportionné, et surtout qu'il ne soit pas susceptible de se développer ultérieurement au point d'acquérir une sorte d'indépendance relative à son égard? On peut se demander s'il en est ainsi de la conscience.

Dans son *Traité des facultés de l'âme*, où il discute sous une autre forme le problème que nous discutons ici, Ad. Garnier a cru devoir affirmer que la conscience n'est pas toujours en raison des phénomènes qu'elle accompagne. Pourtant, dans un ouvrage antérieur (1), il avait fait de la conscience un mode de toutes les facultés et par conséquent de tous les phénomènes de l'âme, et, pour expliquer la disproportion apparente qui se remarque parfois entre la conscience et les phénomènes dont elle est un mode, il distinguait la conscience proprement dite de l'attention et de la mémoire.

C'est à peu près la même distinction que M. Bouillier oppose au *Traité des facultés de l'âme*. « Il y a défaut de proportion, dit-il, entre l'intensité des phénomènes

(1) *La Psychologie et la Phrénologie comparées*, pp. 91-95.

intérieurs et la faculté de les observer et de les décrire. Mais cette faculté d'analyser ce qui se passe au dedans de nous, c'est l'observation intérieure, la réflexion ou la conscience réfléchie, c'est un état particulier, un degré de la conscience, et non la conscience elle-même, la conscience simple et spontanée. » — « Ce qui est vrai de la réflexion l'est-il également de la conscience elle-même, sans nulle intervention de la réflexion et de la volonté ? Cette conscience, essentielle à tous les phénomènes de conscience, qui n'en est que la simple représentation et non l'analyse, cette conscience qui est nous-même et non un retour sur nous-même, n'est-elle pas toujours et nécessairement en proportion exacte avec eux ? (1) »

Mais on a beau distinguer entre la conscience spontanée et la réflexion, il n'en faut pas moins avouer que la réflexion, c'est encore la conscience : « C'est, dit-on, la conscience qui se replie sur elle-même, avec un effort plus ou moins grand de la volonté ; c'est la conscience de la conscience. » Après avoir distingué, il faut maintenant identifier, ou, pour mieux dire, il faut expliquer comment la conscience réfléchie peut sortir de la conscience spontanée, comment l'une peut se transformer en l'autre. Cette explication est-elle possible, si la conscience n'est qu'un mode des phénomènes internes ?

La question est assez importante pour qu'on y insiste. Comment la conscience, si elle n'est qu'un épiphénomène, peut-elle se concentrer, se redoubler, se prendre

---

(1) *De la Conscience*, pp. 70-72. Cf. p. 9.

elle-même pour objet et devenir ainsi la conscience de la conscience ? Cet état, ce degré particulier, qu'on nomme réflexion, ne change pas la nature intime du terme qui s'y trouve, et lui-même n'est possible que par elle. Or peut-on admettre que, sous l'influence de la volonté ou du désir, la conscience devienne plus intense, plus claire, au point que non seulement elle embrasse et pénètre mieux le phénomène qu'elle accompagne, mais encore qu'elle s'en distingue et se sente, pour ainsi dire, elle-même, peut-on admettre une pareille transformation et voir dans la conscience un simple caractère ou un simple rapport ? Quand cette concentration, ce reploiement de la conscience est devenu une habitude énergique et toujours prête à passer à l'acte au moindre effort de la volonté, n'est-on pas autorisé à voir dans cette prétendue face des phénomènes, si singulièrement amplifiée, un phénomène nouveau et considérable ? Il semble bien qu'en cet état l'élément conscient ait acquis, à l'égard des faits internes, une sorte d'indépendance relative, puisque, au lieu de suivre passivement leurs variations d'intensité, c'est en quelque sorte lui qui mesure à chacun d'eux l'intensité qu'il doit avoir dans la vie d'ensemble de l'esprit. Or, si la conscience n'était pas, dès le premier moment et par sa nature, distincte bien qu'inséparable des phénomènes, on ne voit pas comment la volonté pourrait développer en elle cette habitude de la réflexion qui la rend plus intense et plus prompte, tout en laissant en état les autres éléments des phénomènes.

Ainsi la possibilité même de la réflexion paraît inexplicable si la conscience est à l'égard du phénomène ce que la vitesse est à l'égard du mouvement ou la convexité à l'égard de la concavité dans une courbe.

La doctrine métaphysique pour laquelle le phénomène est la manière d'être d'une réalité plus profonde et plus stable trouverait peut-être le critérium vainement cherché dans la distinction des propriétés et facultés ou dans celle des êtres auxquels peuvent être rapportés les phénomènes. En effet, si tout phénomène est le résultat de l'action d'une faculté, et si chaque être possède plusieurs facultés réellement distinctes, il suffit, dans un phénomène total, de découvrir la part de chaque faculté pour le décomposer en phénomènes partiels réellement distincts. Par malheur, on n'a pas encore trouvé d'autre moyen de distinguer les facultés que de distinguer, au préalable, les faits mêmes qu'elles sont censées produire, si bien que le critérium proposé nous enferme dans un cercle. Aussi bien, la théorie des facultés distinctes est plus verbale que réelle. D'un autre côté cependant, il semble que, si plusieurs êtres concourent à la production d'un phénomène, on sera autorisé à y reconnaître autant de phénomènes élémentaires qu'il y aura d'êtres à le produire. D'après ce principe, la conscience serait un vrai phénomène, puisqu'elle paraît représenter la part du sujet dans le phénomène total, lequel semble plutôt résulter de l'action des causes externes. Mais, pour que ce critérium fût valable, il faudrait qu'on eût tout d'abord démontré l'existence des êtres et, en particulier, celle du sujet et des causes objectives avec lesquelles on le suppose en rapport.

Nous nous trouvons donc sans réponse à cette question : A quel signe peut-on reconnaître qu'un fait est individuellement distinct de tous les autres ? — C'est, sans doute, que la question elle-même est mal posée, et que la notion de fait individuel ne correspond pas à une réalité véritable. Il n'y a pas de phénomène qu'on puisse distinguer absolument de ceux avec lesquels il se produit, comme s'il constituait un individu, une unité capable de subsister à part, avec ses caractères propres, fixés une fois pour toutes. Nous pouvons, pour la commodité de l'étude, opérer des distinctions et divisions plus ou moins arbitraires dans ce qui de soi est indivisible et continu; ainsi, quand deux phénomènes se produisent toujours ensemble, ou sont toujours proportionnés, ou quand un phénomène est nécessairement relatif à un autre, nous pouvons ne voir là qu'un seul phénomène, tandis que nous en distinguons deux lorsqu'ils se produisent séparément, ou ne sont pas en proportion l'un de l'autre, ou ne s'impliquent pas réciproquement; mais nous ne devons pas oublier que le phénomène, considéré comme individuellement distinct et se suffisant, en quelque sorte, à lui seul, est une entité métaphysique, une sorte d'absolu aussi chimérique que l'Absolu exorcisé par Hamilton.

CHAPITRE CINQUIÈME

LES RAPPORTS DES PHÉNOMÈNES

I. — Distinction des phénomènes et des lois. Les lois constituent l'objet de la science.

Analyse de l'idée de loi. Comment elle implique l'idée de rapport.

II. — Deux sortes de rapports possibles des phénomènes :

1° Avec des réalités hétérogènes ;

2° Les uns avec les autres. Suppression des premiers ou leur réduction aux seconds.

Tableau des rapports les plus généraux : essai de simplification.

III. — Nature du rapport. C'est un mode des phénomènes et non du phénomène.

Deux conceptions opposées : réaliste et idéaliste.

Conception *réaliste*. Le rapport existe en soi, dans les phénomènes, avant notre perception.

Critique.

Conception *idéaliste*. Le rapport n'existe dans les phénomènes que parce que l'esprit l'y met ; c'est une catégorie.

Critique.

Comment on peut échapper aux dernières objections. Correction de la conception idéaliste du rapport.

Critique de la théorie idéaliste du rapport, même rectifiée.

Essai de solution des difficultés. Comparaison de la question avec celle de la réalité du monde extérieur.

1° Adaptation au problème de la théorie des Possibilités permanentes de Stuart Mill. Solution plus verbale que réelle. Critique.

2° Adaptation de l'hypothèse de Leibniz. Critique.

3° Adaptation de l'hypothèse de Berkeley.

Objections et réponses.

IV. — Si la loi n'existe que dans notre pensée, comment peut-elle être constante et générale ?

Le problème pour la loi est identique à celui qui se pose pour le sujet de la conscience : c'est, au fond, le même problème.

Sens de la distinction des Lois à priori et des Lois à posteriori : comment elle se concilie avec la doctrine proposée.

Conclusion.

I. — Préliminaires.

Il n'y a pas de science de ce qui se passe, disait Platon. Aussi donnait-il pour objet à la science non le devenir indéfini des phénomènes, mais l'être immuable des Idées. Comment, en effet, la science serait-elle possible si elle devait connaître une à une ces innombrables apparences qui sans cesse naissent et meurent en chacun des points de l'espace et du temps? Et, d'autre part, si elle ne les connaît pas toutes, en quoi diffère-t-elle de la connaissance vulgaire? Il faut donc, ou la déclarer impossible, ou lui donner un autre objet que la multitude mouvante et toujours accrue des phénomènes.

Les philosophes contemporains qui à des degrés divers se rattachent à l'école positiviste ont bien vu la difficulté, mais ils ont cru la résoudre en élevant au-dessus des phénomènes, objet d'une expérience nécessairement fugitive et fragmentaire, les lois, seuls objets possibles d'une science intégrale et définitive. Les phénomènes et les lois: entre ces deux termes se partage toute la connaissance humaine. L'au delà, c'est l'inconnaissable.

Mais il s'en faut que leur importance soit égale. Connaître un fait, c'est savoir ce qui s'est passé ici ou là, à ce moment ou à un autre; connaître une loi, c'est savoir ce qui doit se passer partout et toujours. Si la science dépasse et domine la connaissance vulgaire, c'est parce qu'elle ne s'arrête pas aux phénomènes, mais pénètre jusqu'aux lois. Seules, les lois assurent la stabilité et l'harmonie de la nature ; seules, elles fondent et limitent tout ensemble l'empire de l'homme sur l'univers.

On peut aller plus loin encore. Après avoir décomposé tous les êtres, corps et esprits, en phénomènes, l'analyse ne finira-t-elle pas par résoudre les phénomènes eux-mêmes en lois ? Un phénomène n'existe pour l'esprit que comme une somme de caractères abstraits et généraux : il n'est que la rencontre et la fusion en un point de l'espace et du temps d'un certain nombre de lois particulières. A leur tour, ces lois particulières se ramènent à un petit nombre de lois générales ; et peut-être un jour découvrira-t-on la loi unique qui les enveloppe et les produit toutes. « L'objet final de la science, a dit Taine dans un passage bien souvent cité, est cette loi suprême, et celui qui, d'un élan, pourrait se transporter dans son sein y verrait comme d'une source se dérouler par des canaux distincts et ramifiés le torrent éternel des événements et la mer infinie des choses. »

Une telle conception rapprocherait singulièrement le phénoménisme de l'idéalisme platonicien. Les lois sont-elles donc des entités distinctes des phénomènes, et faut-il, comme les réalistes du moyen âge, dire qu'elles existent avant les choses, *universalia ante res* ? Mais alors comment prétendre encore que les seuls phénomènes constituent toute la réalité ?

« Les lois, a dit Montesquieu, sont les rapports nécessaires qui dérivent de la nature des choses. » La doctrine phénoméniste ne peut sans doute conserver tous les termes de cette définition célèbre. Elle n'admet pas, en effet, que les choses aient une nature intrinsèque et immuable, principe de leurs manifestations phénoménales ; et, par cela même, elle ignore si les rapports que l'observation et le raisonnement nous découvrent dans les choses sont contingents ou nécessaires. Mais ne suffit-il pas à la science que certains rapports soient uniformes, c'est-à-dire généraux et constants, toujours les mêmes d'un bout à l'autre de notre expérience, pour qu'elle soit autorisée à les ériger en lois? Les lois sont donc les rapports invariables qui lient entre eux les phénomènes : ce sont, comme l'a dit Stuart Mill, des uniformités de coexistence ou de succession, plus généralement encore des *uniformités de rapports*. La définition de Montesquieu, dégagée de toute hypothèse métaphysique, n'a pas au fond un autre sens. « Ces règles, dit-il, sont un rapport constamment établi. Entre un corps mu et un autre corps mu, c'est suivant les rapports de la masse et de la vitesse que tous les mouvements sont reçus et augmentés, diminués, perdus ; chaque diversité est *uniformité*, chaque changement est *constance* (1). »

Mais, si les lois sont des rapports, notre question primitive se dédouble, et nous devons d'abord examiner ce qu'il faut entendre par un rapport, avant d'entrer plus profondément dans l'examen de l'idée de loi.

---

(1) *Esprit des lois*, l. I, ch. 1.

II. — La classification des rapports.

Des phénomènes étant donnés, on peut leur supposer deux sortes de rapports : ceux qu'ils soutiendraient avec des réalités hétérogènes, ceux qu'ils soutiennent entre eux. Le phénoménisme exclut évidemment la première hypothèse. Aussi supprime-t-il tous les rapports qui, d'après l'ancienne métaphysique, subordonnent les phénomènes à l'Espace, au Temps, aux Substances, aux Causes, aux Fins, à l'Absolu. Tous ces prétendus concepts à priori, avec les principes qu'on y rattache et où ils se combinent avec les phénomènes en des synthèses universelles et nécessaires, n'ont aucune signification légitime s'ils ne signifient pas les rapports que les phénomènes ont entre eux. Ainsi « tout phénomène est dans l'espace », cette formule ne veut pas dire que l'Espace est une réalité préexistante avec laquelle tous les phénomènes sont en rapport : elle veut dire que tous les phénomènes sont les uns avec les autres dans un certain rapport que le terme Espace qualifie, un rapport de coexistence et de situation. De même pour toutes les formules analogues, pour toutes celles du moins qui ont un sens. Celles qui ne se prêtent pas à semblable traduction sont de pures hypothèses métaphysiques sans preuve et sans fondement.

Ainsi les seuls rapports accessibles à notre connaissance sont les rapports qui unissent les phénomènes les uns aux autres, qui en sont par cela même inséparables, qui s'observent avec eux et comme eux. De combien de sorte sont-ils ?

Il ne semble pas que les partisans du phénoménisme aient pris la peine de dresser un tableau des rapports vraiment simples et irréductibles. Hume s'est contenté d'indiquer sept espèces de rapports ou relations d'après lesquelles les idées simples, c'est-à-dire les phénomènes, se comparent : ce sont la ressemblance, l'identité, la situation d'espace et de temps, le nombre ou quantité, la qualité, la contrariété et la causalité. Mais cette énumération confuse et arbitraire ne prétend pas sans doute au titre de théorie.

On pourrait, croyons-nous, ramener à six espèces les rapports qui, d'après la philosophie positive, existent entre les phénomènes et qui entrent nécessairement dans la conception de leurs lois :

1° Rapports de ressemblance et de différence;

2° Rapports de temps ;

3° Rapports d'espace ;

4° Rapports de nombre ;

5° Rapports de causalité ;

6° Rapports de finalité.

On s'étonnera peut-être de voir mettre ici les rapports de causalité et de finalité, qui semblent impliquer des réalités supra-phénoménales et que, pour cette raison, la philosophie positive devrait exclure de la science. Sans doute, le chef du positivisme a paru d'abord proscrire toute idée de cause efficiente et de cause finale ; mais son exemple n'a pas été suivi par tous ceux qui ont continué ses doctrines, et lui-même n'a-t-il pas ouvert de nouveau la porte à l'idée de finalité ?

L'éminent auteur du *Rapport sur la Philosophie en France au XIX⁰ siècle* l'a bien fait voir. « Auguste Comte dit M. Ravaisson, comprit, en présence de la vie, que ce n'était pas assez, comme il avait pu le croire, dans la sphère des choses mécaniques et physiques, de considérer des phénomènes à la suite ou à côté les uns des autres, mais, de plus, que surtout il fallait prendre en considération l'*ordre* et l'*ensemble*. Outre le détail des faits, il faut, écrivait-il à Stuart Mill, quelque chose qui les domine, qui les combine et les coordonne. » Il ne croyait pas pour cela dévier de ses principes. Dans l'ordre biologique comme dans l'ordre physique, c'est par des phénomènes que le fondateur du positivisme entendait rendre raison des phénomènes.

M. Littré, de même, « considérant de près celui de nos organes qui, par la complication et en même temps l'unité de sa structure, a toujours fourni aux partisans des causes finales le plus d'arguments, c'est-à-dire l'œil, reconnut qu'il y avait dans cet organe une appropriation incontestable d'un ensemble de moyens à une fin ; il en reconnut une semblable, plus ou moins manifeste, dans tout l'organisme ». Mais il ne crut pas pour cela être infidèle à la philosophie positive. « Ce serait l'être que d'expliquer l'appropriation du moyen à la fin soit par une âme ou une providence, soit par une propriété générale de la matière ; mais dire que la matière organisée s'ajuste à des fins, c'est énoncer un fait sans en rechercher la cause, c'est s'en tenir au phénomène primitif. On connaissait ces faits, dit M. Littré, que le tissu vivant a la propriété de croître, le tissu musculaire celle de se contracter. C'est un fait de plus à ajouter à ceux dont la physiologie est en possession, que la matière organisée a la propriété de s'accommoder à des fins (1). »

Pourtant la notion de finalité n'est pas sans doute irréductible. Pour les uns, c'est un point de vue subjectif et provisoire, une hypothèse d'exposition que la physiologie peut encore employer, mais qu'elle pourrait aussi sans inconvénient et même avec avantage remplacer par la notion des conditions d'existence : en tout cas, la finalité apparente des êtres vivants n'est qu'un effet de la causalité mécanique. Cette première doctrine qui est celle de tous les transformistes contemporains, paraît bien être, il faut l'avouer, la plus conforme, sinon la seule, aux principes généraux du positivisme. Pour d'autres (2), la finalité est ou paraît être un mode particulier de causalité, la causalité de l'idée et du désir ; mais de toute façon la cause finale se trouve ramenée à la cause efficiente.

On sait cependant qu'Auguste Comte condamnait formellement la recherche des causes ; mais c'est qu'il laissait au mot *cause* le sens que lui donnait l'ancienne métaphysique, celui de réalités permanentes et actives

---

(1) *Rapport*, pp. 75 et suiv. — Cf. Taine, *les Philosophes classiques* et Claude Bernard, *Introduction à l'étude de la médecine expérimentale*.
(2) Voir Paul Janet, *les Causes finales*, p. 303. — Cf. Stuart Mill, *Essai sur la Religion*.

qu'on suppose distinctes des phénomènes. Or il est possible de donner un sens positif à ce mot, le sens où tout le monde l'emploie quand on dit qu'un phénomène est cause d'un autre. Dans cette acception, comme Stuart Mill et Taine l'ont montré, la causalité n'implique aucun lien mystérieux entre la cause et l'effet; elle est un simple rapport de succession invariable entre deux phénomènes. « Certains faits, dit Stuart Mill, succèdent et, croyons-nous, succéderont toujours à certains autres faits. L'antécédent invariable est appelé la cause ; l'invariable conséquent, l'effet. » La causalité n'est donc qu'un cas particulier de la succession.

Les rapports de nombre peuvent-ils se réduire à des rapports plus simples encore ? Nous ne sachions pas que la réduction ait été faite ou même tentée. Stuart Mill a bien fait voir que la différence et la ressemblance étaient impliquées dans la perception du nombre et de la quantité en général. Ce en quoi un litre d'eau et un litre de vin sont semblables, et un litre d'eau et dix litres d'eau sont dissemblables s'appelle, selon lui, leur quantité ; mais il ajoute : « Cette ressemblance et dissemblance, je ne prétends pas l'expliquer, pas plus que toute autre relation de cette espèce (1). »

Néanmoins les philosophes de l'école anglaise, dans leurs théories générales, réduisent expressément à quatre les rapports que l'analyse démêle au fond de tous les autres : ce sont la ressemblance, la différence, la succession et la coexistence ou simultanéité. Encore Spencer

(1) *Système de logique*, l. I, ch. III, p. 12. Trad. Peisse, t. I, p. 78.

a-t-il cru pouvoir ramener la coexistence à la succession ; mais il paraît avoir confondu le rapport général de coexistence avec le moyen que nous employons d'ordinaire pour constater la coexistence *dans l'espace*, et qui consiste en effet à parcourir successivement une série de points d'abord en un sens, puis en sens inverse.

Ainsi, des phénomènes et, entre ces phénomènes, des rapports plus ou moins constants *de ressemblance, de différence, de coexistence et de succession* : telles sont les seules réalités qu'il nous soit donné de connaître.

III. — Nature des rapports.

Nous savons quels rapports existent entre les phénomènes, nous ne savons pas encore ce qu'ils sont. Or la définition du rapport n'est pas un problème métaphysique moins obscur que la définition du phénomène.

Dirons-nous que le rapport est *une manière d'être, un mode du phénomène*, et que par conséquent il n'en est pas réellement distinct ? Mais le rapport n'existe dans aucun phénomène pris à part : il disparaît aussitôt que nous cessons d'unir dans notre pensée un phénomène avec un autre. Si c'est un mode, c'est *un mode des phénomènes*, et non du phénomène ; il appartient simultanément à un phénomène et à un autre ; il est, pour ainsi dire, à cheval sur l'un et l'autre, et par cela même il se distingue de chacun d'eux. Il est donc impossible de l'assimiler à une qualité intrinsèque que chaque phénomène posséderait pour son propre compte indépendamment de tous les autres ; le rapport est, comme auraient dit les scolastiques, une *dénomination extrinsèque*. Tout au contraire, les prétendues propriétés absolues de phénomènes se réduisent à des rapports. S'il est en effet une loi de l'esprit humain que les travaux de la psychologie contemporaine aient mise en lumière, c'est la loi que Bain appelle *loi de relativité*. Or nous ne connaissons les caractères des phénomènes, quels qu'ils puissent être, qu'en les distinguant et les assimilant tour à tour. Connaître, c'est percevoir des différences et des ressemblances, c'est-à-dire des rapports.

Le rapport est donc quelque chose qui apparaît dans les phénomènes, lorsque nous les embrassons dans une seule et même intuition. Supprimez cette coïncidence des termes dans l'unité de la pensée, et le rapport s'évanouit. — Mais on peut entrer plus avant dans la question et se demander si le rapport existe déjà dans les phénomènes et si l'esprit l'y perçoit en même temps qu'eux et de la même manière, ou s'il est inséparable de l'acte de l'esprit qui le pose, s'il est identique à cet acte même, et par conséquent s'il n'existe dans les phénomènes qu'au moment où l'esprit l'y introduit.

Ce sont là deux conceptions opposées du rapport. L'une en fait une réalité en soi, distincte et indépendante de la connaissance que nous en pouvons acquérir, de l'idée que nous en pouvons avoir : que nous le sachions ou non, les rapports sont dans les choses : nous les constatons, nous ne les faisons pas. Ils sont objectifs, au même titre que les phénomènes eux-mêmes. L'autre en fait une forme de la connaissance, une catégorie, que l'esprit, en vertu de sa structure, applique spontanément aux phénomènes, une Loi à priori de l'expérience et de la pensée. Les rapports ne sont dans les choses que parce que nous les y mettons : ils sont subjectifs au même titre que la Pensée qui les réalise.

La première conception paraît être celle du réalisme vulgaire et du positivisme scientifique, la seconde est celle de l'idéalisme. Examinons-les tour à tour.

En supposant qu'un certain rapport existe en soi dans les phénomènes, antérieurement à l'acte par lequel nous le percevons, il n'existera cependant *pour nous* qu'au moment où nous le percevrons en effet. Or, si nous le prenons à ce moment, en quoi consiste-t-il? Il est difficile d'y voir autre chose qu'un état de la conscience ou, comme dirait Descartes, un *mode de la pensée*. « Nous appelons, dit Stuart Mill, deux sensations de blanc semblables, une sensation de blanc et une autre de noir dissemblables. Le fondement de cette relation est la double sensation et ce que nous appelons le *sentiment de la ressemblance ou de la non-ressemblance;* » et il ajoute : « La ressemblance est évidemment un sentiment, un état de conscience de l'observateur. Que ce sentiment de la ressemblance des deux couleurs soit un troisième état de conscience survenu après les deux sensations de couleur, ou qu'il soit seulement enveloppé dans les sensations mêmes, il n'en est pas moins un état de conscience particulier irréductible et inexplicable (1). Telle était aussi la doctrine de La Romiguière, qui pour mieux marquer l'unité indissoluble du rapport et de la connaissance dont il est l'objet donnait à cette connaissance même le nom de *sentiment-rapport.*

« Tout rapport, a dit un de ses disciples, suppose des idées ou des faits comparés, et ces idées ou ces faits se conçoivent comme existants ou réels. Mais le rapport ne se conçoit pas comme une réalité. Quand on perçoit l'égalité de deux lignes, aux idées des lignes peuvent répondre deux réalités ; mais l'idée d'égalité ne répond à aucune réalité qui se distingue des deux lignes. Dans les idées, les faits, résident les fondements ou les termes du rapport ; *mais le rapport n'est rien de réel hors de l'idée que l'esprit obtient à la suite de la comparaison.* Quand on dit que deux objets se ressemblent, quelle réalité pourrait correspondre à l'idée de ressemblance ? Où serait cette réalité ? Elle n'est pas dans un des objets comparés tout seul. Serait-elle dans les deux objets réunis ? Mais les deux objets réunis ne sont pas une troisième réalité distincte de celle des deux objets. Dans la réunion des objets, il n'y a pas trois choses réelles, dont deux soient les objets et la troisième la réunion. Quand nous disons qu'il y a un rapport entre deux idées, cela ne signifie pas que ce rapport existe dans ces idées, mais qu'il se montre à leur suite, comme une idée d'une espèce nouvelle (2). »

(1) *Système de logique*, t. I, pp. 74 et 75, trad. Peisse.
(2) Abbé Roques, *Cours de philosophie*, t. I, p. 380. — Le même auteur ajoute : « Cependant on a voulu réaliser les rapports, et l'on a dit que les rapports existent dans les êtres ou dans les qualités des êtres.

Ainsi le rapport, au moment même où il nous apparaît, n'est qu'un *sentiment*, une *idée*, inséparable non seulement des deux termes, mais encore de l'acte par lequel nous réduisons ces deux termes à l'unité. Or, quand nous supposons des rapports existant en soi antérieurement à notre connaissance, quelle nature leur attribuons-nous ? Si nous les concevons comme identiques à ce qu'ils sont dans notre pensée, c'est là une contradiction dans les termes, puisqu'ils ne sont tels dans notre pensée que parce que nous les pensons : autant dire que la chose vue est en dehors de l'œil ce qu'elle est dans l'œil. Si nous les concevons comme étant tout à fait différents en soi de ce qu'ils sont pour nous, outre que nous ne pouvons plus nous en faire aucune idée, nous n'avons plus le droit de les appeler des rapports : tout au plus pouvons-nous dire qu'il y a dans les phénomènes quelque chose d'inconnu qui donnera naissance en nous à des rapports lorsque nous unirons ces phéno-

Déjà nous avons remarqué que les scolastiques avaient rempli la nature de genres et d'espèces parce qu'ils réalisaient le rapport de similitude. Cette opinion se trouve encore dans quelques auteurs scolastiques du jour, alors même qu'ils ne l'avouent pas. Ils réfutent ceux qui regardent les rapports comme des entités qui surviennent aux choses indépendamment de la conception de l'esprit, et cependant ils disent que les rapports sont dans les choses. L'un d'eux considère le rapport objectivement et subjectivement ; il rejette comme n'expliquant rien la définition : *Relatio est respectus unius ad aliud*, et il accueille celle qui est ainsi conçue : *Proprietas uni enti competens, duntaxat comparative ad aliud*. Et le rapport considéré subjectivement ou dans l'esprit est défini : *Operatio qua mens occasione unius rei de re altera cogitat*. Il est bien évident que, si le rapport est une propriété ou une opération, il est quelque chose de réel. Mais quiconque parle une langue intelligible se gardera bien de placer ou de chercher les rapports soit parmi les propriétés, soit parmi les opérations : une idée n'est pas une opération, et, quand un rapport est changé entre deux objets, aucun d'eux ne perd une propriété. »

mènes dans un acte de synthèse intellectuelle. Mais cet *x* indéterminé, ce n'est aucun rapport : c'est le fondement objectif de la possibilité des rapports.

Le rapport en soi n'est donc que la possibilité objective du rapport que nous nous représentons malgré nous à l'image et ressemblance du rapport subjectivement réel. Car c'est là une illusion naturelle à l'esprit humain, un *idolon tribus* : il se représente le possible sur le modèle de l'actuel, et il prétend ensuite expliquer l'actuel par le possible. Ainsi ces corps que nous supposons exister avec leurs formes et leurs couleurs avant nos sensations ne sont au fond que ces sensations mêmes à l'état de possibilités pures, et, quand nous éprouvons des sensations actuelles, c'est en les leur rapportant que nous croyons les expliquer. De même, l'Espace, pur n'est que l'ensemble ou, comme disait Leibniz, l'ordre des étendues et des situations possibles ; et cependant nous sommes toujours tentés d'y voir la raison dernière des étendues et des situations réelles qui nous ont seules permis de le concevoir. Mais, comme disait déjà Aristote, on n'explique pas les choses en les doublant, car le double, c'est encore la chose même qu'on transporte telle quelle du réel dans le possible ; ou plutôt ce prétendu possible est toujours le réel, puisque, bon gré, mal gré, notre imagination le réalise.

Seulement, admettre que les rapports existent déjà objectivement dans les phénomènes, c'est transformer les phénomènes eux-mêmes en choses en soi. Ils deviennent alors à l'égard des rapports ce que les noumènes sont à l'égard des phénomènes dans l'hypothèse du réalisme métaphysique ; et il faut dire, comme nous le disions en effet, qu'il y a dans les phénomènes quelque chose d'inconnu qui donnera naissance en nous à des rapports lorsque ces phénomènes deviendront l'objet d'une commune pensée. Mais il est contradictoire de supposer que le phénomène contienne actuellement autre chose que ce que nous y percevons, puisque ce que nous percevons, c'est cela même qui est le phénomène. Donc, tant que le rapport n'est pas réalisé dans l'esprit, il est une simple possibilité, une possibilité subjective qui, même en cet état, n'existe pour nous que si nous y pensons, et qui, dès que nous y pensons, cesse d'exister pour nous en cet état, car notre pensée même la transforme aussitôt en réalité (1).

Mais, si la conception réaliste du rapport paraît insoutenable, la conception idéaliste a aussi ses difficultés.

D'abord, si les rapports n'existent pas dans les phénomènes, si c'est l'esprit qui les y met en les y voyant, s'ils sont, comme on l'a dit, les catégories de la pensée, d'où vient que ces rapports s'imposent à nous avec la

(1) Cf. Leibniz et Kant. — *Nouveaux Essais*, l. XI, ch. xii, § 3. « Cette division des objets de nos pensées en substances, modes et relations est assez à mon gré. Je crois que les qualités ne sont que des modifications des substances, *et l'entendement y ajoute les relations*. Il s'ensuit plus qu'on ne pense. » — *Ibid.*, l. II, ch. xxx, § 4. « Les relations ont une réalité dépendante de l'esprit. » — *Critique de la raison pure*. Analyt. transcend., l. II, ch. ii, sect. II, § 26, trad. Barni, t. 1, p. 189. « Les lois n'existent pas plus dans les phénomènes que les phénomènes eux-mêmes n'existent en soi, et les premières ne sont pas moins relatives au sujet d'inhérence des phénomènes, en tant qu'il est doué d'entendement, que les seconds ne le sont au même sujet en tant qu'il est doué de sens. »

même force et la même fixité que les phénomènes ? L'idéalisme suppose que, si les choses nous paraissent successives ou simultanées, semblables ou différentes, c'est parce que notre intelligence est constituée à priori de façon à introduire nécessairement ces rapports de succession et de simultanéité, de ressemblance et de différence, dans tous les objets qu'elle pense. L'hypothèse pourrait s'admettre à la rigueur si l'application de ces rapports aux objets était uniforme et, pour ainsi dire, unilatérale. Mais chacun de ces rapports appartient à un couple dont les deux moitiés s'excluent réciproquement. Donc, envisagée dans l'esprit même, la catégorie est ambiguë, bilatérale : elle pose simplement une alternative : « Deux sensations étant données, dit Stuart Mill, elles sont simultanées ou successives ; et cette alternative est commandée par la nature de nos facultés (1). » Fort bien ; seulement il reste à savoir pourquoi nous appliquons en chaque cas particulier l'une des deux faces de la catégorie plutôt que l'autre. Ainsi, deux phénomènes étant donnés, nous les jugeons semblables ; l'un des deux étant donné avec un troisième, nous les jugeons différents. Si la faculté de juger du semblable et du différent est une loi constitutive de l'esprit, les applications particulières de cette faculté ne sont-elles pas réglées par les objets mêmes ? Nous voilà, ce semble, revenus à l'hypothèse que nous rejetions tout à l'heure : celle d'un fondement objectif des rapports impliqués dans les phénomènes eux-mêmes,

(1) *Système de logique*, l. I, ch. iii, § 10, trad. Peisse, p. 74.

lequel, par son conflit avec la structure propre de l'esprit, déterminerait subjectivement l'apparition des rapports.

En outre, la conception idéaliste n'est-elle pas dupe de la même illusion, du même *idolon tribus* que nous reprochions tout à l'heure à la conception réaliste? Elle aussi prétend expliquer le réel par le possible, tout en se représentant nécessairement le possible sur le modèle du réel. La catégorie est-elle autre chose que le rapport érigé en possibilité subjective, en faculté de l'esprit ? On suppose que le fondement de tous les rapports d'une certaine sorte est donné dans l'intelligence au lieu de le supposer donné dans la réalité extérieure. Mais, en vérité, la différence est-elle sérieuse ? Possibilité subjective ou objective, faculté de l'esprit ou propriété des choses, n'est-ce pas toujours la même tendance à projeter derrière le réel le possible, qui n'en est que l'ombre, pour essayer ensuite d'expliquer le réel par cette ombre même ? Après tout, Kant n'a fait que substituer un formalisme subjectif au formalisme objectif de la vieille métaphysique, et l'on a pu dire avec quelque vérité que sa doctrine n'était qu'une scolastique retournée. Sa théorie de l'espace, nous l'avons montré ailleurs(1), n'est que la théorie de Clarke et de Newton simplement transportée de l'objet au sujet : il réalise dans la sensibilité, au lieu de le réaliser dans la nature, cet Espace abstrait que Leibniz définissait « l'ordre des coexistences ou des situations possibles ». Or, si l'Esprit, qu'il s'agisse

---

(1) *Revue philosophique*, août 1877. — Cf. *De Spatio apud Leibnitium*, ch. IX.

de la sensibilité ou de l'intelligence, a une nature constituée en soi qui impose ses propres lois aux phénomènes, en quoi diffère-t-il du Noumène ? Ce prétendu fondement des rapports n'est-il pas, comme le prétendu fondement des phénomènes, une abstraction sortie du réel et d'où l'on veut cependant faire sortir le réel lui-même ?

Ces objections portent peut-être moins contre l'idéalisme en général que contre une certaine forme de l'idéalisme. En effet, dire que les rapports ne sont pas dans les phénomènes, que c'est l'esprit qui les y ajoute, c'est, dans une certaine mesure, supposer l'extériorité réciproque des phénomènes et de l'esprit : c'est rétablir en quelque façon le réalisme dans l'idéalisme lui-même. D'un côté, semble-t-on dire, sont les phénomènes avec leurs caractères intrinsèques, mais encore dépourvus de tout rapport : de l'autre, l'Esprit avec son activité unifiante et ses catégories où les rapports sont enveloppés en puissance et d'où ils tendent à se développer actuellement. Une fois les deux termes ainsi séparés, il devient difficile d'expliquer leur communication et leur accord. Les phénomènes sont désormais de véritables objets en soi ; et l'on s'achoppe de nouveau à l'hypothèse contradictoire du rapport de deux absolus. Il suffit, ce semble, de rétablir l'unité du réel, violemment brisée par l'abstraction, pour voir s'évanouir ces difficultés factices. Les phénomènes sont dans l'esprit au même titre et de la même façon que les rapports : les uns et les autres n'existent que dans l'acte même qui les perçoit ou qui les pose. Réciproquement, l'esprit est impliqué au même titre et de la même façon dans les phénomènes et les rapports : il en est l'intime et vivante unité. Il est donc illusoire de supposer que les rapports se préexistent à eux-mêmes dans la sensibilité ou dans l'intelligence. Cette prétendue explication ne fait que reproduire sous une autre forme la vérité qu'elle prétend expliquer : à savoir que les phénomènes sont donnés dans la conscience en rapport les uns avec les autres.

Telle est la conclusion que Stuart Mill semble avoir lui-même entrevue, lorsqu'il a dit : « Je ne tranche pas la question de savoir si cet attribut inséparable de nos sensations (il s'agit du rapport de succession) leur est attaché par les lois de l'esprit ou s'il est donné dans les sensations mêmes ; je ne décide pas si sur ces sommets élevés de l'abstraction, la distinction ne s'évanouit pas (1). »

Ainsi entendue, la conception idéaliste échappe-t-elle à toute objection ?

Mais d'abord, pourrait-on dire, elle supprime son objet même : le rapport. En effet, si le rapport n'existe que dans l'acte intellectuel qui le pose, s'il est identique à cet acte, il n'est, en somme, qu'un état de la conscience, un phénomène psychologique ou, pour mieux dire, un phénomène pur et simple, puisque, d'après la théorie générale dont cette conception fait partie, tout

---

(1) *Philosophie de Hamilton*, ch. xii. Appendice. Trad. Cazelles, p. 240.

phénomène est psychologique par essence. Mais alors, après avoir distingué dans la réalité deux aspects, les phénomènes et les rapports, on finit par les identifier ; les rapports eux-mêmes rentrent dans les phénomènes ; ce sont des phénomènes accessoires, des épiphénomènes, qui ne peuvent, sans doute, jamais exister en l'absence des phénomènes principaux, mais qui ne les accompagnent pas non plus nécessairement, bien que nous puissions toujours les supposer sous forme de possibilités latentes ; ce sont, en un mot, des phénomènes intellectuels qui ne se distinguent des phénomènes de sensibilité que comme une espèce se distingue d'une autre espèce du même genre.

En outre, cette conception du rapport supprime, ce semble, une des plus importantes distinctions de la philosophie critique, celle des lois à priori et des lois à postériori des phénomènes. Tous les rapports n'ont-ils pas la même nature et la même origine intellectuelles ? Comment, dès lors, prétendre que les uns sont imposés à l'entendement par les phénomènes, tandis que les autres leur seraient imposés par lui ? Pour conserver un sens à la distinction, ne faut-il pas admettre deux sortes de rapports : les uns donnés dans les phénomènes, par conséquent variables, contingents, à postériori, comme les phénomènes eux-mêmes ; les autres donnés dans la constitution de l'Esprit, par conséquent invariables, nécessaires, à priori, comme l'Esprit lui-même ?

Enfin la notion de Loi paraît définitivement compromise. La loi, avons-nous dit, est une uniformité de rapport, mais l'uniformité elle-même est-elle autre chose qu'un rapport? La loi est donc un rapport de rapport. Que si le rapport n'est qu'un phénomène, à fortiori doit-on en dire autant de la loi. Mais alors que signifient la généralité et la constance que nous attribuons nécessairement à toute loi? Nous voilà de nouveau entraînés, et cette fois sans espoir de retour, dans ce vertigineux écoulement de phénomènes, où s'abîmait déjà l'inquiète pensée du vieil Héraclite.

Cette antinomie où la réflexion nous a conduits est-elle vraiment une impasse? et sommes-nous condamnés à opposer éternellement l'une à l'autre les deux thèses contraires de la réalité et de l'idéalité du rapport? Faisons une dernière tentative pour étreindre enfin cette vérité qui nous fuit.

D'une part, si le rapport n'est que la connaissance même que nous en avons, il est, comme cette connaissance, un phénomène ; partant, il est fugitif comme elle. D'autre part, s'il est autre chose que la connaissance même que nous avons, que peut-il être ? Quelle idée devons-nous nous en faire? et, si nous ne pouvons nous en faire une idée, quel droit avons-nous d'en parler et de lui donner le nom de rapport? Voilà l'alternative.

La difficulté qui pèse ici sur l'idéalisme peut se comparer à celle que nous avons déjà discutée lorsqu'il s'est agi de concilier la réalité objective du monde extérieur avec la conception subjective du phénomène (1).

---

(1) Voir plus haut, ch. II, p. 72.

Dans les deux cas, en effet, le problème est de comprendre en quel sens et dans quelle mesure l'objet de la connaissance peut être distinct de la connaissance même.

Adapterons-nous à la question des rapports la théorie des possibilités permanentes de sensations professée par Stuart Mill, et dirons-nous que la réalité objective d'un rapport est la possibilité de ce rapport, c'est-à-dire de l'acte intellectuel qui le constitue, possibilité inséparable de nos sensations actuelles ou possibles ?

Par là, ce semble, nous échapperions à toutes les objections. Le rapport, pris en soi, ne serait plus un phénomène, mais une possibilité; sans doute, ce serait toujours la possibilité d'un phénomène, mais d'un phénomène *sui generis*, d'ordre purement intellectuel ou subjectif (au seul sens raisonnable que ce mot puisse avoir), complètement différent des phénomènes proprement dits. En outre, ne pourrions-nous pas distinguer deux sortes de possibilités de rapports, les unes que l'esprit affirme à priori être nécessairement impliquées dans tous les phénomènes possibles, les autres dont il découvre à postériori la présence dans telles et telles classes de phénomènes actuels ? Enfin, qui empêche de considérer les lois soit empiriques, soit rationnelles des phénomènes comme des possibilités permanentes de rapports ? Énoncer une loi telle que A est cause de B, c'est dire que partout et toujours quiconque aura conscience du phénomène A pourra avoir conscience du phénomène B et du rapport de succession nécessaire qui les unit l'un à l'autre.

A vrai dire cependant, cette théorie ne nous donne qu'une solution verbale ; au fond, toutes les difficultés subsistent.

Que sont, en effet, ces rapports possibles, là où par hypothèse aucun phénomène n'est réel, aucun esprit n'est présent ? Faute des conditions nécessaires, les rapports prétendus possibles ne sont-ils pas au fond impossibles ?

En outre, si l'on peut, à la rigueur, donner pour fondement aux sensations des possibilités permanentes, en est-il de même des rapports ? Qu'est-ce que la possibilité ? Un rapport. Qu'est-ce que la permanence ? Un autre rapport. Le possible, c'est ou bien ce qui n'est pas contradictoire en soi, ou bien ce qui n'est pas en contradiction avec certaines données qu'on suppose actuelles, ou bien enfin ce dont les causes ou conditions sont actuellement données. Le permanent, c'est ce qui est le même et coexiste avec une série de phénomènes divers et successifs. Expliquer les rapports par des possibilités permanentes, c'est donc expliquer les rapports par des rapports, c'est commettre le sophisme du cercle vicieux ou de la pétition de principe.

Serons-nous plus heureux en transportant aux rapports l'explication que nous avons déjà donnée, d'après Leibniz, de la réalité des phénomènes extérieurs ?

Mais, si nous pouvons supposer que des phénomènes correspondants à nos sensations possibles se déroulent en dehors de notre conscience dans des monades étrangères et assurent ainsi la réalité objective du monde extérieur, pouvons-nous attribuer à ces mêmes monades la connaissance des rapports auxquels fait défaut le support de notre propre pensée et garantir ainsi à ces rapports une existence indépendante de la nôtre ? Il faudrait pour cela que ces monades fussent douées non seulement de sensibilité, mais encore d'intelligence. Une intelligence virtuelle ne suffirait même pas ; seule une intelligence pleinement développée et actuelle pourrait, à défaut de la nôtre, réaliser les rapports des phénomènes en les pensant.

Une telle hypothèse est évidemment en contradiction avec tout ce que nous pouvons supposer de la nature des monades inférieures. Ce n'est pas au-dessous, c'est au-dessus de l'intelligence humaine que la logique nous conduirait à placer le lieu de tous les rapports. De l'explication de Leibniz, nous passons naturellement à celle de Berkeley. Ou plutôt Berkeley a cherché dans l'intelligence divine le fondement de nos sensations, et c'est, à vrai dire, Leibniz qui, fondant nos sensations sur les phénomènes des monades inférieures, a fondé les rapports sur l'entendement divin. Cette doctrine était déjà, au moins en partie, dans Bossuet : « Si je cherche où et en quel sujet elles (ces vérités) subsistent éternelles et immuables comme elles sont, je suis obligé d'avouer un être où la vérité est éternellement subsistante et où elle est toujours entendue. » Mais n'est-elle pas aussi dans Leibniz ? « Peut-être, dit-il, que douzaine ou vingtaine (il s'agit des nombres) ne sont que des relations et ne sont constituées que par le rapport à l'entendement. Les unités sont à part et l'entendement les prend ensemble, quelque dispersées qu'elles soient. Cependant, quoique les relations soient de l'entendement, elles ne sont pas sans fondement et réalité, car le premier entendement est l'origine des choses. » Et plus loin : « Les relations ont une réalité dépendante de l'esprit comme les vérités, mais non pas de l'esprit des hommes, puisqu'il y a une suprême intelligence qui les détermine toutes en tout temps (1). »

Ainsi le seul moyen que nous ayons encore trouvé de donner au rapport une réalité durable, c'est de supposer qu'à défaut de la pensée humaine, il se réalise dans une pensée toujours en acte, la Pensée éternelle et universelle, dont la pensée humaine n'est qu'une imparfaite et passagère image.

Mais cette hypothèse résout-elle toutes les difficultés? et ne soulève-t-elle pas elle-même des difficultés nouvelles?

D'abord, dira-t-on, c'est une hypothèse, et il est impossible de la vérifier. Car enfin nous ne pouvons pas sortir de nous-même et nous identifier avec Dieu pour nous assurer si les innombrables rapports impliqués dans les phénomènes, et qui, même pour les plus

---

(1) *Nouveaux Essais*, l. II, ch. xii, § 3, et ch. xxx, § 1. — Cf. ch. xxv, § 1. « Les relations et les ordres ont quelque chose de l'être de raison, quoiqu'ils aient leur fondement dans les choses; car on peut dire que leur réalité, comme celle des vérités éternelles et des possibilités, vient de la suprême raison. »

hautes intelligences humaines, restent à l'état de possibilités ignorées, se réalisent tous dans sa pensée. La seule preuve possible de l'hypothèse, c'est le besoin que nous en croyons avoir pour donner un fondement objectif à nos idées de rapport ; mais l'utilité intellectuelle ou morale d'une hypothèse en a-t-elle jamais prouvé la vérité ?

En outre, si l'on admet la présence de la pensée divine dans tous les phénomènes, il paraît bien difficile d'échapper au panthéisme dans une hypothèse pour laquelle on invoque l'autorité de Leibniz et qui serait, sans doute, mieux placée sous le patronage de Spinoza. Supposer, en effet, que tous les rapports des phénomènes sont actuellement pensés en Dieu, n'est-ce pas supposer que Dieu est immanent à tous les êtres ? Ou plutôt que sont les êtres, sinon des points de vue bornés et relatifs d'une réalité qui se continue et s'achève en dehors et au-dessus d'eux dans l'unité totale de l'intelligence divine ?

Enfin l'hypothèse qui met les rapports en Dieu y met par cela même le changement et l'imperfection. Si le rapport est un mode de la pensée, inséparable des phénomènes, s'il est lui-même un phénomène ou un épiphénomène, il faut donc supposer en Dieu une succession de phénomènes et de pensées toute semblable à celle que nous expérimentons en nous-mêmes. N'introduit-on pas ainsi une contradiction insoluble dans le concept de l'Être divin, et, à vrai dire, ne le détruit-on pas au moment même où on le pose ?

Nous pourrions répondre à la première objection qu'elle confond l'hypothèse métaphysique avec l'hypothèse scientifique, qui seule peut et par conséquent doit être vérifiée positivement ; à la seconde, qu'en fait tous les philosophes qui ont admis une intelligence suprême, et en particulier Leibniz, ont admis son invisible et universelle présence au fond des âmes et des choses. Mais la dernière objection est plus grave et demande à être discutée de plus près.

Elle nous remet en face de la difficulté capitale : « Si le rapport n'est qu'un phénomène, comment peut-il éviter la condition commune des phénomènes ? Comment peut-il être général et constant ? » La perfection de Dieu aussi bien que les lois de la Nature semblent en effet exiger que les rapports ou du moins quelques-uns d'entre eux soient soustraits à la vicissitude universelle. Peut-être cependant la difficulté vient-elle uniquement de ce que nous nous obstinons toujours et pour ainsi dire malgré nous à considérer les phénomènes comme des choses en soi.

Qui dit phénomène dit changement ; qui dit changement dit succession. Transporter les phénomènes en Dieu, c'est donc y transporter le changement et la succession. Mais on oublie que les phénomènes ne se succèdent pas en soi, objectivement : c'est l'intelligence même qui les fait se succéder par le rapport d'exclusion réciproque qu'elle y réalise. Tout changement au fond est purement idéal : il n'est que la pensée même du changement. Par suite, ce que Dieu pense comme changeant change en effet de la seule façon dont le changement soit possible, et ce qu'il pense comme immuable est immuable en effet de la seule façon dont l'immutabilité soit possible (1). Aucun philosophe n'a considéré l'idée du changement comme incompatible avec la perfection divine; mais l'idée du changement, du moins l'idée intuitive, concrète, adéquate, la seule qu'on puisse admettre en Dieu, c'est le changement lui-même, c'est la réalité du changement. Supposez que les phénomènes changent en soi, d'une manière absolue : ou bien Dieu connaît ce changement tel qu'il est par une intuition directe; et alors Dieu participe lui-même au changement; et qui plus est, il le subit au lieu de le produire lui-même; ou Dieu ne connaît pas ce changement tel qu'il est, il n'en a qu'une représentation symbolique; ce qui est changement dans les phénomènes se traduit pour lui en repos, et alors il ne connaît pas véritablement les phénomènes, leur essence objective lui échappe ; elle est pour lui une chose en soi. Trouve-t-on que sa perfection soit ainsi mieux sauvegardée ? Mais, si c'est la Pensée divine qui fait le changement, elle en est par cela même indépendante. De même qu'elle pose la succession et la différence dans les phénomènes, elle y pose aussi la coexistence et l'identité. Les seconds rapports ne sont ni moins intelligibles ni moins réels que les premiers. Nous n'avons donc aucune raison légitime de les y ramener, comme nous le

---

(1) *Dum Deus calculat et cogitationem exercet, fit mundus.* (Leibniz).

faisions pourtant sans nous en douter lorsque, les considérant comme des modes de la pensée, nous croyions par cela seul les soumettre à la nécessité de la succession et du changement.

Mais, si cette solution vaut pour une intelligence universelle, ne vaut-elle pas aussi pour une intelligence individuelle comme la nôtre? En somme, la Pensée divine, telle que nous l'avons supposée, ne diffère qu'en degré et non en nature de la Pensée humaine. Seulement il nous a été plus facile de voir en elle la vraie nature des rapports, comme on lit mieux, dit Platon, une inscription gravée en gros caractères. Or qui nous empêche de dire aussi que ce que nous pensons comme identique est réellement identique, ni plus ni moins que ce que nous pensons comme changeant est réellement changeant?

On dira que la perception d'un rapport d'identité est elle-même un phénomène et que, comme telle, elle diffère d'un moment à l'autre, à mesure que se multiplient et se succèdent les phénomènes auxquels elle se superpose. Comment comprendre l'identité du rapport, alors que la perception, dont il est inséparable, et qui en un sens le constitue, est indéfiniment variable et passagère ?

Mais l'objection prouve seulement que les rapports opposés sont corrélatifs et qu'ils s'impliquent nécessairement les uns les autres dans la pensée et par conséquent dans les phénomènes. Selon le point de vue sous lequel nous considérons un seul et même objet, il nous paraîtra tour à tour comme différent et identique, comme changeant et immuable, comme temporel et éternel. Ainsi, en pensant la loi des phénomènes, nous pensons l'identique, l'immuable, l'éternel; et cependant cette pensée même par laquelle la loi se pose et se réalise dans notre conscience est, à un autre point de vue, un phénomène qui se déroule et s'écoule dans le temps. Si c'est là une contradiction, cette contradiction est la réalité même.

Il est curieux de voir un philosophe tel que Stuart Mill, aux prises avec la même difficulté, avoir recours à une solution analogue à celle que nous venons de proposer nous-même. La question incidemment soulevée entre Spencer et lui à propos d'un point particulier de logique est celle de la nature des *attributs généraux*, c'est-à-dire au fond des lois et des rapports.

« M. Spencer, dit-il, semble croire que, parce que Socrate et Alcibiade ne sont pas le même homme, l'attribut qui les fait hommes ne devrait pas s'appeler le même attribut; que, parce que l'humanité d'un homme et celle d'un autre homme ne se révèlent pas à nos sens par les mêmes sensations individuelles, mais seulement par des sensations exactement semblables, l'humanité doit être considérée comme un attribut différent dans chaque homme différent. Mais, à ce point de vue, l'humanité de chaque homme ne se composerait pas des mêmes attributs en ce moment-ci et une heure après car les sensations qui la manifesteront alors à mes organes ne seront pas une continuation de mes sensations actuelles, mais une simple répétition; ce seront des sensations nouvelles, non identiques, mais seulement tout à fait semblables. Si un concept général, au lieu d'être « l'un dans le multiple », consistait en une suite de concepts différents, comme le sont les choses auxquelles il se rapporte, il n'existerait pas de termes généraux. Un nom n'aurait pas de signification générale si *homme* appliqué à Jean signifiait une chose et en signifiait une autre, bien que tout à fait semblable, appliqué à Guillaume. La signification d'un nom général est un phénomène interne ou externe, consistant en définitive en des sentiments, et ces sentiments, sitôt que leur continuité est interrompue un instant, ne sont plus les mêmes sentiments, ne sont plus des choses individuellement identiques. Qu'est-ce donc que ce quelque chose de commun qui donne un sens au nom général? M. Spencer dira nécessairement : C'est la similitude des sentiments ; et je réponds : L'attribut est précisément cette similitude. Les noms des attributs sont en définitive les noms des ressemblances de nos sentiments. Tout nom général, abstrait ou concret, dénote ou connote une ou plusieurs de ces ressemblances. On ne niera pas probablement, que si cent sensations sont absolument semblables, on devra dire que leur ressemblance est *une* ressemblance, et non qu'elle consiste en cent ressemblances qui se ressemblent l'une à l'autre. Les choses comparées sont multiples, mais ce qui leur est commun à toutes doit être considéré comme unique, de même précisément que le nom est conçu comme un, quoiqu'il corresponde à des sensations de son numériquement différentes chaque fois qu'il est prononcé. Le terme général *homme* ne connote pas les sensations dérivées en une fois d'un homme et qui, évanouies, ne peuvent pas plus revenir que le même éclair ; il connote le type général des sensations constamment dérivées de tous les hommes, et le pouvoir (toujours un) de causer les sensations de ce type (1). »

Ainsi le philosophe anglais, malgré son nominalisme, est conduit à attribuer aux raports généraux des phénomènes une unité et une permanence dont la nature n'est pas, sans doute, suffisamment expliquée et qu'il est peut-être assez difficile de concilier avec l'ensemble de sa doctrine. Cependant il semble bien qu'il mette dans la nature même de la pensée la raison dernière de la généralité des rapports. S'il définit l'attribut « un type général des sensations » et « le pouvoir toujours un de causer les sensations de ce type », nous savons comment il faut interpréter ces définitions faites, au moins en apparence, d'un point de vue objectif ; il a commencé lui-même par le dire, l'attribut est une similitude, et la similitude, bien qu'elle ne soit qu'un concept de l'esprit et qu'elle corresponde à des choses multiples, doit être « considérée comme unique », sans doute parce que l'unité et la multiplicité n'existent pas en soi, mais ne sont telles que par et pour l'esprit en qui seul elles se réalisent.

(1) *Système de logique*, t. I, l. II, ch. II, 2ᵉ par., p. 291, de la trad Peisse.

IV. — Nature des Lois et Conclusion.

La loi est donc un rapport général qui se reproduit indéfiniment dans les phénomènes : par exemple, une loi de causalité physique est un rapport de succession entre deux faits *a* et *b*, qui se vérifie nécessairement d'un bout à l'autre de notre expérience. Mais cette généralité même, en quoi consiste-t-elle, sinon dans l'identité du rapport de succession que l'esprit constate dans un certain nombre de cas et qu'il affirme dans tous les autres, passés, présents et à venir ? La loi est donc bien un rapport de rapport. D'autre part, tout rapport est un mode de la pensée : il ne se réalise, il n'existe que dans une intelligence, et l'intelligence, à son tour, paraît se résoudre en une chaîne souvent interrompue de phénomènes toujours nouveaux. Dès lors, comment comprendre la perpétuité de la loi ?

Nous touchons ici au mystère même de l'Être. Déjà le sujet de la conscience nous a mis en présence de la même difficulté. N'est-il pas lui aussi un et multiple, identique et différent ? Il se multiplie et se diversifie avec chacun des phénomènes, comme s'il n'en était qu'une circonstance accessoire, et cependant il est l'élément commun, le lien organique, l'unité permanente des phénomènes. La loi est, au fond, de même nature que le sujet de la pensée. Ce sujet même, un philosophe contemporain, M. Renouvier, ne l'a-t-il pas considéré comme une loi, la loi de la Personnalité ? Qu'est-il autre chose, en un sens, que le rapport le plus général des phénomènes, la ressemblance qui leur est commune à toutes, celle, à vrai dire, par laquelle ils sont tous des *phénomènes* ? Pour la loi, comme pour le sujet de la conscience, la difficulté est de comprendre comment l'un et l'identique peuvent rester tels, malgré leur indissoluble union avec le multiple et le différent.

Allons plus loin : la condition nécessaire de la connaissance des lois ou des rapports généraux des phénomènes, c'est la conscience de l'identité de la pensée. La *Critique de la raison pure* a bien vu cette profonde vérité lorsqu'elle a placé dans « l'unité synthétique de l'aperception pure » le principe suprême de toute connaissance. En effet, la loi est l'invariabilité d'un rapport qui se retrouve identique au sein des circonstances les plus diverses, aux plus lointains intervalles d'espace et de temps. Mais cette identité de la loi ne peut être connue et, par conséquent, ne peut exister si le sujet de la pensée qui compare et lie entre eux les phénomènes ne se pose lui-même comme identique. Et il ne s'agit plus seulement ici d'une identité continue qui se prolonge, en quelque sorte, sans défaillance d'un anneau à l'autre de la chaîne, mais d'une identité, pour ainsi dire, intermittente, qui se ressaisit cependant et se reconstitue, malgré les interruptions et les lacunes. Kant prétend, il est vrai, qu'autre chose est l'identité de la pensée, autre chose la permanence de la substance ; seule, selon lui, l'expérience externe nous offre dans la matière un objet vraiment substantiel et permanent en contraste avec la fugitive mobilité du sens intime. Mais, tout au contraire, la substance, telle que nous pouvons la connaître au dehors de nous, n'est qu'un concept général, un rapport plus souvent affirmé que perçu, qui présuppose, comme toutes les lois, la conscience de l'identité de la pensée (1).

Telle est l'intime liaison des lois de la nature et du sujet de la conscience qu'on peut indifféremment prendre l'un des deux termes comme la condition nécessaire de l'autre. Si, d'une part, les lois ne se réalisent que dans l'unité du sujet, ne peut-on dire, d'autre part, que l'unité du sujet ne se réalise que par les lois elles-mêmes? Un philosophe contemporain (2) a paru chercher, en effet, dans les deux lois des causes efficientes et des causes finales (dont toutes les lois de la nature ne sont, à ses yeux, que des formes particulières), les conditions organiques de l'unité de la pensée. Une telle méthode peut, croyons-nous, prêter à de fausses interprétations. Elle semble traiter, dès l'abord, les phénomènes comme des choses en soi et faire engendrer la pensée par leurs rapports, alors que les phénomènes et leurs rapports ne se définissent que par la pensée. Mais il ne faut sans doute y voir qu'un simple artifice d'exposition. A tout prendre, c'est là un des aspects de la vérité. La vérité totale, c'est que le sujet et les lois s'impliquent réciproquement. Ce cercle vicieux est la nature même des choses.

(1) V. plus loin, ch. ix.
(2) Lachelier, *Du Fondement de l'induction*.

Quant à la distinction des lois à priori et des lois à postériori des phénomènes, elle a sans doute sa signification et sa valeur au point de vue des sciences positives et de la psychologie de l'intelligence ; mais, du point de vue supérieur de la métaphysique, elle s'évanouit. Toute loi, si on considère sa nature, est nécessairement à priori ; les lois à postériori ne sont que des « spécifications » plus ou moins exactes des lois à priori. Inversement, si l'on considère l'opération par laquelle elle se formule, toute loi est nécessairement à postériori, et les lois à priori ne sont, pour ainsi dire, que des « généralisations » plus ou moins hâtives des lois à priori. Leibniz de même, après avoir, dans sa polémique contre Locke, maintenu la distinction cartésienne des idées qui viennent à l'âme du dehors et de celles qui lui sont innées, n'en est-il pas venu à reconnaître que « toutes nos idées, même celles des choses sensibles, viennent de notre propre fonds? »

En résumé, dans ce difficile problème de la nature des rapports et des lois, le plus obscur sans doute de tous ceux que se pose l'esprit humain, une solution définitive nous échappe encore ; mais peut-être en possédons-nous les éléments nécessaires dans cette conclusion, qui découle, ce semble, de toutes nos analyses : « Les phénomènes ne peuvent être relatifs les uns aux autres, ils ne peuvent être régis par des lois que si on les suppose tous enveloppés dans une même intelligence consciente. »

CHAPITRE SIXIÈME

L'UNITÉ DES PHÉNOMÈNES

I. — Les phénomènes ne sont que des pensées (Leibniz); c'est la conclusion de tout ce qui précède. Mais il vaut la peine de l'établir directement.

Transformation des systèmes métaphysiques, spiritualisme, panthéisme, matérialisme, dans le point de vue phénoméniste. Deux essais de monisme phénoméniste : doctrine de la *métamorphose*, doctrine de l'*identité*.

II. — Exposé de la doctrine de la métamorphose. La transformation des forces. Forces physiques converties en forces vitales, forces vitales en forces mentales.

Critique.

III. — Comment la doctrine de l'identité est impliquée dans le matérialisme. Faveur dont elle jouit chez les contemporains (Taine, Dumont, Soury, Lewes, etc.).

Indétermination de cette doctrine. Trois interprétations possibles.

Panthéistique.

Matérialiste.

Idéaliste.

Cette dernière est la vérité.

IV. — Deux thèses confondues dans la doctrine de l'identité.

1° Il y a identité entre les mouvements moléculaires de nos centres nerveux et nos sensations propres.

Trois objections principales.

2° Il y a identité entre tout mouvement et toute sensation : mouvement et sensation sont corrélatifs.

Deux objections principales.

Solution proposée par Bain. Critique.

Solution proposée par Léon Dumont. Critique.

Conclusion. Tout phénomène est en soi un état subjectif, un état de conscience. Voilà le véritable monisme.

I. — Préliminaires.

« Les phénomènes, a dit Leibniz, ne sont que des pensées (1). » Toutes nos recherches ont abouti jusqu'ici à la confirmation inattendue de cette formule. Ainsi se trouve implicitement résolu le problème de l'unité spécifique des phénomènes : la dualité du monde physique et du monde moral, du mouvement et de la pensée, est apparente : l'univers est vraiment un.

Mais le problème vaut bien qu'on le discute expressément : il a dans la métaphysique du phénomène une importance égale à celle du problème de l'unité de substance dans l'ontologie traditionnelle. Au fond, les deux problèmes sont identiques : le second n'est qu'une transposition du premier. L'hypothèse de la Matière et de l'Esprit fait-elle autre chose que transporter dans la région des substances une dualité qu'on suppose irréductible dans celle des phénomènes, la dualité du mouvement et de la pensée ? Pareillement l'hypothèse panthéistique d'une substance commune de la Matière et de l'Esprit n'implique-t-elle pas l'hypothèse de l'identité fondamentale des deux ordres de phénomènes matériels et spirituels ?

Aussi les différents systèmes de métaphysique, Spiritualisme dualiste, Panthéisme, Matérialisme, reparaissent-ils au sein du Phénoménisme lui-même ; mais ils y sont, pour ainsi dire, abaissés d'un degré. C'est dans les phénomènes et non au-dessus d'eux qu'ils cherchent

(1) *Projet d'une lettre à M. Arnauld*, éd. Janet, p. 637.

dorénavant le secret de l'unité ou de la dualité universelle.

Parmi les doctrines qui s'efforcent de ramener à l'unité les phénomènes en apparence hétérogènes du mouvement et de la pensée, il en est deux qui, souvent confondues, bien que distinctes, semblent se partager la faveur des savants et des philosophes de notre temps. L'une pouvait s'appeler la doctrine de la *métamorphose*, l'autre la doctrine de l'*identité*. Examinons-les tour à tour.

II. — La doctrine de la métamorphose.

La physique moderne a découvert, on le sait, que les différentes forces naturelles, chaleur, électricité, lumière, affinité chimique, peuvent se convertir les unes dans les autres sous certaines conditions données et selon des relations mathématiques. Elle explique cette convertibilité réciproque, cette *équivalence*, pour parler comme les plus récents théoriciens, en considérant toutes ces forces comme autant de modes du mouvement, et leurs transformations qualitatives comme de simples transformations quantitatives du mouvement qui le constitue. La loi qui régit tous ces changements est la persistance de la force. Toutes les fois qu'une certaine somme de forces naturelles semble disparaître du champ de notre observation, c'est qu'elle est absorbée par sa transformation en quelque autre espèce de force. Inversement, si un phénomène nouveau vient à se produire, c'est qu'il se dépense à cet effet une certaine somme de forces naturelles préexistantes, lesquelles cessent seulement d'exister sous leurs formes primitives. Mais, il ne faut pas l'oublier, l'explication fondamentale de tous ces faits réside dans la transformation des mouvements.

Or, chez les êtres vivants, nous trouvons à la fois une disparition apparente de forces et une production de faits nouveaux. Par exemple, une certaine quantité de la chaleur, de l'électricité, de la force chimique contenues dans les aliments et dans l'air semblent disparaître : d'autre part se produisent des faits d'assimilation, de secrétion, de contraction musculaire, d'innervation, etc. Nous avons, ce semble, le droit de conclure que tous ces faits résultent de la transformation des forces disparues et absorbées.

Mais ne pouvons-nous étendre cette conclusion à d'autres faits qui se passent aussi chez les vivants, du moins chez les animaux et chez nous-mêmes, tels que les sensations, émotions, désirs, jugements, actes d'attention et de volonté ? Ici encore ne voyons-nous pas des forces qui disparaissent ou dont l'emploi demeure caché, les impressions de lumière, de son, de chaleur, que le cerveau reçoit du dehors, et toutes les énergies que lui apporte incessamment le sang qui le baigne ? Ces forces ne doivent-elles pas être absorbées, au moins en grande partie, par la production des phénomènes de conscience, dont l'apparition coïncide avec leur disparition ou passage à l'état latent ?

Mais, si ces forces sont des modes du mouvement, les

phénomènes de conscience dans lesquels ils se transforment ne peuvent être que des modes du mouvement ; et, par conséquent, quelque incompréhensible qu'une telle transformation puisse nous paraître, nous devons admettre que tous les phénomènes de l'univers, sans en excepter les phénomènes de conscience, sont des mouvements susceptibles de se transformer les uns dans les autres.

Que faut-il penser de cette doctrine ?

Tout d'abord, même en supposant possible la transformation des forces physiques ou nerveuses en forces mentales, on peut trouver insuffisantes les preuves du fait de la transformation. Les phénomènes qui se produisent dans le cerveau concurremment avec les états de conscience sont assez nombreux et assez intenses pour épuiser à la rigueur toutes les forces disponibles dans cet organe ; et, comme ils sont du même ordre que ces forces, tandis que les états de conscience semblent appartenir à un ordre tout différent, peut-être est-on autorisé à les considérer, jusqu'à preuve du contraire, comme absorbant en effet la totalité des forces disponibles. La question demeure donc indécise.

Ce qu'il faudrait prouver, c'est qu'au moment où commence dans la conscience un phénomène de l'ordre mental, une certaine quantité de force physique ou nerveuse devient immédiatement latente, et que cette disparition dure aussi longtemps que le phénomène. Dans cette hypothèse, on essaierait en vain de retrouver la force sous sa forme primitive de chaleur, lumière, électricité, influx nerveux, etc. : si l'on ne savait, d'autre part qu'elle s'est transformée en sensation ou en volition, on serait tenté de la croire anéantie. Elle doit, il est vrai, ressortir de la conscience à bref intervalle sous quelqu'une de ses formes habituelles; mais, en attendant, elle est complètement absente du champ de l'expérience sensible. Si l'état de conscience dure un certain temps, la somme de force que le cerveau dégage pendant ce temps doit être inférieure à celle qu'il absorbe. L'entrée et la sortie du courant ne sont pas rigoureusement égales : une déperdition se fait quelque part. Cette déperdition représente la quantité de force dépensée à la production des faits de conscience.

Mais il faudrait aller plus loin encore et rechercher quelle est la quantité précise de force absorbée par un état de conscience : on aurait ainsi l'*équivalent mécanique de la pensée*. Nécessairement on devrait trouver une proportion mathématique entre l'intensité des états de conscience et les quantités de force absorbées.

Est-il besoin de dire que toutes ces expériences n'ont pas été faites et qu'il est douteux qu'elles puissent jamais l'être ? Elles ne seraient probantes qu'à la condition d'être absolument rigoureuses et précises ; car la complication des phénomènes qui se produisent simultanément dans un cerveau permettrait toujours d'objecter à des résultats simplement approximatifs que la part de force attribuée à la conscience est en réalité employée à produire des changements nerveux ou physiques trop profonds ou trop lents pour être immédiatement accessibles à l'observation des sens.

On sait, en effet, que les forces naturelles peuvent, même dans le monde inorganique, éprouver des disparitions plus ou moins durables ; elles ne sont pas anéanties, elles sont transformées ; mais, dans ce nouvel état, elles se dérobent à toute investigation immédiate. Elles ne redeviendront visibles que lorsqu'elles se transformeront de nouveau en sens inverse : alors seulement on pourra constater que, même pendant leur absence apparente, elles continuaient d'exister avec leur quantité primitive. De même, s'il se produit quelque phénomène nouveau dans notre expérience, nous ne devons pas y voir le simple résultat de la transformation de forces déjà agissantes ; celles-ci ne jouent, le plus souvent, que le rôle d'excitants ; elles ne font que mettre en liberté d'autres forces depuis longtemps peut-être latentes.

Donc, quand des forces naturelles disparaîtraient dans le cerveau, il resterait à savoir où elles passent : si c'est dans la conscience ou dans les molécules cérébrales, et si elles se dépensent à produire instantanément des sensations, jugements, volitions, etc., ou à maintenir plus ou moins longtemps certains états d'équilibre dans les parties les plus intimes des centres nerveux. Pareillement, il ne suffirait pas de remarquer une coïncidence entre la fin d'un état de conscience et le commencement d'une manifestation de forces nouvelles ; il faudrait encore savoir si ces forces sortent bien de la conscience où elles viendraient de se transformer en sentiments et en pensées, ou si elles ne sortent pas plutôt du cerveau lui-même où elles se trouvaient déjà emmagasinées longtemps avant la production de tel ou tel état de conscience.

Cependant il serait téméraire d'affirmer que toutes ces difficultés ne seront jamais levées par la science. L'avenir découvrira peut-être des procédés d'investigation que nous ne supçonnons pas; et les savants, accoutumés à mettre en œuvre les ressources infinies de l'expérience et du calcul, simplifieront ces problèmes qui paraissent aux incompétents si compliqués. Eût-on jamais pu prétendre à analyser la constitution physique et chimique des astres les plus lointains? De même que l'astronomie peut lire maintenant à livre ouvert dans les profondeurs des cieux, peut-être un jour la physiologie lira-t-elle aussi dans les plus secrets replis du cerveau humain.

Supposons donc la science enfin parvenue à ce terme. Le cerveau est devenu de verre pour les yeux du physiologiste. On assiste, pour ainsi dire, aux phénomènes les plus reculés et les plus fugitifs de sa vie intime; ils ne sont pas seulement observés, mais mesurés avec la plus subtile précision. Pas un atome, pas un mouvement dont on ne se rende exactement compte. Dans ces conditions, je suppose qu'en effet la disparition d'une certaine quantité de forces coïncide avec l'apparition d'un état de conscience. Sera-t-on autorisé à conclure que les forces se sont transformées en cet état?

Ce qui permet à la science de considérer les différentes forces naturelles comme indéfiniment convertibles et équivalentes entre elles, ce n'est pas seulement le fait de leur succession constante et de leur génération réciproque (ce fait pourrait s'interpréter autrement, par exemple en supposant que les forces, quoique hétérogènes, dépendent les unes des autres dans leurs manifestations), ni les relations quantitatives qui les unissent (les mêmes lois qui règlent la succession des forces pourraient en même temps régler leurs proportions respectives). Le véritable instrument d'unification des sciences de la nature, c'est l'hypothèse cartésienne développée par le calcul, confirmée par l'expérience, qui ramène toutes ces forces à autant de modes du mouvement et qui explique leur hétérogénéité apparente par la diversité des sensations qu'elles produisent en nous.

A ce point de vue, la transformation n'est plus une simple métaphore, une façon commode et abrégée de se représenter les faits ; c'est l'expression d'une vérité objective. Les forces, à proprement parler, ne se transforment pas les unes dans les autres. Si elles existaient réellement à titre d'entités qualitativement distinctes, le mot de transformation n'aurait plus aucun sens intelligible. A moins d'une substitution de forces créées à des forces anéanties, l'esprit serait impuissant à entendre comment des phénomènes d'espèces dissemblables peuvent se succéder objectivement. La métamorphose des forces serait proprement une magie, et la persistance d'une même force à travers toutes leurs variations, persistance purement idéale, ne consisterait qu'en rapports.

C'est à peu près ainsi qu'on peut dire de la monnaie qu'elle se transforme en marchandises et qu'elle conserve toujours la même valeur. Mais ce ne sont pas les forces, ce sont les mouvements qui se transforment. La transformation ne fait donc nullement passer les phénomènes d'un genre dans un autre ; elle s'opère dans les limites d'un seul et même genre. Les éléments quantitatifs des mouvements changent, il est vrai ; mais enfin, ce sont toujours des mouvements ; et dans ces changements mêmes, certains éléments ne changent pas.

La même interprétation serait-elle possible si des disparitions de forces ou de mouvements dans le cerveau coïncidaient avec l'apparition de faits de conscience ? Il ne nous le semble pas. Nous retrouverions ici ce mystère des transformations que la théorie mécaniste a supprimé partout ailleurs ; mais cette fois il faudrait l'admettre dans toute son incompréhensibilité.

Comment comprendre en effet que des mouvements d'atomes deviennent tout à coup des états internes de sensation et de pensée, et que, tout en devenant tels, ils ne cessent pas cependant d'être des mouvements et de conserver invariables certains rapports de leurs éléments essentiels ? Dans les conversions réciproques de l'électricité, de la chaleur, de la lumière, etc., les éléments essentiels des mouvements, masse, vitesse, etc., persistent objectivement, et la science les retrouve toujours. Mais où trouver dans le prétendu mouvement transformé en état de conscience ces rapports de masse et de vitesse qui sont, pour ainsi dire, les marques indélébiles de son identité ? La conversion d'une force naturelle en un état de conscience serait donc bien le passage d'un genre dans un genre différent. Or, si l'on conçoit la nécessité, pour des mouvements déjà existant sous certaines formes, de transformer dans des conditions données leur distribution et leurs vitesses respectives, on ne conçoit point pour eux la nécessité de s'anéantir tout à coup et de céder la place à des états radicalement hétérogènes, ou, si on aime mieux, de devenir instantanément autre chose que des mouvements, c'est-à-dire des faits de conscience. On ne peut plus dire ici que la différence qualitative des états de conscience et de forces naturelles vient de notre manière de voir : car ces états de conscience, c'est précisément « notre manière de voir », et c'est elle qu'il faut expliquer.

Donc, dans l'hypothèse de la métamorphose, la science s'achopperait finalement à ce mystère : la chaîne des mouvements objectifs brusquement interrompue dans les cerveaux vivants par de plus ou moins larges lacunes ; la fuite d'une certaine quantité de mouvements hors du monde de l'espace dans le monde de la conscience ; un passage alternatif, et qui durerait aussi longtemps que la vie, des actions nerveuses dans la sphère de la pensée et des pensées dans la sphère de l'action nerveuse. L'unité du monde physique serait brisée ; et, bien qu'en fin de compte, après la disparition de tous les êtres sentants, l'univers matériel dût se retrouver avec son total de forces intact, il n'en serait pas moins actuellement partagé en deux zones hétérogènes ; et l'unité fondamentale des forces n'aurait plus qu'un sens symbolique et idéal.

La doctrine de la métamorphose laisse sans solution le problème de l'unité des phénomènes. Voyons si la doctrine de l'identité le résoudra.

III. — Exposé de la doctrine de l'identité.

Quelque nouveauté qu'elle affecte, cette doctrine paraît aussi ancienne que le matérialisme, dont elle est le postulat nécessaire. N'est-ce pas, en effet, une nécessité logique pour le matérialisme d'affirmer que ce qui nous semble pensée, désir, sensation, fait de conscience, est, en soi et au fond, un pur phénomène de mouvement ?

De nos jours, on a vu MM. Taine, Dumont, Ribot, Wundt, Lewes, Spencer, etc., soutenir avec plus ou moins d'assurance que la pensée et le mouvement sont un seul et même fait et que toute la différence qui les distingue est une différence de point de vue ou de rapport.

Ainsi Taine, dans son livre de l'*Intelligence*, après avoir reconnu (t. I, ch. II, p. 353) l'hétérogénéité absolue de la sensation et du mouvement moléculaire des centres nerveux, suppose (1) que, « si nous ne pouvons concevoir les deux événements que comme irréductibles l'un à l'autre, cela tient à la manière dont nous les concevons et non aux qualités qu'ils ont. » — « Leur

---

(1) *Loc. cit.*, p. 356.

incompatibilité, dit-il, est *peut-être* apparente, non réelle : elle vient de nous, non pas d'eux. » Il pose même cette règle générale : il suffit qu'un même fait nous soit connu par deux voies différentes pour que nous concevions à sa place deux faits différents. Tel est, dit-il, le cas pour les objets que nous connaissons par les sens, par exemple pour les perceptions du toucher et celles de la vue.

Continuant son analyse (1), il trouve que l'idée d'une sensation et l'idée d'un mouvement moléculaire des centres nerveux entrent en nous par des voies non seulement différentes, mais contraires. La première vient du dedans sans intermédiaires, la seconde vient du dehors par plusieurs intermédiaires. Il conclut donc que l'opposition foncière des deux procédés de formation suffit à expliquer l'irréductibilité mutuelle des deux représentations. « Un même et unique événement connu par ces deux voies paraîtra double, et, quel que soit le lien que l'expérience établisse entre ces deux apparences, on ne pourra jamais les convertir l'une dans l'autre. Selon que sa représentation viendra du dehors ou du dedans, il apparaîtra toujours comme un dehors ou comme un dedans, sans que jamais nous puissions faire rentrer le dehors dans le dedans ni le dedans dans le dehors. »

Néanmoins, dans les lignes qui suivent, l'auteur est moins affirmatif, et, quelques pages plus loin, il avoue que le prétendu événement physique n'est qu'un accom-

---

(1) *Loc. cit.*, p. 358.

pagnement conditionnel de l'événement moral, le signe par lequel celui-ci se manifeste à une conscience étrangère (1). « Il se peut donc, dit-il, que la sensation et le mouvement intestin des centres nerveux ne soient, au fond, qu'un même et unique événement, condamné par les deux façons dont il est connu à paraître toujours et irrémédiablement double. » Puis, distinguant le point de vue de la perception extérieure et celui de la conscience, il en vient à dire : « L'on comprend maintenant pourquoi, étant un, il nous paraît forcément double ; le signe et l'événement signifié sont deux choses qui ne peuvent pas plus se confondre que se séparer ; et leur distinction est aussi nécessaire que leur liaison. Mais, dans cette liaison et dans cette distinction, tout l'avantage est pour l'événement moral ; *lui seul existe ;* l'événement physique n'est que la façon dont il affecte ou pourrait affecter nos sens. Le monde physique se réduit donc à un système de signes, et il ne reste plus, pour le construire et le concevoir en lui-même, que les matériaux du monde moral. »

Pourtant, dans la seconde partie de l'ouvrage, la prépondérance semble revenir à l'événement physique. « Le mouvement le plus simple, tel que nous l'attribuons à un point mobile, serait précisément, dit-il, la série la plus simple de ces événements moraux élémentaires, dont nous avons vu les formes dégradées se prolonger, en se dégradant davantage encore, sous les événements moraux composés, sensations et images dont nous avons

(1) *Loc. cit.*, p. 360.

conscience : les sensations et les images ne seraient alors que des cas plus compliqués du mouvement (1). »

Cette doctrine, que nous venons de voir proposée si timidement par Taine comme une hypothèse à examiner, dont les contours mêmes ne sont pas encore très nettement arrêtés, est devenue chez d'autres philosophes une vérité désormais acquise à la science, un dogme absolument démontré, que les esprits imbus de préjugés antiscientifiques peuvent seuls se hasarder à mettre en doute.

Ainsi, aux yeux de M. Léon Dumont, c'est un des principes de la philosophie nouvelle que la sensation est la face subjective du mouvement. « Sensations, plaisirs, douleurs, ne sont, dit-il, que des mouvements vus d'un certain côté. Le plaisir et la douleur sont des faces subjectives de la composition et de la séparation des forces. » Pour lui, le subjectif n'est que l'objectif retourné, comme aussi l'objectif n'est que le subjectif vu d'un autre côté.

« Aucune des présomptions contre l'identité de la sensation et du mouvement, dit Léon Dumont, n'a de valeur scientifique ou philosophique, parce que toutes sont uniquement fondées sur des habitudes de pensée, sur de simples attestations du sens commun ; tandis que toutes les analyses philosophiques ou scientifiques tendent à éveiller chez le philosophe et le savant une présomption beaucoup plus forte, peut-être même une certitude en faveur de la doctrine opposée (2). »

---

(1) *L'Intelligence*, t. II, p. 65, note.
(2) *Revue philosophique*, VI, p. 615.

De même, d'après M. J. Soury, on commence à ne plus voir dans le mouvement nerveux et la pensée qu'un seul et même fait envisagé sous deux faces différentes, au point de vue objectif et au point de vue subjectif, explication, dit-il, qui simplifie très fort le problème, si elle ne le résout pas encore (1).

Enfin, d'après Lewes, « la philosophie moderne *a montré* que la plus profonde des distinctions, celle du Sujet et de l'Objet ou de la Matière et de l'Esprit, n'exige pas une opposition correspondante dans les substrata, mais simplement la distinction logique des aspects, de sorte qu'un seul et même groupe de phénomènes peut objectivement s'exprimer en termes de matière et de mouvement et subjectivement en termes d'états de conscience. « Ce que l'on appelle, dit-il, le processus matériel est simplement l'aspect objectif du processus mental subjectif. » Ces distinctions artificielles qu'implique nécessairement le langage ne doivent être prises que pour ce qu'elles valent. Elles ne touchent en rien à la réalité des phénomènes, qu'ils soient des changements du senti, quand ils sont vus objectivement, ou bien des changements de ce qui sent, quand ils sont vus subjectivement.

On est vraiment étonné de toutes les confusions d'idées et de mots qui se cachent sous ces assertions parfois si tranchantes. Mais l'étonnement grandit encore lorsqu'on voit les partisans d'une telle doctrine croire de bonne foi qu'ils ne s'écartent en rien des principes

(1) *Revue philosophique*, V, p. 458.

d'une philosophie positive, et que leur théorie peut s'accorder avec celle de Stuart Mill, dont elle leur semble le développement nécessaire. C'est, en effet, la grande illusion de notre siècle, que de s'imaginer qu'il pourra concilier des conclusions matérialistes, auxquelles il tient par un reste de vieux préjugés scientifiques, avec des prémisses dorénavant incontestées d'où l'idéalisme seul peut sortir. Là est la raison de toutes ces doctrines de compromis, qui sont, au fond, nous espérons le montrer, des doctrines de contradiction.

D'abord, telle est l'indétermination de l'hypothèse qu'on nous propose, qu'elle est susceptible de trois interprétations différentes, entre lesquelles ses partisans flottent, sans le savoir, et qui sont cependant exclusives les unes des autres.

1° La sensation et le mouvement sont les deux faces, subjective et objective, d'un seul et même phénomène qui, pris en soi, n'est ni mouvement ni sensation, dont la nature intime nous est et nous sera toujours inconnue, mais qui revêt nécessairement pour nous l'une ou l'autre de ces deux formes, selon que nous le percevons par la conscience ou par les sens. Sensation et mouvement sont donc deux traductions en deux langues à notre usage d'un texte unique mais illisible pour nous. Ainsi interprétée, l'hypothèse de l'*identité bilatérale* des phénomènes est, pourrait-on dire, le substitut phénoméniste du panthéisme métaphysique. Qu'est-ce, en effet, que ce phénomène « en soi » dont la sensation et le mouvement sont les deux aspects inséparables, sinon l'équivalent de la « substance » dont la pensée et l'étendue sont les deux attributs parallèles ?

2° Tout phénomène, pris en soi, est un mouvement : c'est là sa nature intrinsèque, indépendamment de tout rapport avec notre faculté de sentir ou de penser : quand nous le percevons ou le concevons ainsi, nous le connaissons tel qu'il est. C'est en ce sens que le mouvement peut et doit être dit *objectif*, c'est-à-dire réel en soi ; mais, quand il nous apparaît subjectivement, dans la conscience, il prend, pour ainsi dire, le masque de la sensation. La sensation est donc l'autre face du mouvement, la face qu'il tourne, en quelque sorte, de notre côté, et que la conscience éclaire de sa lumière ; mais la perception extérieure et la science nous révèlent la face opposée. Nous pouvons comprendre alors que la face lumineuse n'est pas autre, au fond, que la face obscure et qu'elle lui devient totalement identique aussitôt qu'elle cesse d'apparaître dans notre conscience. Ainsi interprétée, l'hypothèse est le substitut phénoméniste du matérialisme métaphysique.

3° Tout phénomène, pris en soi, est une sensation, une pensée : qu'il soit ou non connu d'une intelligence étrangère, il lui suffit, pour être, de s'apparaître à lui-même ; et, en tant qu'il s'apparaît, il est une représentation, un état de conscience. Quand le phénomène se produit en nous, nous le connaissons directement tel qu'il est : quand il se produit dans un autre être, c'est-à-dire dans une autre conscience, nous n'en pouvons avoir qu'une connaissance médiate et symbolique : il est alors représenté en nous par le mouvement, mais le mouvement lui-même n'est et ne peut être qu'une de nos sensations. A ce point de vue, il peut sans doute être commode en certains cas de considérer le mouvement comme une face de la sensation ou la sensation et le mouvement comme un seul phénomène à double face. Mais on ne peut plus voir dans ces expressions que des métaphores ; et l'exacte vérité, c'est qu'il n'existe qu'une seule sorte de phénomène : la sensation, ou, d'une manière plus générale, le phénomène de conscience. Ainsi interprétée, l'hypothèse est le substitut phénoméniste de l'idéalisme ou du spiritualisme métaphysique, et telle est, à notre avis, la seule interprétation intelligible, la seule qui assure l'unité des phénomènes, la seule enfin qui soit vraie.

IV. — Critique de la doctrine de l'identité.

Ces distinctions faites, examinons de plus près la doctrine de l'identité.

Nous y démêlerons deux thèses, le plus souvent confondues, dont l'une appartient, ce semble, à la psychophysique, et l'autre à la métaphysique ou philosophie générale, celle-ci dérivant de celle-là par une généralisation portée à ses dernières limites.

D'après la première, il y a identité entre les mouvements moléculaires de nos centres nerveux et nos sensations propres ; d'après la seconde, cette identité subsiste d'un bout à l'autre du monde entre tous les mouvements, quels qu'ils soient, et des sensations correspondantes.

La première thèse est celle à laquelle l'auteur de l'*Intelligence* semble d'abord s'être arrêté.

On peut lui faire trois objections principales. Tout d'abord, d'où peut venir, chez certains mouvements, les mouvements nerveux, cette face additionnelle et subjective de la conscience ? Si l'on suppose que tout mouvements hors de nous est unilatéral, comment devient-il bilatéral en nous, par cela seul qu'il se produit dans notre cerveau ?

Cela vient, dira-t-on, de ce que les mouvements nerveux sont vus du dedans, au lieu d'être vus du dehors. D'où vient alors qu'il y ait pour ces phénomènes un dedans et un dehors, tandis que cette dualité d'aspects n'existe pas pour les autres ? On répond à la question par la question même.

En second lieu, « nous ne pouvons concevoir, dit Taine, les deux événements (c'est-à-dire la sensation et le mouvement) que comme irréductibles ; cela tient à la manière dont nous les concevons et non aux qualités qu'ils ont ; leur incompatibilité est apparente; elle vient de nous et non pas d'eux. »

Pour qu'une telle explication fût admissible, il faudrait supposer qu'il y a au monde autre chose que les événements et leurs qualités constitutives; il faudrait supposer que *nous*, avec nos différentes *manières de concevoir*, nous sommes quelque chose de distinct des événements et de leurs qualités, capable de les modifier diversement par nos divers moyens de connaissance. Mais, s'il n'y a rien de réel que les phénomènes, comment leur incompatibilité pourrait-elle venir de nous, qui ne sommes que les phénomènes eux-mêmes? Non, en vérité, si les deux événements nous paraissent irréductibles, c'est en raison de leurs qualités intrinsèques, l'une, la sensation, étant un état intensif, l'autre, le mouvement, une série extensive de changements de situation.

En fait, les deux événements nous sont connus de la même manière, car il n'y a qu'une manière de connaître, au sens propre du terme : l'intuition immédiate de la conscience, soit que nous percevions purement et simplement la sensation telle qu'elle est, soit que nous la rapportions à nous-même comme notre état propre, soit que nous la rapportions à un objet comme son effet.

La théorie repose tout entière sur la distinction des points de vue de la *conscience* et de la *perception extérieure*. Mais cette distinction est artificielle, inexacte : elle appartient à une psychologie surannée, dont les philosophes empiriques et associationnistes ont été les plus grands adversaires, à la psychologie de Reid, de Jouffroy et de Cousin.

C'est Jouffroy qui a cru pouvoir opposer radicalement la conscience et la perception extérieure, l'une regardant au dehors, l'autre au dedans. Mais, en réalité, la prétendue perception extérieure n'est elle-même qu'un mode de la conscience : elle ne peut donc pas s'opposer à la conscience, comme une espèce s'oppose à une autre espèce, car elle y rentre comme dans son genre.

Considérez-vous simplement des phénomènes intérieurs, c'est la *conscience;* considérez-vous le rapport de ces phénomènes avec des phénomènes extérieurs supposés qu'ils représenteraient en nous, c'est la *perception extérieure*. Il ne faut donc pas dire que le même phénomène peut paraître différent, selon qu'il est connu par la perception extérieure ou la conscience, attendu que la perception extérieure ne peut connaître aucun phénomène en dehors de la conscience.

Il suffit, dit-on, qu'un même fait nous soit connu par deux voies différentes pour que nous concevions à sa place deux faits différents. — Rien de plus faux que cette prétendue règle générale. C'est l'erreur du vulgaire qui, ne s'apercevant pas que l'esprit humain n'a jamais affaire qu'à ses propres perceptions, ne distingue pas les unes des autres les différentes représentations d'un même fait objectif ou supposé tel, comme si toutes ces représentations ne constituaient pas dans la réalité autant de faits différents les uns des autres et différents aussi du fait objectif qu'ils sont censés représenter. Cette confusion est antiphilosophique au premier chef.

« Un aveugle-né qu'on venait d'opérer demeura assez longtemps avant de pouvoir mettre d'accord les perceptions de la vue et celles du toucher. Avant l'opération, il se représentait une tasse de porcelaine comme froide, polie, capable de donner à sa main telle sensation de résistance, de poids et de forme; lorsque pour la première fois elle frappe sa vue et lui donne la sensation d'une tache blanche, il conçoit la chose blanche et lustrée comme autre que la chose résistante, froide et polie (1). »

Et l'aveugle-né a parfaitement raison ; les deux choses *sont* différentes. Les opérations subséquentes n'ont nullement pour effet de les identifier, mais de les associer. Que si l'esprit finit par les identifier, c'est là une erreur que la science désavoue et que la psychologie explique. Sans doute, le vulgaire croit que la chose qu'il voit et la chose qu'il touche sont une seule et même chose : en réalité, ce sont deux choses différentes, distinctes, qui coïncident ordinairement, mais dont l'une peut exister sans l'autre, dont chacune a ses dimensions, ses qualités, ses conditions propres. Il est absolument impossible que deux faits différents soient un seul et même fait ; bien plus, il est absolument impossible qu'ils soient produits par une seule et même cause, à moins d'admettre que cette cause agit pour chacun d'eux dans des conditions différentes ; ce qui revient à admettre qu'ils sont produits par des causes différentes ; car, d'après les principes de la philosophie positive, cause et conditions, c'est tout un ; et, si les conditions diffèrent, la cause diffère aussi, quoiqu'elle maintienne une certaine identité dans les différences. Par conséquent, supposer que c'est le même fait qui est connu de deux manières différentes, n'est-ce pas ou supposer ce qui est en question, ou faire appel aux préjugés de l'intelligence vulgaire ?

(1) *L'Intelligence*, t. I, p. 356.

Pareillement, c'est abuser des ambiguïtés du langage figuré que de parler « des voies non seulement différentes, mais contraires par lesquelles entrent en nous les idées de sensation et de mouvement nerveux, l'un venant du dedans, l'autre du dehors ». Il ne peut y avoir, dans une telle doctrine, ni dedans ni dehors, et tous les faits doivent entrer en nous par la même voie, la voie de la sensation. Pour mieux dire, il faut laisser là ces termes métaphoriques qui personnifient les faits et les font entrer dans l'esprit ou en sortir comme si chacun d'eux était un petit être distinct et permanent, alors qu'il n'est qu'un changement saisi au passage par la conscience. Les faits, ce sont les sensations elles-mêmes ; tous, sans exception, sont connus par la conscience. Si nous en considérons quelques-uns comme représentatifs de phénomènes ou d'êtres extérieurs, gardons-nous d'en conclure qu'ils nous soient connus autrement que par la conscience et nous viennent, non du dedans, comme les autres, mais du dehors.

Enfin, ces mouvements nerveux, ces phénomènes connus par la perception, qui soi-disant constituent l'autre face, la face objective des sensations subjectivement connues par la conscience, quels sont-ils ? Si ce sont les modifications visibles du cerveau, telles que nous pourrions à la rigueur les observer dans une tête humaine, si les parois du crâne devenaient transparentes, on peut bien dire en effet qu'elles sont objets de perception (encore cette perception est-elle simplement possible et conditionnelle) ; mais, alors, ces prétendus phénomènes objectifs ne sont plus que les sensations ou les états d'une conscience étrangère à la nôtre, à savoir celle du physiologiste qui serait censé les percevoir. Si ce sont les vibrations atomiques des cellules cérébrales, on sera peut-être conséquent avec soi-même en les supposant objectives ; mais, outre que leur objectivité n'est nullement certaine (1), ce ne sont point là des objets de perception : nous ne les percevons pas, nous ne pouvons pas les percevoir. Elles sont seulement représentées en nous au moyen de l'imagination, de l'abstraction et du langage.

Ainsi la sensation consciente qui s'ajoute au mouvement dans les centres nerveux demeure une énigme inexpliquée, et la doctrine des deux faces ne tient aucune de ses promesses.

Mais peut-être suffit-il d'universaliser l'hypothèse pour la soustraire aux objections qui a pressent. L'identité du mouvement nerveux et de la sensation en nous suppose et prouve sans doute l'identité de la sensation et du mouvement d'un bout à l'autre de la nature.

Posons donc l'hypothèse dans toute sa généralité : toute sensation a pour face corrélative un mouvement ; tout mouvement a pour face corrélative une sensation.

Quelles sont, demanderons-nous, les sensations qui correspondent aux mouvements extérieurs, marche des astres, chute des corps, phénomènes physiques et chi-

(1) Voir plus haut, ch. III, p. 106.

miques de toutes sortes ? Ces sensations mêmes, où les met-on ?

Nous les attribuer est difficile : nous n'en avons aucune conscience. Dira-t-on, avec Stuart Mill, que nous *pourrions* du moins en avoir conscience ? Mais alors cette prétendue face inséparable du mouvement n'est qu'une possibilité, et une possibilité éventuelle. Sous une forme compliquée et prétentieuse, on dit au fond cette chose si simple qu'elle en est presque insignifiante : « Partout où se produit dans l'univers un mouvement, phénomène objectif, il pourrait y avoir en même temps une sensation, phénomène subjectif, à savoir la sensation même de ce mouvement, s'il se trouvait là un sujet, homme ou animal, qui remplît les conditions nécessaires, organiques ou autres, de la sensation. » Bien plus, si l'on veut rester d'accord avec Stuart Mill, on devra dire que le prétendu mouvement lui-même n'est rien de plus que la possibilité conditionnelle de cette sensation. Dès lors, il ne reste plus de phénomène objectif pour constituer l'autre face : il ne reste qu'une seule face, un phénomène subjectif possible sous certaines conditions. C'est en ce sens qu'on peut dire, d'après Stuart Mill : l'objet n'est qu'une face du sujet ; les possibilités de sensation ne sont que des capacités de sentir. — Mais, dans cette hypothèse, la réalité n'est pas également distribuée entre les deux pôles, le sujet et l'objet, conçus comme inséparables : elle est tout entière concentrée au pôle du sujet. Le sujet, l'esprit, selon le mot significatif de Stuart Mill que nous avons déjà cité, (1) est au point de vue philosophique la seule réalité dont nous ayons quelque preuve. Il est par conséquent impossible d'admettre que réciproquement le sujet soit une face de l'objet, ce mot objet ne désignant plus que certaines capacités du sujet, très étendues et très complexes, il est vrai, mais purement conditionnelles et virtuelles.

Le seul moyen de garantir le parallélisme universel de la sensation et du mouvement, c'est de placer dans des sujets élémentaires les sensations corrélatives aux mouvements extérieurs. Dans cette hypothèse, partout où quelque chose se meut, quelque chose sent ce mouvement. A défaut des consciences humaines ou animales, tout mouvement a sa propre conscience dans laquelle il s'apparaît sous forme de sensation. — Spinoza nous présente une conception analogue : « Chaque idée a son idéat, chaque idéat a son idée. L'ordre et la connexion des idées sont les mêmes que l'ordre et la connexion des choses. » Seulement dans *l'Éthique*, la pensée et le mouvement, l'idée et l'idéat s'identifient dans l'unité de la substance ; la substance est, en quelque sorte, le moyen terme qui les rapproche et les confond. Ici il s'agit de deux faits qu'on juxtapose en un seul ; mais où trouver, sans sortir de l'hypothèse même, le principe de leur prétendue identité ?

On a beau dire en effet que sentir et se mouvoir, c'est un seul et même phénomène. L'intelligence se révolte : elle se refuse à comprendre comment ce qui est différent

---

(1) Voir plus haut, ch. II, p. 73.

pourrait être le même. Sentir, c'est avoir conscience d'un état qualitativement défini ; se mouvoir, c'est occuper successivement une série continue de positions dans l'espace. Aussi Descartes répondait-il justement à Hobbes qui proposait une hypothèse équivalente à celle-ci : « De la même façon et avec une aussi juste raison qu'il conclut que l'esprit est un mouvement, il pourrait aussi conclure que la terre est le ciel ou telle autre chose qui lui plaira (1) ».

Il ne sert de rien de dire que la sensation est une face et le mouvement une autre face, face subjective, face objective. Ces expressions figurées, ces métaphores, n'ôtent rien à l'hétérogénéité radicale de la sensation et du mouvement. Les mots mêmes de *subjectif* et d'*objectif* n'ont plus ici aucun sens : on en revient toujours à dire qu'il y a deux faces qu'on distingue l'une de l'autre et que cependant on identifie l'une à l'autre. Mais on a beau faire : on ne montre pas l'identité, on la suppose, on l'affirme malgré la contradiction.

Vous oubliez, dira-t-on, le sens très précis des mots *subjectif* et *objectif*. Subjectif, cela veut dire immédiatement connu dans la conscience ; objectif, connu par l'intermédiaire des sens ou de la perception extérieure. — Vous oubliez vous-mêmes, répondrons-nous, qu'il ne s'agit plus ici de la façon dont nous pouvons connaître les phénomènes ; il s'agit des phénomènes eux-mêmes, abstraction faite de nous, de notre conscience et de nos sens. Votre doctrine suppose que partout où il y a un

(1) Descartes, *Troisièmes Objections*, § 24.

mouvement, ce mouvement est une face d'un phénomène dont l'autre face est une sensation ou un état de conscience. Or, à ce point de vue, subjectif et objectif n'ont plus aucun sens, ou ils sont simplement synonymes de physique et mental, de matériel et spirituel ; et il reste toujours cette énormité que deux choses totalement différentes ne sont cependant qu'une même et unique chose. Dites que ce sont deux faits différents, mais qu'ils sont inséparables : vous échappez ainsi à la contradiction, mais vous renoncez par cela même à réduire tous les phénomènes à l'unité. Votre doctrine n'est plus le monisme, mais le dualisme phénoméniste.

En outre, si on peut concevoir qu'il y ait des états de conscience élémentaires en dehors de notre conscience, des consciences des autres hommes ou des animaux, peut-on concevoir également l'existence objective de mouvements sans rapport avec une conscience et même avec une conscience presque aussi compliquée que la nôtre ? Nous l'avons déjà fait voir (1) : le mouvement ne peut exister que comme représentation dans une conscience, sous la condition de sensations spéciales (tactiles et musculaires) et de l'intuition de l'espace. Comment dès lors comprendre des mouvements réellement objectifs ? Il semble que cette hypothèse même soit un non-sens. — Veut-on dire que tout mouvement est l'état d'un sujet qui se représente à lui-même, dans l'enceinte de sa conscience, les changements de position des groupes de sensations qu'elle contient, l'assertion a sans

(1) Voir plus haut, ch. III, p. 115.

doute un sens ; mais alors le mouvement n'existe pas en dehors de la conscience, et il n'en est pas l'*autre* face. Il est d'ailleurs bien difficile d'admettre, en l'absence de toute preuve, que les sujets inconnus des phénomènes extérieurs aient avec nous, êtres organisés et sentants, une ressemblance aussi parfaite que cette hypothèse l'exige.

Nous revenons donc toujours à la même conclusion : l'état de conscience existe seul, et le prétendu mouvement qui en est, dit-on, l'autre face n'est lui-même qu'un état de conscience hypothétique, conditionnel, assujetti, selon toute probabilité, à des conditions beaucoup plus nombreuses et plus difficiles à réaliser que l'état de conscience qu'il est censé accompagner.

Admettons cependant que toute sensation implique la représentation d'un mouvement ; que tout mouvement implique la possibilité d'une sensation : faut-il voir là un *phénomène à double face* ?

Autant dire qu'une page de musique couverte de portées et de notes imprimées, et les sons d'instruments et de voix qu'elle représente ; qu'une suite de signes télégraphiques, et la dépêche qui y correspond, constituent un seul phénomène ou une seule réalité à double face. Sans doute, on peut, si on le veut, appeler la partition et la mélodie « faces inséparables d'un phénomène unique » et même distinguer ces deux faces par deux noms arbitrairement choisis, tels que subjectif et objectif, ou interne et externe, ou intellectuel et sensible ; mais ce n'en sont pas moins là des métaphores. — La vérité, c'est que lorsqu'il y a une partition, il *peut* toujours y avoir une mélodie, pourvu qu'il y ait un instrument, un artiste, un auditeur, etc. Sans ces conditions, la mélodie demeure une face simplement possible et fictive de la partition. Réciproquement, lorsqu'il y a une mélodie, il *peut* toujours y avoir une partition, pourvu qu'il y ait un musicien capable de noter l'air et d'en écrire la notation. Faute de quoi la partition demeure une face possible et fictive de la mélodie. — Mais n'est-ce pas vraiment abuser du langage figuré que de ne voir là-dedans qu'un seul phénomène à double face? A moins de réduire de parti pris la question à une logomachie en vidant de tout sens précis le mot phénomène, ou de n'admettre à priori qu'un seul phénomène réel, à savoir l'existence continue et indéfinie de la totalité des choses, tout le monde avouera qu'on a bien affaire ici à deux phénomènes, corrélatifs sans doute, mais différents et distincts.

Trouverons-nous une réponse à ces objections dans la comparaison favorite des partisans de la double face, la comparaison du *concave* et du *convexe*?

Un critique anglais, qui loue Bain d'avoir défini l'âme et le corps « une seule substance avec deux groupes de propriétés, l'un physique, l'autre mental, une unité à double face », lui reproche de n'avoir pas eu constamment cette image devant les yeux et d'avoir dit que le même être est alternativement sujet et objet (1). « Une surface courbe n'est pas d'abord con-

---

(1) Alexander Main, *Revue philosophique*, p. 421.

vexe et ensuite concave ou vice versa ; elle est toujours l'un et l'autre à la fois ; autrement elle est inconcevable. » — « Un être humain est une seule substance avec deux côtés inséparables, placés pour toujours face à face, aussi indissolublement, aussi constamment liés que les deux côtés du verre d'une montre. » Déjà Cabanis et Broussais avaient dit que le moral est l'*envers* du physique. Voyons ce que vaut la comparaison.

Si on veut lui faire signifier que le sujet et l'objet sont inséparables dans l'unité de la conscience, et qu'ainsi l'ensemble des modes par lesquels nous nous représentons notre organisme et le monde extérieur est indissolublement lié à ce que nous nommons plus particulièrement nos états internes, nos sentiments, nos idées, notre vie personnelle, la comparaison s'entend à la rigueur. Encore n'est-il pas très exact d'appeler *faces* deux parties d'une même réalité, inséparables, il est vrai, mais distinctes et qui ne sont pas nécessairement en proportion l'une de l'autre. En tout cas, il ne s'agit dans cette interprétation que de deux modes homogènes au fond, bien que constamment opposés, l'un et l'autre contenus dans la conscience. L'objet dont on parle ici, ce n'est pas le monde extérieur réel, objectif, avec sa structure et ses mouvements moléculaires ou atomiques ; c'est le monde extérieur apparent, subjectif, constitué dans la conscience par les sensations. Or ce qu'il faudrait prouver, c'est que le monde extérieur à notre conscience et le contenu de notre conscience sont une seule et même réalité sous deux faces, la convexité et la concavité d'une même courbe.

Admettons qu'en effet la même existence puisse être à la fois sensation et mouvement. En quel sens la comparaison est-elle applicable ?

Convexe, concave ; envers, endroit : expressions empruntées à l'ordre de l'étendue et de ses propriétés. Elles désignent des rapports qui tiennent à la nature propre de l'Espace. L'Espace est-il une condition objective de l'existence des atomes et de leurs mouvements, ou n'est-il qu'une condition subjective de nos sensations musculaires, tactiles et visuelles ? Sans prendre parti dans la question, remarquons seulement que l'Espace est, par essence, une totalité indivise et continue de parties, qui se supposent toutes les unes les autres, et qu'une telle unité d'ensemble paraît bien difficile à concevoir en dehors d'une sensibilité (au sens kantien du mot) ou d'une conscience. Quoi qu'il en soit, on ne peut déterminer actuellement certaines parties de l'espace, en traçant une droite, une courbe, une figure quelconque, sans que ces parties déterminées continuent d'être nécessairement inséparables de toutes les autres. En un mot, les limites quelconques qu'on imagine dans l'espace laissent subsister les étendues adjacentes, intervalles qu'elles contiennent, milieux où elles sont contenues. Il s'ensuit que dans toute figure on peut distinguer la limite, l'espace intérieur, l'espace extérieur, et néanmoins ces trois choses inséparables, continues, n'en feront qu'une, la figure elle-même, et, en vertu du rapport qui les lie, on dira que l'espace intérieur est une face de la limite, et l'espace extérieur une autre face.

De là les conséquences suivantes :

1° Les deux faces dites opposées appartiennent au même ordre, l'ordre de l'Espace, et elles ne peuvent être connues et représentées dans leur relation réciproque qu'à la condition d'être embrassées en même temps d'un seul regard ou d'une seule pensée.

2° Elles sont l'une et l'autre relatives à une limite qui les distingue et les sépare et qui n'est cependant ni l'une ni l'autre, étant leur commune génératrice.

3° Elles ne forment un tout réel avec cette limite que si on les considère toutes les trois ensemble comme constituant l'unité d'une figure dans l'espace.

4° Enfin leur solidarité semble tenir aux propriétés de l'Espace antérieures à toute limitation, et qui sont la continuité, l'indivision, l'homogénéité essentielles.

Aucune de ces conditions ne s'applique, ce semble, à la sensation et au mouvement.

La sensation et le mouvement n'appartiennent pas au même ordre d'existence. Le mouvement, tel du moins que le définissent ceux qui croient à sa réalité objective, se produit dans l'espace, hors de toute conscience ; c'est l'état d'un ou de plusieurs points qui changent continuellement de situation en s'approchant ou s'éloignant les uns des autres. La sensation ne se produit pas dans l'espace, ou elle se produit dans un espace intérieur à la conscience qui n'est nullement celui où se produisent, par hypothèse, les mouvements objectifs. Elle est en tout cas un état relativement stable, ayant sa qualité propre, sa quantité intensive: on ne peut la délimiter exactement à des dimensions géométriques ni l'exprimer en lignes, surfaces, volumes, etc., autrement que d'une façon indirecte et toute métaphorique.

D'ailleurs, c'est un des caractères de l'Espace, qui tient sans doute à son homogénéité et à son indivision essentielles, de ne point admettre l'existence d'une autre face qui lui serait corrélative sans être contenue en lui et commensurable avec lui. Impossible d'entendre comment l'Espace avec les mouvements qu'il contient pourrait être une face, et les sensations, solitaires ou associées dans la conscience, l'autre face, si les sensations ne sont pas elles-mêmes localement situées et étendues dans l'espace. Mais alors il n'y a plus deux faces, il n'y en a qu'une, la face géométrique et mécanique : l'existence propre et les caractères distinctifs des sensations se trouvent par là même supprimés ; ce qui contredi l'expérience.

Bain a bien vu cette difficulté : « Tout en affirmant l'union de la manière la plus formelle, nous devons cependant la dépouiller de ce qui lui est invinciblement associé, l'unité de lieu, » mais il n'a pas vu que l'union, comme il l'entend, exige nécessairement un lieu: C'est ce que son critique lui objecte. « Que peut signifier l'unité de l'âme et du corps sans l'Espace ? Si ces deux facteurs sont inséparables, si l'on admet que l'un des facteurs réclame de l'espace, l'unité résultant de la combinaison ne doit-elle pas occuper de l'espace ? L'union indissoluble de deux choses dont l'une est supposée matérielle peut-elle un seul instant être acceptée comme autre chose qu'une unité de lieu ? Ame-corps, corps-âme : n'est-ce point là l'unité ? et peut-on concevoir l'existence de cette unité autrement que dans l'espace ? » Mais à son tour le critique ne voit pas que, si les deux facteurs sont unis dans l'espace, l'un ne se distingue plus de l'autre ; car il n'est plus, comme lui, qu'un système de mouvements. En fait, je ne puis concevoir par aucun moyen comment cette existence si complexe et si changeante que j'appelle moi-même pourrait, avec l'ensemble des faits de conscience qu'elle enveloppe, être unie localement à telles et telles molécules cérébrales occupant ou parcourant des situations précises dans l'espace. En admettant qu'au moment même où j'éprouve une émotion, certains mouvements se produisent en correspondance dans le sang que contiennent les centres nerveux, je ne vois pas comment ces deux phénomènes, mon émotion et les mouvements, pourraient occuper ou parcourir en même temps le même lieu. Autant dire que les mouvements seuls sont réels et que mon émotion n'existe à aucun titre.

Maintenant, si l'on prétend que nous avons conscience d'un rapport de coexistence entre nos états internes d'une part et notre corps ou le monde extérieur, *tels que nous les percevons*, d'autre part, rapport vague, il est vrai, et qui n'a rien de mathématique, on a raison sans doute ; mais c'est notre corps et le monde extérieur qui se trouvent alors absorbés dans notre conscience, et c'est notre conscience qui est le lieu de l'union entre nous et ce qui nous représente autre chose que nous. Il ne faut plus parler de matière, d'espace, de mouvements *objectifs*; il faut se résigner à professer l'Idéalisme subjectif le plus absolu.

Ainsi l'Espace et la Conscience ne peuvent se mettre en contact : dès qu'on veut les faire coïncider, nécessairement l'un absorbe et supprime l'autre.

En second lieu, quelle est, dans la sensation et le mouvement, la limite qui engendre le subjectif et l'objectif, comme la courbe engendre sa convexité et sa concavité propres ? Ce qu'il faut expliquer, c'est justement cette dualité : or on se contente de juxtaposer et d'identifier les deux termes malgré leur opposition essentielle et leur exclusion réciproque. Dira-t-on que la limite, c'est le *point de vue* où nous nous plaçons pour considérer le phénomène et qui peut être pris soit au dedans soit au dehors ? C'est dire que notre conscience est la limite même, qu'elle est le point d'intersection du subjectif et de l'objectif, qu'elle les distingue et les unit tou tensemble dans son propre sein ; mais par là même c'est faire rentrer l'objectif dans le subjectif, le corps dans l'âme, le mouvement dans la pensée.

Enfin, est-il bien légitime d'arguer des rapports de termes contenus dans la conscience, tels que les figures géométriques, aux rapports de la conscience elle-même avec un terme extérieur et hypothétique ?

La comparaison du concave et du convexe n'est donc

nullement faite pour éclaircir les rapports de la pensée et du mouvement ; dans cette prétendue analogie, les différences l'emportent sur les ressemblances. La psychologie et la métaphysique ont tout intérêt à répudier cette incorrecte métaphore.

On reconnaîtra peut-être dans le passage suivant d'un philosophe contemporain un effort plus sérieux pour distinguer et définir les deux faces prétendues *objective* et *subjective* de tout phénomène.

« Ce qui est subjectivement conscience ou sensation est objectivement matière ou mouvement. Un phénomène qui est pour lui-même sensation est mouvement pour un autre phénomène. Un phénomène ne peut sentir que lui-même ; les phénomènes avec lesquels il est en relation ne peuvent lui apparaître que comme causes de modification de sa sensation, et encore faut-il supposer qu'il est capable de connaissance ; or ce que nous concevons comme cause de modification de la conscience est connu de nous comme matière et mouvement, alors même que cette cause aurait conscience d'elle-même comme sensation (1). »

Mais si tout phénomène est, en soi et pour soi, sensation, état de conscience, ce n'est pas là sa face interne, subjective ; c'est sa nature, sa réalité essentielle. Sans doute, il est ou *peut* être représenté dans un autre phénomène : ainsi, d'après Leibniz, chaque état interne d'une monade est représenté en d'autres monades sous forme de perceptions plus ou moins incomplètes et con-

(1) Léon Dumont, *Revue philosophique*, XI, p. 462.

fuses. Encore est-il bien malaisé de comprendre comment un phénomène qui a déjà son contenu propre, étant une sensation, peut contenir en outre la représentation d'un autre phénomène, à moins de lui attribuer une nature aussi complexe que celle des êtres ou substances de la vieille métaphysique, que celle des monades mêmes de Leibniz. En outre, la condition nécessaire pour qu'un phénomène soit représenté dans un autre, c'est que celui-ci soit *capable de connaissance ;* mais cette condition est-elle donc toujours et nécessairement remplie ? Que devient, quand elle ne l'est pas, le mouvement, face objective de la sensation ? Faut-il supposer qu'avant l'apparition de l'homme la sensation existait seule et que la matière et le mouvement sont des créations tardives de l'intelligence ? On nous dit que le mode de représentation d'un phénomène dans un autre phénomène est une fonction de la matière et du mouvement. Mais quoi ? si la matière et le mouvement sont des représentations d'un phénomène étranger, ne sont-ils pas eux-mêmes, en tant qu'ils appartiennent au phénomène qui se les représente, des sensations, des états de conscience ?

Laissons donc là toute cette terminologie qui ne peut avoir d'autre effet que de défigurer les vrais rapports des choses. Disons simplement ce que Leibniz avait déjà dit en d'autres termes : « Tout phénomène est en soi et relativement à l'être auquel il appartient un état de conscience, un état subjectif, de même nature que nos sensations. En outre, tout phénomène appartenant à un être peut être représenté ou *exprimé* dans un autre être par des phénomènes corrélatifs dont la forme la plus générale est le mouvement, à la condition toutefois que la conscience qui se représente ainsi sous forme de mouvements des phénomènes étrangers ait atteint un degré suffisant de complexité et de perfection. » Voilà, dégagée de toute métaphore, la seule conclusion possible en cette question. Taine a paru la pressentir, quand il reconnaissait que l'événement physique n'est pas réellement une face corrélative de l'événement moral dans un événement neutre inconnu ; avouant « que l'événement moral seul existe ; que l'événement physique n'est que la façon dont il affecte ou *pourrait* affecter nos sens ; et que, pour concevoir et construire en lui-même le monde physique, il ne reste plus que les matériaux du monde moral. » Ici, plus de trace du dualisme : la face physique est, pour ainsi dire, rentrée dans la face morale. Les seuls événements réels dans l'univers sont les événements moraux : les mouvements sont de simples extraits de nos sensations au moyen desquels nous nous représentons les événements moraux des séries distinctes de la nôtre. Ce n'est plus là une sorte de panthéisme bilatéral, comme celui de Spinoza ou de Schelling : c'est le spiritualisme ou l'idéalisme unilatéral de Berkeley et de Leibniz. Toute autre hypothèse renverse l'unité des phénomènes en prétendant la fonder. Identifier la pensée et le mouvement dans un phénomène inconnu est une gageure désespérée ; c'est avouer que tout ce que nous savons des phénomènes nous les montre doubles, mais qu'il nous plaît de supposer en eux une incompréhensible unité. D'autre part, faire de la pensée une face du mouvement, c'est bigarrer par endroits le mécanisme universel d'une inexplicable doublure. Le seul monisme véritable, c'est de ramener le mouvement à la pensée.

CHAPITRE SEPTIÈME

LE PASSAGE DU PHÉNOMÈNE A LA SUBSTANCE

I. — Conclusions de la critique de l'idée du phénomène :
   1º Rejet du noumène ;
   2º Le phénomène et l'être sont inséparables.
   2º Le phénomène et l'être n'existent que dans la pensée.
   Nécessité d'une contre-épreuve : la critique de l'idée de substance.
II.—Quand l'intelligence commence à réfléchir, elle se trouve en présence non de phénomènes, mais d'objets.
   Comment s'est faite cette transformation des phénomènes en substances?
   Division des solutions possibles d'après le double point de vue de la valeur et de l'origine de la notion de substance.
   1º *Idéalisme empirique.* Cette notion ne répond à rien au delà des phénomènes, et elle est à posteriori.
   2º *Idéalisme rationaliste.* Elle ne répond à rien au delà des phénomènes, mais elle est à priori.
   3º *Réalisme rationaliste.* Elle est à priori et correspond à une réalité distincte des phénomènes.
   4º *Réalisme empirique.* La substance est une réalité distincte des phénomènes, dont nous avons une connaissance expérimentale.

I. — Les conclusions de l'étude du Phénomène.

Nous pouvons maintenant jeter un coup d'œil en arrière et embrasser d'une seule vue les résultats que l'analyse du phénomène nous a successivement découverts.

Tout d'abord, il nous a sans doute paru possible de concevoir une existence entièrement étrangère au phénomène, telle que le Noumène de Kant ou l'Inconnaissable de Spencer ; mais, loin d'être impliquée dans la notion du phénomène comme sa condition nécessaire, cette conception en est la négation même. Aucune loi, à posteriori ni à priori, ne nous oblige ni ne nous autorise à faire dépendre le phénomène d'une telle existence transcendante. Non seulement nous n'avons et ne pouvons avoir aucune preuve de sa réalité ; mais la notion que nous nous en faisons est essentiellement indéterminée et négative, et, si nous essayons de la déterminer positivement, nous nous contredisons nécessairement nous-mêmes ; car toutes les déterminations que nous en affirmons sont relatives au phénomène, seul objet de connaissance possible. Il ne faut donc pas concevoir la réalité comme partagée entre les deux pôles opposés du Phénomène et du Noumène : elle est tout entière à l'un des deux pôles : loin que l'autre cache une réalité supérieure, il ne représente à la pensée que la négation possible du réel.

Toutefois, si l'existence phénoménale est pour nous l'unique type de la réalité, c'est à la condition de la bien voir telle qu'elle est. Poser chaque phénomène à part de tout autre comme une individualité distincte et indépendante, c'est en faire une abstraction. Tout phénomène nous est donné en relation avec d'autres phénomènes : inséparables les uns des autres, ils constituent tous ensemble une unité complexe et continue, dans laquelle notre pensée seule les distingue. A ce point de vue, le phénomène n'est qu'un des deux aspects sous lesquels nous envisageons toute existence : l'aspect de la différence, de la succession et de la multiplicité ; mais, par cela même, il implique l'aspect corrélatif, celui de l'identité, de la permanence et de l'unité. Qu'on donne, si l'on veut, à ce second aspect le nom de l'Être : il sera vrai de dire alors que le Phénomène ne peut exister sans l'Être ; mais il ne sera pas moins vrai de dire que l'Être ne peut exister sans le Phénomène. L'Être n'est pas en dehors des phénomènes ; il leur est intérieur et consubstantiel : il est le Phénomène lui-même dans son unité indivise et continue en même temps qu'indéfiniment différenciée.

C'est qu'à vrai dire ni l'Être ni le Phénomène n'existent en soi : l'un et l'autre n'existent que dans la Pensée ; ce sont les deux aspects sous lesquels la Pensée s'envisage elle-même. Aucun phénomène ne nous est connu que dans la conscience : il n'est pour nous qu'autant qu'il nous apparaît. Nous pouvons sans contredit concevoir d'autres phénomènes que les nôtres propres ; mais, si ce sont des phénomènes, ils doivent, comme les nôtres, appartenir à quelque conscience ; ils ne sont en soi qu'autant qu'ils s'apparaissent à eux-mêmes. Pareillement, tout rapport nous est donné dans une opération synthétique de la pensée : il est identique à cette synthèse. Dès lors, si on peut supposer des rapports indépendants de notre pensée, on ne peut, sans contradiction, supposer des rapports indépendants de toute pensée en général. Que toute conscience s'éteigne, et la réalité tout entière s'évanouit, sans même laisser après elle l'ombre insaisissable du Possible.

Ainsi peuvent se résumer, croyons-nous, les conclusions d'une impartiale analyse du Phénomène. Mais, si ces conclusions sont exactes, il s'ensuit que qui voudra tout expliquer par le phénomène le pourra, à la condition de restituer, d'une façon ou d'une autre, dans le phénomène lui-même le rapport nécessaire qu'il soutient avec l'unité de l'Être ou de la Pensée. Ce qui fait la force et la vérité des doctrines substantialistes dans leur lutte contre un phénoménisme abstrait, c'est qu'elles ont le sentiment profond de l'unité intérieure et organique des choses : mais cette unité, elles la cherchent en dehors des phénomènes, dans une réalité étrangère à la pensée : par là, elles se condamnent d'avance à ne jamais la trouver. D'autre part, cette sorte d'atomisme phénoméniste qui prétend résoudre toute existence en une poussière de phénomènes sans lien ne s'aperçoit pas que la réalité échappe à ses explications abstraites : pour mieux dire, il est lui-même contraint d'introduire subrepticement et sous d'autres noms dans ses synthèses les éléments et les principes qu'il s'imaginait avoir à jamais détruits par ses analyses.

Toutefois, notre étude du Phénomène et les conclusions qui la résument paraîtront nécessairement incertaines tant qu'elles n'auront pas trouvé en quelque sorte leur complément et leur vérification dans une théorie de la Substance. Il nous faut donc aborder maintenant ce difficile problème, examiner les diverses solutions qu'il a reçues ailleurs, et les confronter tour à tour avec celle qui se déduit de notre conception du Phénomène. Seule, cette contre-épreuve, si elle réussit, nous assurera de la solidité de nos conclusions.

II. — La contre-épreuve de la théorie du Phénomène.

Quand l'intelligence humaine commence à réfléchir sur ses propres opérations, elle se trouve dès l'abord en présence, non des Phénomènes, mais des Objets. Ce qu'elle croit percevoir dans le monde extérieur, ce ne sont pas des couleurs et des résistances, ce sont des corps colorés et résistants ; ce qu'elle croit percevoir au dedans d'elle-même, ce ne sont pas des sensations et des pensées, c'est un esprit sentant et pensant. Par une secrète transformation dont elle est à la fois l'auteur et la dupe, les phénomènes se sont changés pour elle en substances. Comment cette transformation s'est-elle faite ? Quelle illusion s'y cache, ou quelle vérité ? Double question que tout système métaphysique doit au moins essayer de résoudre. Cette obligation n'incombe pas seulement au phénoménisme. Même ceux qui admettent la réalité des substances reconnaissent que nous ne les percevons pas directement : nos sens ne nous font connaître que des phénomènes ; d'où vient alors que nous croyions percevoir des objets ? Quand nous percevrions directement une substance, la nôtre, ainsi que certains métaphysiciens l'ont prétendu, il resterait encore à expliquer et à justifier la généralisation de l'idée de substance et son extension aux phénomènes du monde extérieur.

Toutes les solutions qu'il est possible d'imaginer au double problème de la valeur et de l'origine de la notion de substance se laissent ramener à quatre thèses fondamentales ; et la comparaison historique des systèmes confirme à postériori cette classification théorique.

1° La notion de substance répond-elle à quelque réalité distincte des phénomènes, ou se réduit-elle aux rapports qui lient les phénomènes entre eux ? La question même implique la possibilité de deux réponses opposées qui se contredisent l'une l'autre ; car l'une affirme et l'autre nie la réalité objective de la substance.

2° D'autre part, si l'on considère non plus la valeur, mais l'origine de la notion de substance, une nouvelle alternative se pose : ou cette notion dérive tout entière de l'expérience, ou elle est une loi à priori de la pensée.

Appelons pour fixer les idées Réalisme et Idéalisme de la substance les deux premières thèses, Empirisme et Rationalisme de la substance les deux dernières : en les combinant deux à deux, nous obtiendrons les quatre solutions possibles du problème de la substance.

1° *Idéalisme empirique.* — La notion de substance ne répond à aucune réalité distincte des phénomènes ; elle se réduit aux rapports qui lient les phénomènes entre eux ; ces rappprts mêmes, l'esprit ne peut les connaître qu'à posteriori. Telle est la doctrine soutenue par l'école anglaise et par les philosophes français contemporains qu'on pourrait appeler, au sens large du mot, positivistes.

2° *Idéalisme rationaliste.* — La notion de substance n'a pas d'objet qui lui corresponde en dehors des phénomènes : elle n'est au fond qu'un rapport ; mais ce rapport, l'esprit l'impose à priori aux phénomènes : il est dans toute expérience parce que la pensée même l'y met nécessairement. Il est facile de reconnaître ici la doctrine de Kant et du criticisme en général.

3° *Réalisme rationaliste.* — L'expérience, qui n'atteint que les phénomènes, ne peut être l'origine de la notion de substance. L'esprit seul en est la source. Mais cette notion ne se réduit pas au rapport des phénomènes entre eux : elle correspond à une réalité distincte des phénomènes. C'est là, croyons-nous, la doctrine de l'école éclectique contemporaine.

4° *Réalisme empirique.* — La substance est une réalité distincte des phénomènes : nous n'en avons pas seulement une notion abstraite, nous en avons une intuition immédiate et positive ; nous la connaissons par expérience. Cette doctrine, qui se rapproche singulièrement de celle de Maine de Biran sur la *cause*, a été professée de nos jours par cette partie de l'école spiritualiste qui, à l'exemple de M. Ravaisson, s'est détachée du spiritualisme éclectique.

Examinons successivement ces quatre thèses, en commençant par celle de l'idéalisme empirique.

CHAPITRE HUITIÈME

LA SUBSTANCE D'APRÈS L'IDÉALISME EMPIRIQUE

I. — Exposé. Un objet n'est qu'une collection de phénomènes. Commencée par la perception et la mémoire, l'unification des phénomènes s'achève par le jugement et le langage. Premier stade étudié par Mill ; second stade étudié par Taine.

Analyse de la proposition. Rôle du mot sujet. Comment le groupe de phénomènes acquiert les trois caractères de la substance : indépendance, unité, permanence.

Racine première de l'illusion : le sophisme *fallacia compositionis*.

Extension de l'idée de substance : la Matière, le Moi.

II. — Critique. 1° Objection générale. L'argumentation paraît être une *ignoratio elenchi*. La substance est distincte, mais non séparable de ses attributs.

2° La Matière.

L'objet extérieur ne se réduit pas pour nous à l'ensemble de nos sensations.

C'est, dit Stuart Mill, la possibilité permanente de ces sensations. Critique.

3° L'Esprit.

Le Moi est un tout naturel ; l'existence du tout précède sa division. Critique.

Le Moi est une série de phénomènes. Critique.

Le Moi est une série *distincte* de phénomènes. Critique.

Conclusion : La notion de substance est la notion d'unité, mais la seule unité réelle est celle de la conscience.

I. — Exposé de l'Idéalisme empirique.

Un objet extérieur agissant sur nos sens n'est qu'une collection de phénomènes qui s'accompagnent toujours les uns les autres dans notre expérience : comme les phénomènes qui le composent se présentent ensemble à nos sens, l'association des idées nous les rappelle ensemble. L'objet est leur somme, leur unité. Ainsi commencée par la perception et la mémoire, l'unification des phénomènes s'achève par le langage et le jugement. L'école anglaise, avec Stuart Mill, a surtout analysé le premier stade de l'opération, et cette analyse est trop connue pour qu'on y insiste; l'école française, avec Taine, a comeplété la théori par l'analyse du second.

Le groupe des phénomènes qui constitue l'objet est désigné dans le discours par un seul mot : c'est ce mot, unité verbale, qui, grâce au rôle qu'il joue dans les propositions, finit par se transformer pour l'esprit en unité réelle, l'unité de la prétendue substance.

Dans toute proposition affirmative, le sujet est le nom d'un objet, c'est-à-dire d'un groupe de phénomènes ; l'attribut est le nom d'un des phénomènes compris dans le groupe ou, comme on dit vulgairement, d'un état, d'une propriété de l'objet. L'office de la copule est de marquer que le phénomène qui est l'attribut est une partie intégrante du groupe total de phénomènes qui est le sujet.

Or, si l'on extrait successivement du groupe des phénomènes pris pour sujet chacun des phénomènes qui en font partie, on aura ainsi une série de propositions dans lesquelles le sujet restera identique, l'attribut variant de l'une à l'autre. En outre, dans chacune d'elles on trouvera le sujet tout entier ; d'autre part, une portion du sujet. D'où cette conclusion, que le sujet est indépendant de tous les attributs *pris un à un* et qu'il est plus réel que chacun d'eux *pris à part.* Mais nous ne tardons guère à perdre de vue ces restrictions : nous en venons à considérer le sujet comme indépendant de tous ses attributs; nous y voyons une réalité d'un ordre différent et supérieur. Nous oublions qu'il n'est que leur somme et que, s'il contient plus de réalité que chacun d'eux pris à part, il ne peut cependant en contenir plus que tous pris ensemble. Si nous pouvons en éliminer successivement chaque attribut, c'est parce qu'à chaque fois nous y faisons rentrer tacitement tous les autres ; mais, comme l'attribut éliminé est seul l'objet d'une pensée distincte, les autres étant obscurément conçus, nous nous imaginons que, puisque chaque attribut peut être éliminé du sujet sans que le sujet cesse d'être, le sujet est par lui-même quelque chose de distinct et d'indépendant des attributs, capable de subsister en leur absence.

Indépendance, unité, permanence, tels sont les trois caractères de la substance. On vient de voir comment l'objet extérieur les acquiert. L'idée du groupe des phénomènes étant nécessairement antérieure dans notre esprit au phénomène particulier que nous en séparons, le sujet est donc antérieur à ses attributs; de même, cette idée survivant à l'élimination successive de chaque phénomène, le sujet peut donc survivre à ses attributs. En second lieu, cette idée est toujours la même, les fragments que nous en tirons toujours différents : donc le sujet est un et se distingue par son unité de ses multiples attributs. Mais, ce qui met en quelque sorte la dernière main à la notion de substance, c'est que l'expérience même élimine sous nos yeux quelques-uns des phénomènes du groupe total. Non seulement nous pouvons penser le sujet en l'absence de tel ou tel de ses attributs ; mais encore nous pouvons le percevoir. Les attributs changent et se succèdent, il demeure invariable. Sans doute, quelques-uns de ses composants ne se séparent jamais de lui, sinon dans notre pensée ; aussi sont-ils considérés par nous comme intermédiaires entre les attributs-phénomènes et le sujet-substance : nous les appelons *propriétés*, *facultés*, et leur ensemble devient lui-même une nouvelle entité métaphysique sous les noms de nature, essence, forme substantielle, etc.

Enfin il peut arriver que dans un groupe de phénomènes une partie du groupe s'évanouisse et soit remplacée par une autre, et que des substitutions successives fassent ainsi disparaître au bout d'un certain temps tous les phénomènes primitifs ; c'est le cas du gâteau de cire des *Méditations* de Descartes. Néanmoins, comme les changements ont été continus et que tous les phénomènes ont plus ou moins médiatement coexisté, nous trouvons là une nouvelle occasion d'appliquer la notion de substance. La Substance devient alors un je ne sais quoi absolument indéterminé qui coexiste avec tous les phénomènes successifs et qui leur sert de support.

La racine première de l'illusion est dans ce sophisme qu'on appelait au moyen âge *fallacia compositionis* et que la logique de Port-Royal appelle le ***passage du sens*** *divisé au sens composé.* De ce que le sujet n'est égalé par aucun de ses attributs, on conclut qu'il n'est pas égalé par tous. Il n'est pas tel attribut ni tel autre : donc il est distinct des attributs. Il l'est sans doute des attributs pris *distributivement*, mais non *collectivement* ; de chacun, mais non de tous. Le moyen de prévenir le sophisme, c'est de penser toujours distinctement aux phénomènes du groupe. Dès qu'on dit « A, B, C, pris à part, sont chacun distincts de A B C, donc A B C est distinct de A, B, C, pris ensemble, » le sophisme éclate aux yeux (1).

Une fois la notion de substance ainsi formée, l'entendement la transporte partout où l'expérience lui montre des groupes distincts de phénomènes. Il conçoit d'abord chaque objet extérieur comme une substance individuelle ; puis, quand il a reconnu la similitude et la continuité universelle des phénomènes de la nature, il ne voit plus dans tous ces objets que des modes d'une seule et même substance, la Matière. L'idée de l'Esprit ou du Moi n'a ni une autre origine ni une autre valeur.

« Le Moi est une métaphore littéraire. L'esprit agissant est un polypier d'images mutuellement dépendantes. » — « Nos événements constituent notre être ; nous ne sommes que leur trame continue. Dire je goûte, je souffre, je me souviens, c'est affirmer que la sensation de saveur, la souffrance, le souvenir, sont des éléments,

---

(1) Cf. dans Taine (les *Philosophes classiques du XIXe siècle* ; l'*Intelligence*) le célèbre exemple de la *planche*.

des fragments, des extraits du sujet, inclus en lui comme une portion dans un tout. » Le moi n'est rien en dehors de la série de ses états successifs. Comment donc nous paraît-il avoir une réalité propre ? Ou, ce qui revient au même, comment l'idée du moi se dégage-t-elle de l'idée de la série ? C'est que tous les phénomènes de la série ont un caractère commun : ils nous apparaissent comme *intérieurs*. Ce caractère, extrait par l'analyse, noté par le langage, puis transformé par une illusion métaphysique en un dedans stable, extérieur et supérieur à la série, voilà toute l'étoffe de l'idée du Moi.

II. — Critique de l'Idéalisme empirique.

Peut-être les partisans de la réalité des substances auraient-ils le droit d'objecter à toute cette argumentation le sophisme de l'*ignoratio elenchi*. — Vous raisonnez, pourraient-ils dire à leurs adversaires, comme si nous entendions par substance un être *indépendant* de ses phénomènes, non seulement distinct, mais *séparable* de leur groupe ou de leur série. Si quelques-uns l'ont entendu ainsi, c'est leur affaire ; mais admettre la réalité du Moi, par exemple, est-ce nécessairement en faire une sorte d'absolu sans rapport avec ses états ? Ne peut-on, tout en lui rattachant ses manifestations, l'en distinguer ? Vous démontrez l'absurdité d'une substance en soi, complètement vide de toute manière d'être : mais cette absurdité, c'est vous-même qui l'avez imaginée. « En distinguant, dit Leibniz, deux choses dans la substance, les attributs ou prédicats et le sujet commun de ces prédicats, ce n'est pas merveilleux qu'on ne peut rien concevoir de particulier dans ce sujet. Il le faut bien, puisqu'on a déjà séparé tous les attributs où l'on pourrait concevoir quelque détail. Ainsi demander quelque chose de plus dans ce pur sujet en général que ce qu'il faut pour concevoir que c'est la même chose (par exemple qui entend et qui veut, qui imagine et qui raisonne), c'est demander l'impossible et contrevenir à sa propre supposition, qu'on a faite en faisant abstraction, et concevant séparément le sujet et ses qualités ou accidents (1). »

Considérons maintenant les deux grandes formes de la notion de substance : Matière et Esprit. L'explication qu'on nous en propose est-elle vraiment suffisante ?

Sans doute, nous appliquons la notion de substance à tout groupe de phénomènes constamment liés entre eux : mais s'ensuit-il que l'objet extérieur se réduise pour nous à l'ensemble des sensations simultanées ou successives que nous réunissons sous son nom ? Alors même qu'il ne nous fait éprouver aucune sensation, nous n'en croyons pas moins à son existence actuelle : nous le concevons donc comme une réalité distincte des sensations qu'il excite en nous par sa présence.

C'est, répond Stuart Mill, que nous croyons à la possibilité actuelle de ces sensations : nous ne les éprouvons pas ; mais, sous certaines conditions, le plus souvent connues et assignables, nous pourrions certai-

(1) *Nouveaux Essais*, l. I, ch. XXIII, § 2.

nement les éprouver. L'objet n'est que la possibilité permanente de ces sensations; la matière n'est que la possibilité permanente des sensations en général.

Ainsi complétée, la théorie n'explique plus, il faut bien l'avouer, la notion de substance matérielle avec les seules données des sensations présentes et passées. Elle introduit deux données nouvelles, la notion de *possibilité*, la notion de *permanence*. D'où viennent ces notions ? et que valent-elles ? La théorie est muette sur ce point.

Or l'expérience ne peut connaître, ce semble, que l'actuel : le possible serait-il donc une forme à priori de la pensée ? — Puis de quelle possibilité s'agit-il ? Sans doute d'une possibilité réelle et non simplement logique ? Mais la possibilité réelle semble impliquer la causalité. La notion de substance recouvrirait donc la notion de cause? Le problème serait alors reculé et non résolu. — On parle de possibilité permanente, mais la permanence ne suppose-t-elle pas nécessairement l'actualité ? Cette idée même de permanence, où l'a-t-on prise, si en nous comme hors de nous l'existence n'est qu'un flux perpétuel de phénomènes ? Un phénomène qui n'est plus présent ou qui ne l'est pas encore n'est rien : il ne peut donc se rappeler le passé ni prévoir l'avenir. Or, sans ces deux opérations, l'idée de permanence est impossible. Si donc l'esprit trouve en lui-même de quoi concevoir la permanence du monde extérieur, c'est sans doute qu'il est lui-même permanent.

Ainsi la notion de la substance matérielle paraît présupposer comme sa condition nécessaire celle de la substance spirituelle. — Un objet extérieur, c'est un ensemble de phénomènes dont un esprit toujours présent pourrait reconnaître avec certitude la continuité indéfectible et l'intime solidarité ; c'est en quelque sorte cet ensemble de phénomènes conçu comme devant s'apparaître à lui-même avec ce double caractère d'unité et de permanence, si par hypothèse il devenait capable de conscience. La question porte donc tout entière sur la substance de l'esprit.

Si, comme le dit Taine, la conception de la substance n'est qu'un résumé, si elle équivaut à la somme des conceptions composantes, comme un nombre à la somme des unités composantes, comme un signe abréviatif aux choses qu'il abrège et signifie, l'Esprit ne peut être évidemment qu'une somme, le total des événements intérieurs. Cependant, après avoir posé les prémisses, Taine n'admet la conclusion que sous certaines réserves.

« Le moi, dit-il, n'est pas un simple total ; car le verbe *est*, qui joint le sujet à l'attribut, énonce non seulement que l'attribut est inclus dans le sujet comme une portion dans un tout, mais encore que l'*existence du tout précède sa division*. Quelle que soit l'origine du jugement, toujours l'attribut est par rapport au sujet un fragment artificiel par rapport à un tout naturel. L'esprit extrait le fragment, mais au même instant reconnaît que cette extraction ou abstraction est purement fictive et que, si le fragment existe à part, c'est qu'il l'y met. En effet, c'est seulement pour la commodité de l'étude que nous séparons nos événements les uns des autres : ils forment effectivement une trame continue où notre regard délimite des tranches arbitraires. Le moi demeure un et continu ; on ne peut pas dire qu'il soit la série de ses événements ajoutés bout à bout, puisqu'il n'est divisé en événements que pour l'observation ; et cependant il équivaut à la série de ses événements : eux ôtés, il ne serait plus rien ; ils le constituent (1). »

Admet-on cet aphorisme : « L'existence du tout précède sa division ? » Il s'ensuit aussitôt qu'un être est un tout antérieur à ses parties. Mais alors, il est faux de dire que « la notion de fait ou d'événement correspond seule à des choses réelles (2). » Loin d'être réels, les phénomènes sont des conceptions arbitraires de l'esprit : les seules réalités, ce sont ces unités indivises et continues que les métaphysiciens appellent précisément des êtres ou des substances. Par exemple, ce qui est réel en nous, c'est le moi dans l'unité et la continuité de son existence ; les phénomènes du moi ne le constituent qu'au regard d'un observateur étranger : en lui-même, il leur est antérieur, et leur multiplicité et leur succession jouent en quelque sorte à la surface de son immuable unité. — Que prétendrait davantage le plus déterminé partisan de la réalité métaphysique du Moi ?

Mais, pour que l'aphorisme soit vrai, il faut sans doute

---

(1) *L'Intelligence*, t. I, p. 378.
(2) *Ibid.*, t. I, p. 387.

entendre par *tout* non un tout quelconque, mais, comme dit l'auteur, un « tout naturel. » En effet, si le tout est artificiel, l'esprit ne peut oublier qu'il l'a fabriqué lui-même, et, s'en souvenant, il ne peut juger que « si le fragment existe à part, c'est qu'il l'y met. » — Seulement on a omis de nous dire par quel signe un tout naturel se distingue d'un tout artificiel. La seule façon possible de former un tout, n'est-ce pas de réunir un certain nombre d'événements simultanés ou successifs ? C'est ainsi en tout cas que nous formons nos idées des objets extérieurs : qui nous dira si ces objets sont des touts naturels ou artificiels ? — Du moins les événements du moi constituent, nous dit-on, un tout naturel. Serait-ce que nous aurions le sentiment de leur liaison nécessaire et de leur intime unité ? Mais ce sentiment, s'il est réel, ressemble fort à ce que tout le monde entend par la conscience du moi, c'est-à-dire à la conscience d'un élément commun à tous ces événements ? Dire que nous concevons le Moi comme un tout naturel antérieur à ses parties, c'est, ce semble, rétablir sous une autre forme la notion métaphysique de substance.

En effet, si le Moi est un tout naturel antérieur à ses parties, il ne se réduit pas entièrement à la somme des parties dans lesquelles une analyse superficielle le distribue. « Les événements du moi étant ôtés, dites-vous, il ne reste plus rien du moi lui-même. » Quoi d'étonnant à cela si vous avez commencé par supposer que le moi était entièrement partagé en ses propres événements ? Mais ce qu'on vous demande, c'est s'il n'y a pas dans tous ces événements une partie commune qui en fait la liaison et l'unité. Otez tous les grains d'un tas de blé : il n'y a plus de tas. Otez de même tous les organes d'un corps vivant : ce corps n'existe plus. En conclurez-vous qu'un corps vivant soit de même nature qu'un tas de blé ? La destruction du tout par l'abstraction de ses parties ne préjuge en rien l'essence du tout lui-même et la nature des rapports qu'il établit entre ses parties. La seule conclusion à tirer de là, c'est que le moi ne peut exister sans ses événements ; mais il reste à démontrer qu'il n'en est pas distinct.

En un mot, il faut choisir. Ou les phénomènes seuls sont réels : alors les groupes que nous en formons sont toujours plus ou moins artificiels, et l'idée de substance, qui n'est qu'une altération de l'idée de groupe, est une idée illusoire. Ou les êtres seuls sont réels : alors les divisions que nous y introduisons sont toujours plus ou moins arbitraires, et l'idée de phénomène, qui n'est que l'idée d'une de ces divisions prise à part, est une idée illusoire. Dans le premier cas, ce qui a une valeur objective, c'est l'idée de la partie, c'est-à-dire du phénomène ; dans le second, c'est l'idée du tout ou plutôt de l'unité, c'est-à-dire l'idée de l'Être. On ne peut identifier deux thèses aussi manifestement contradictoires.

Maintenant cet aphorisme « L'existence du tout précède sa division » est-il applicable au Moi ? Il le serait sans difficulté si le Moi était comme les objets extérieurs un groupe de qualités coexistantes. Le Moi est au contraire une série d'événements successifs qui n'est jamais donnée tout entière : il semble donc que son existence soit postérieure à celle de ses parties. Que nous distinguions ou non les événements qui le composent, ils n'en sont pas moins distincts en eux-mêmes par cela seul qu'ils occupent des moments distincts de la durée. Si donc le Moi est tout entier constitué par ses événements, il n'est jamais complet et achevé : c'est un nombre qui va sans cesse croissant par l'addition de nouvelles unités. Dès lors, on ne peut plus dire qu'il est un tout antérieur à ses parties. Autre chose en effet est la division opérée par l'esprit, autre chose la distinction réelle des parties, sans laquelle cette division même serait impossible.

Définissons donc le Moi « une série de phénomènes » ou, comme dit encore Taine « une série distincte de phénomènes ». Comment ces phénomènes forment-ils une série, et pourquoi cette série est-elle distincte de toutes les autres ?

L'idée de série est une idée de collection qui suppose l'existence préalable de ses parties successives. Or, dans cette série qu'on appelle le moi, une partie est dans le passé, une autre dans l'avenir : la série par un de ses bouts n'existe pas encore, par l'autre elle n'existe plus. Il ne reste donc en réalité qu'un terme unique mais sans cesse différencié qui, par la différenciation de son unité, produit l'illusion d'une série de termes successifs. Que l'analyse s'applique ensuite à cette série : elle y retrouvera ; si elle est suffisamment profonde, l'inexplicable lien qui en rattache tous les éléments et qui en fait l'intime unité. Il y a donc, dit Stuart Mill lui-même (1), dans la connaissance de l'Esprit quelque chose de plus que dans la connaissance de la Matière : il y a le sentiment ou l'idée d'une réalité qui ne se sépare pas des phénomènes et qui cependant s'en distingue par cela seul qu'elle leur est commune à tous.

Ainsi, selon que l'attention se porte sur l'un ou l'autre des deux éléments constitutifs de l'esprit, l'élément invariable et l'élément variable, on le concevra, ou comme un même terme qui revêt successivement des états différents, ou comme une série d'états différents qui enveloppent successivement un même terme. Dans le premier cas, le sujet est multiplié par les phénomènes ; dans le second, les phénomènes sont unifiés par le sujet. On comprend alors que pour les uns il n'y ait pas de série, le terme actuel étant toujours unique, et que pour les autres il n'y ait pas de terme unique, ce terme n'existant que dans la série. On pourrait dire encore que les uns posent d'abord la substance et font se succéder en elle la série des phénomènes, tandis que les autres posent d'abord la série des phénomènes et y font persister la substance. Pour les uns, la substance enveloppe les phénomènes ; pour les autres, elle y est enveloppée. Simple différence de point de vue. Imaginez deux personnes qui considèrent un point en mouvement : l'une porte son attention sur le point lui-même, elle ne s'attache qu'à lui et

(1) *Philosophie de Hamilton*, trad. Cazelles, p. 249.

le suit du regard ; l'autre porte son attention sur la série des positions qu'il occupe : elle trace mentalement la ligne qui représente cette série. L'une ne verra tout d'abord qu'un terme, et c'est par un effort de réflexion qu'elle apercevra la différence des positions qu'il a parcourues ; l'autre ne verra qu'une série de positions, et c'est par un effort de réflexion qu'elle apercevra l'identité du terme qui les a parcourues. L'une dira : le mouvement, c'est un point unique ; l'autre dira : le mouvement, c'est une multitude de points ; et l'une et l'autre diront vrai.

Le Moi n'est pas une série quelconque, c'est une série *distincte* de phénomènes. D'une manière générale, « corps chimique, atome matériel, moi, ce qu'on appelle un être, c'est toujours une série *distincte* d'événements (1). » Mais en quoi la série qui constitue le Moi est-elle distincte de toutes les séries qui l'accompagnent ?

Les éléments qui la composent, dira-t-on peut-être, ont entre eux une liaison qu'ils ne partagent avec ceux d'aucune série étrangère. Mais cette liaison ne peut consister, ce semble, que dans une dépendance réciproque, chaque phénomène ayant sa condition dans un phénomène antérieur qui appartient, comme lui, à cette même série. Or, tout au contraire, la condition d'un événement du Moi peut être indifféremment dans la série qui le contient ou en dehors d'elle : inversement il peut lui-même entraîner dans une série étrangère un autre événement dont il est la condition. Les éléments

(1) Taine, *l'Intelligence*, t. I, p. 162.

de la série soi-disant distincte sont donc liés à ceux des autres séries aussi étroitement qu'ils peuvent l'être entre eux. Pour qui ne considère que les phénomènes et leurs rapports de causalité, toutes les séries s'enchevêtrent en tous sens : on essaierait en vain d'en distinguer une seule dans l'inextricable réseau de la Nature. Dira-t-on que les éléments qui composent la série du Moi sont tous marqués d'un caractère commun et distinctif? C'est ce caractère que l'abstraction dégage des événements successifs pour en former l'idée du moi. Il consiste en ce que tous ces événements « nous apparaissent comme intérieurs ». Mais cette explication du Moi ne commence-t-elle pas par le présupposer? Si par hypothèse nous ne sommes rien de distinct des phénomènes, en quel sens peut-on dire qu'ils nous apparaissent comme *intérieurs?* Il est contraire à toute logique d'introduire dans une définition le terme même qu'il s'agit de définir.

On répondra que la pétition de principe est purement verbale. Cependant, pour que les événements du moi apparaissent, encore faut-il, ce semble, qu'ils apparaissent à quelqu'un, et, pour que ce caractère leur soit commun, encore faut-il que le sujet auquel ils apparaissent tous soit le même. Car enfin, ma série, à moi, n'est pas la seule dont les événements aient cette singulière propriété d'apparaître : en même temps qu'elle se déroulent d'autres séries dont les événements apparaissent aussi; et chacune d'elles constitue un Moi distinct de moi-même. Quelle est la raison de la distinction de ces séries, et qu'est-ce qui détermine un phénomène conscient à appartenir à l'une plutôt qu'à l'autre ? Nous ignorons encore et nous ignorerons peut-être longtemps la solution de ce problème : nous en sommes réduits à admettre à titre de fait la distinction des consciences individuelles. Chacune est, comme telle, un monde fermé, une « monade » sans portes ni fenêtres : quels que soient ses rapports de ressemblance ou de dépendance à l'égard des autres êtres, elle leur demeure étrangère et impénétrable. Logiquement, nous ne pouvons la distinguer des autres consciences que par des dénominations extrinsèques : mais, dans la vivante réalité, c'est elle-même qui s'en distingue par un sentiment indéfinissable et infaillible.

En outre, pourquoi dire que les « phénomènes du Moi nous apparaissent *comme intérieurs ?* » L'idée vulgaire du Moi exclut, il est vrai, de sa compréhension le groupe de sensations et d'images qui représente en chacun de nous le monde extérieur ; mais la psychologie nous apprend à élargir notre idée du Moi et à y faire rentrer tous les phénomènes dont nous avons conscience, aussi bien ceux que nous rapportons au monde extérieur que ceux que nous attribuons plus particulièrement à nous-mêmes. Il semble, en effet, qu'à l'origine de la vie mentale, les phénomènes ne nous apparaissent encore ni comme intérieurs ni comme extérieurs ; ils nous apparaissent, voilà leur seule propriété commune. Mais leur division ultérieure en deux groupes opposés se comprend-elle sans un *tertium quid* par rapport auquel ils puissent devenir extérieurs ou intérieurs ?

Sur ce point, les explications données sont quelque peu confuses et contradictoires. Dans la première partie de son ouvrage, Taine s'efforce de démontrer que tous les états de conscience, sensations et images, tendent à s'objectiver, c'est-à-dire à se transformer en objets extérieurs. Mais cette tendance avorte d'ordinaire dans les images et aboutit toujours dans les sensations. L'extériorité primitive et nécessaire des sensations est ce qui donne, par contraste, aux images leur caractère intérieur. L'objectif est une donnée première ; le subjectif en est la simple négation. Certes, la notion d'extériorité nous est devenue si familière, si intuitive, que nous oublions presque qu'elle implique nécessairement un rapport. Une chose, en effet, peut-elle être extérieure absolument, et ne faut-il pas qu'elle soit extérieure à quelque autre chose ? Cependant on postule ici une *extériorité absolue*.

Dans la seconde partie de l'ouvrage, tout change. Les objets ne nous apparaissent pas primitivement au dehors : c'est un mécanisme complexe d'images et de groupes d'images qui les situe peu à peu hors de nous-mêmes. D'où cette conséquence, à notre avis, plus conforme à la vérité, qu'au début de notre expérience, sensations et images nous apparaissent toutes comme intérieures ou plutôt nous apparaissent simplement, sans distinction de dedans ni de dehors. L'aspect intérieur ou extérieur est chez les unes et les autres le résultat d'une opération consécutive. Mais la loi régulatrice de cette opération n'est ni dans les sensations ni dans les images : elle est dans l'unité synthétique qui les enveloppe et les domine, dans l'unité du sujet conscient.

La conclusion qui paraît ressortir de cet examen, c'est que la notion de substance est, en effet, celle de l'unité des phénomènes. Seulement la substance n'est pas l'unité fortuite et artificielle de phénomènes qui demeurent au fond étrangers les uns aux autres, parce que nos sens ou notre pensée la leur imposent pour ainsi dire du dehors ; elle en est l'unité naturelle et intérieure. Mais, à vrai dire, une telle unité ne peut être que celle de la Conscience même. La Conscience est le seul lien qui puisse unir les phénomènes du dedans ; et c'est aussi le seul qui les unisse effectivement en nous et les fasse vraiment nôtres. Que si nous supposons des substances dans le monde extérieur, c'est parce que nous ne pouvons concevoir un phénomène sans la condition impliquée dans son idée même, je veux dire sans l'unité concrète et continue de l'Être, dont il n'est qu'une partie momentanément isolée par l'abstraction. Mais, qu'on ne s'y trompe pas, cette unité est purement nominale, si elle n'est pas l'unité d'une conscience. Nous croyons donc que tous les phénomènes, indépendamment des rapports de toute sorte qui les entre-croisent en tout sens, constituent des systèmes clos et distincts, dont chacun contient en lui-même, dans la conscience actuelle ou possible à laquelle est supposé apparaître l'ensemble des phénomènes qui le composent, le principe de sa substantielle unité.

CHAPITRE NEUVIÈME

LA SUBSTANCE D'APRÈS L'IDÉALISME RATIONALISTE

I.—L'unité de la conscience est-elle réelle ou idéale? Kant soutient l'idéalité du sujet de la conscience.

La notion de la substance correspond à trois notions différentes :
1° à celle de la substance véritable ; 2° à celle du sujet de la pensée ;
3° à celle du noumène.

II. — La notion de la substance dans Kant. 1° Exposé.

Les catégories, formes des jugements. Distinction de la substance et du sujet : celui-ci loi de la pensée, celui-là loi de la perception.

Comment les catégories se rapportent aux objets :

La notion de substance est la forme nécessaire de l'objet. Ses deux caractères : unité ou communauté, permanence ou continuité.

Comment la notion du sujet devient celle de la substance : schématisme.

Rôle que joue dans la connaissance le principe de substance : il est une des analogies de l'expérience.

2° Critique.

Le principe est une loi de la science et non de l'expérience ou de la pensée en général. Encore tous les savants n'admettent-ils pas l'unité de substance.

Quelle sorte de réalité devons-nous attribuer à la substance ? Elle n'est pas un simple concept, car le propre de la catégorie est de trouver son objet dans l'expérience. Mais, si elle est un phénomène, elle ne peut être permanente, car il n'y a de permanent dans les phénomènes que des rapports et la pensée qui les abstrait.

III. — 1° La notion du Moi dans Kant. 1° Exposé.

L'idée de sujet qui fait le fond de l'idée de substance fait aussi le fond de l'idée du Moi.

Deux interprétations possibles ; 1° Moi = sujet + inconditionné ou absolu = idée de la raison pure.

2° Moi = je pense, unité synthétique à priori de l'aperception. Comment ces deux interprétations se rejoignent et se complètent.

Le Moi est purement formel.

Ce n'est pas une réalité qui soit objectivement donnée en une permanence indépendante de la pensée.

2º Critique.

Le Moi n'est pas purement formel : il est activité en même temps que conscience.

Le Moi n'est pas en effet une réalité objective indépendante de la pensée. Mais une telle réalité n'existe pas ; elle n'est ni la substance donnée dans les phénomènes ni une chose en soi.

Kant n'a pas démontré l'inanité du sujet de la pensée.

Deux questions restent à résoudre : 1° signification et origine de la loi qui nous porte à penser toutes choses en termes de sujet et d'attribut ;

2º Si l'idée du sujet de la pensée est primitive et irréductible, est-ce une pure forme, ou enveloppe-t-elle l'intuition de quelque réalité ?

I. — Préliminaires.

L'unité de la Conscience, où nous avons cru voir l'unité même de la Substance, est-elle bien réelle ? N'est-ce pas plutôt l'unité purement idéale d'une simple forme de la pensée ? Stuart Mill, qui pose la question, la laisse indécise : « Je ne me charge pas de décider, dit-il, si nous avons directement conscience du Moi dans l'acte du souvenir ou si, sans en avoir conscience, nous sommes forcés de l'admettre comme une condition nécessaire de la Mémoire (1). » Kant, plus hardi, avait déjà soutenu l'idéalité du sujet de la conscience. Sa théorie est, nous l'avons vu, l'une des quatre solutions possibles du problème de la substance. Il importe donc de la soumettre à un minutieux examen.

La notion de la substance, telle qu'on l'entend communément, correspond à trois notions différentes que la *Critique de la Raison pure* a pour la première fois distinguées : celle de la substance véritable, celle du su-

(1) *Philosophie de Hamilton*, ch. xii. Trad. Cazelles, p. 250.

jet de la pensée, celle de la chose en soi ou du noumène. L'esprit humain tend naturellement à les confondre : ainsi, il prend le sujet de la pensée pour une substance, et la substance pour une chose en soi. La Critique seule peut le mettre en garde contre ces illusions transcendantales.

Si la notion de la substance a une signification et une valeur intellectuelle, si elle est une des conditions de la connaissance des choses, elle est nécessairement relative aux phénomènes ; et le seul usage dont elle est susceptible est, à coup sûr, immanent à l'expérience ou empirique. Nous ne connaissons pas, nous ne pouvons pas connaître les choses telles qu'elles sont en elles-mêmes : cette vérité est l'alpha et l'oméga de toute théorie de la connaissance. La notion même de chose en soi est *entièrement hypothétique*, et son rôle dans l'entendement humain ne saurait être que limitatif. Elle doit nous représenter, non un nouvel ordre de réalités situé par delà le monde des phénomènes, mais la limite des réalités auxquelles s'arrête pour nous toute connaissance possible. Nous ne sommes pas assurés par là qu'il existe des choses en soi, mais seulement que, s'il existe des choses en soi, nous ne pouvons pas les connaître.

Telle est, nous l'avons déjà montré, la seule notion du Noumène qui soit vraiment compatible avec l'esprit général de la Critique. Mais peut-être Kant n'y est-il pas toujours resté fidèle. Lui-même, à son insu, confond la substance et la chose en soi; emplissant, pour ainsi dire, l'une du contenu de l'autre, il la tire de son indétermination et de son incertitude originelles ; il en fait une véritable réalité.

En effet, la notion légitime de la Chose en soi, en opposant le Noumène au Phénomène, ne nous autorise nullement à les superposer l'un à l'autre. Affirmer le Noumène comme le fondement nécessaire du phénomène, comme la réalité permanente dont le phénomène est l'apparence transitoire, c'est appliquer au Noumène la Catégorie de Substance, alors que cette catégorie n'a de sens et de vertu que dans son application au phénomène. Et cependant, nous croyons l'avoir démontré, Kant ne parle pas seulement des Noumènes comme d'un ordre de choses possibles entièrement différent de l'ordre des phénomènes : l'existence même des phénomènes implique, selon lui, la certitude de leur existence. La borne de la connaissance humaine est devenue à ses yeux le fondement de toute réalité.

Mais, si Kant a conçu la chose en soi sous les traits de la substance, s'est-il du moins gardé de prendre la substance pour une chose en soi ? Et, d'une manière générale, comment a-t-il défini la notion de substance ? Quelle origine et quelle valeur lui a-t-il attribuées ?

II. — La notion de la substance dans Kant.

La notion de la substance est, d'après la *Critique de la Raison pure* (1), une des catégories de l'entendement ou de la faculté de penser. Mais penser, c'est juger. Il suf-

---

(1) *Analytique des concepts*, ch. I, sect. III, § 17.

fira donc d'analyser les différentes sortes de jugements pour en extraire les catégories ou formes de la pensée.

C'est ainsi qu'aux jugements singuliers, particuliers et universels répondent les catégories de la quantité : unité, pluralité, totalité ; aux jugements affirmatifs, négatifs et limitatifs, les catégories de la qualité : réalité, négation, limitation ; aux jugements catégoriques, hypothétiques et disjonctifs, les catégories de la relation : inhérence et substance (*substantia et accidens*), causalité et dépendance (cause et effet), communauté (réciprocité d'action) ; enfin aux jugements problématiques, assertoriques et apodictiques, les catégories de la modalité : possibilité et impossibilité, existence et non-existence, nécessité et contingence.

La catégorie de la substance est la règle des jugements catégoriques qui expriment, selon Kant, le rapport du prédicat au sujet. Le rapport de la substance et de l'accident est-il donc identique à celui du sujet et du prédicat ? Pourtant ce second rapport semble beaucoup plus général, partant plus abstrait que le premier. Toute substance est un sujet, mais tout sujet n'est pas une substance. La notion de sujet paraît être la loi universelle de la pensée : nous ne pouvons juger sans distinguer et unir un sujet et un prédicat ; la notion de substance paraît être plutôt une des lois de la perception, c'est-à-dire de la pensée incorporée à l'intuition sensible : nous ne pouvons percevoir des phénomènes multiples et successifs sans les rapporter à l'unité permanente de la substance.

A notre avis, Kant n'a pas assez nettement distingué ces deux fonctions de l'entendement, la première que nous nommerions volontiers intuitive, où il opère sur les sensations pour les transformer en perceptions ; la seconde, à laquelle convient plutôt le nom de discursive, où il opère sur les idées pour les transformer en jugements ; ou plutôt, c'est, d'après lui, « une seule et même fonction de l'entendement qui donne l'unité aux différentes représentations dans une intuition et qui la leur donne dans un jugement. » Peut-être cependant cette identité des deux fonctions et des deux concepts qui en sont les règles n'est-elle pas aussi évidente qu'il le le suppose.

Trois questions nous restent à résoudre : 1° Comment la notion du sujet ou de la substance peut-elle être une loi nécessaire non seulement de notre pensée, mais encore de notre expérience et, par conséquent, de la nature elle-même ? 2° Comment la notion purement intellectuelle du sujet devient-elle la notion de la substance ? 3° Quel rôle cette notion ainsi transformée joue-t-elle dans la connaissance ?

On sait la solution proposée par Kant à la première question : Comment des concepts à priori peuvent-ils se rapporter à des objets, puisque enfin de cela seul qu'ils se trouvent dans notre entendement, il n'en résulte pas qu'ils soient pour les objets une règle universelle et nécessaire ? Ce sont, répond Kant (1), ces

---

(1) *Critique de la Raison pure*, Analytique des concepts, ch. II, sect. II et III.

concepts qui rendent les objets possibles, non sans doute parce qu'ils les produisent quant à l'existence, mais parce qu'on ne peut connaître que par eux quelque chose comme objet. L'ensemble des catégories constitue le concept d'objet en général.

D'une part, les catégories sont les formes diverses, mais harmoniques, de l'unité de la pensée. Juger, c'est unir, c'est ramener à l'unité la diversité donnée en intuition. Pour que la pensée soit possible, il faut donc que cette diversité ait un rapport nécessaire au « je pense » ou à la conscience même de la pensée. Kant appelle *aperception pure* cet acte par lequel j'ai conscience que je pense. Elle est primitive, « étant cette conscience de soi qui accompagne toutes les autres représentations et n'est elle-même accompagnée d'aucune d'elles »; son unité est transcendantale, c'est-à-dire certaine à priori comme la condition nécessaire de toute pensée. L'unité synthétique de l'aperception est donc « le point culminant de toute pensée », elle est *l'entendement lui-même*.

D'autre part, c'est ce même principe qui rend possible la connaissance. Connaître, selon Kant, c'est rapporter des représentations données à un objet : la connaissance est objective ou elle n'est pas. Qu'est-ce donc que cet objet auquel nous rapportons nos représentations? « L'objet est ce dans la conception de quoi se trouve unie la diversité d'une intuition donnée. » Or toute réunion de représentations exige l'unité de conscience dans leur synthèse. C'est donc cette unité de conscience qui forme le rapport des représentations à un objet et, par conséquent, leur valeur objective. En un mot, affirmer l'existence d'un objet, c'est affirmer le rapport nécessaire de l'intuition à un « je pense » unique.

Ainsi les Catégories qui sont les conditions de l'unité synthétique de l'aperception sont, par cela même, celles de la connaissance des objets. Que si l'on demande pourquoi notre entendement ne donne l'unité de l'aperception à priori qu'au moyen des Catégories, et par ces Catégories plutôt que par d'autres, et par ce nombre de Catégories plutôt que par un plus ou moins grand nombre, Kant nous répondra qu'il est impossible d'en rendre raison, parce que ce sont là des faits premiers au delà desquels l'analyse ne remonte pas.

Parmi ces Catégories, quelle est plus particulièrement la signification de la Catégorie de Substance ? A notre sens, elle mérite plus qu'aucune autre d'être considérée comme la forme nécessaire de l' « Objet » en général. Elle représente, en effet, à notre esprit l'unité intrinsèque d'une pluralité de phénomènes simultanés ou successifs. Coexistant avec tous ces phénomènes, la Substance les unit dans l'espace ; persistant à travers tous, elle les unit dans le temps.

De ces deux caractères de la Substance, unité ou communauté, permanence ou continuité, Kant ne semble avoir envisagé que le second. Et cependant, quelle autre Catégorie pourrait présider à la synthèse des phénomènes simultanés et à leur attribution aux objets ? Cette synthèse, il est vrai, ne paraît pas pouvoir s'expliquer complètement par les seules données de la *Critique*. En effet, pour opérer la synthèse d'une diversité de sensations, encore faut-il que cette diversité soit pensée par nous comme constituant un tout individuel et distinct. Par exemple, si une fleur est mise en rapport avec mes sens, je dois, pour la connaître faire la synthèse des sensations de couleur, de forme, d'odeur, de contact, etc., qu'elle produit dans ma conscience, et c'est en concevant la possibilité de cette synthèse comme nécessairement donnée à priori dans la matière de l'intuition que je rapporte ces sensations à *un* objet. Mais, pour opérer cette synthèse, ne m'a-t-il pas fallu détacher le groupe de sensations qui constitue la fleur du reste des représentations, comme si j'y voyais à priori quelque chose de distinct et d'indépendant ? La synthèse a donc été accompagnée d'une analyse : ou plutôt analyse et synthèse sont les deux aspects d'une seule et même opération. Or cette analyse n'est ni expliquée ni même mentionnée dans la *Critique*. Et cependant ce n'est pas au hasard que nous faisons ainsi des coupures dans la trame des phénomènes. Stuart Mill, qu'on pourrait ici rapprocher de Kant, définit le corps ou l'objet : un groupe de sensations ou plutôt de possibilités de sensations réunies par une loi constante. Mais, d'après lui, c'est l'expérience qui nous apprend à former ces groupes. Les sensations qui se rencontrent dans la conscience, soit en simultanéité, soit en succession immédiate, s'unissent par une sorte d'affinité naturelle. Leur union est plus ou moins étroite, selon que la rencontre a été plus ou moins fréquente. Par là, elles se séparent en même temps qu'elles s'unissent; les mêmes liaisons qui resserrent certaines associations en relâchent certaines autres. L'analyse et la synthèse se font en vertu des mêmes lois, non des lois de l'entendement, mais des lois de la mémoire et de l'habitude.

La vraie pensée de Kant, il faut bien le dire, c'est qu'au fond tous les objets de l'expérience constituent un seul et même objet dont toutes les parties sont nécessairement solidaires les unes des autres en tout sens et sous tous les rapports. Les divisions que nous introduisons dans la nature sont arbitraires : tout est continu, tout est un. Qui pourtant oserait prétendre qu'en attribuant les phénomènes à des objets, l'esprit humain postule spontanément l'unité substantielle de tous les phénomènes de l'univers ?

A la seconde question : comment la notion purement intellectuelle du Sujet devient-elle l'idée de la Substance, c'est-à-dire de la Permanence, Kant répond par sa théorie du *schématisme* (1).

Entre les intuitions et les catégories, un intermédiaire est nécessaire qui soit tout à la fois homogène avec les concepts purs et les phénomènes, sensible et intellectuel. Le *Schème* est le point de rencontre du concept pur et de l'intuition pure : il est la synthèse d'une Catégorie et du Temps. Le Temps est, en effet,

---

(1) *Critique de la Raison pure*, Analytique des Principes, ch. ɪ, trad. Tissot, t. I, p. 180.

l'intuition à priori dans laquelle se déroulent toutes les intuitions possibles. C'est ainsi que le schème de la substance est la *permanence* de la réalité dans le temps, ou la réalité conçue comme le substratum de la détermination du temps en général ; de même que celui de la cause est la *succession* de la diversité suivant une règle.

Le schème peut pour nous, ou du moins pour notre connaissance, remplacer entièrement le concept, car, comme les formes de l'intuition pure, Espace et Temps, s'imposent à priori à notre faculté représentative, nous ne pouvons connaître les choses pensées par les catégories qu'au moyen d'une intuition soumise à ces formes.

Voyons enfin le rôle que joue dans la connaissance le schème de la Substance. Il y est le principe d'un de ces jugements synthétiques à priori que Kant appelle *Analogies de l'expérience.*

Les trois modes du *temps* sont la perpétuité, la succession et la simultanéité. De là trois lois chronologiques de tous les rapports des phénomènes au moyen desquelles l'existence de chacun d'eux peut être déterminée relativement à tout le temps, lois qui précèdent toute expérience et la rendent possible.

La première de ces lois est le principe de la persistance de la substance. « Au milieu de tous les changements des phénomènes, la substance demeure et persiste invariable, et sa quantité n'augmente ni ne diminue dans la nature (1). »

(1) *Critique de la Raison pure*, §§ 264 et suiv.

Tous les phénomènes sont dans le temps, qui seul rend possible la représentation de la simultanéité et de la succession. Mais, comme le temps ne peut être perçu, il doit y avoir dans tous les phénomènes un substratum qui représente le temps en général, et dans lequel puisse être perçu tout changement ou toute simultanéité par le rapport des phénomènes à ce substratum. Or le substratum de toute réalité est la substance. Si l'on n'admettait qu'une succession indéfinie, sans la rapporter à un substratum, l'existence commençant et finissant sans cesse serait sans durée. Sans la permanence, il n'y aurait donc point de relations de temps. Il s'ensuit que ce qui, dans les phénomènes, demeure et persiste identique, c'est l'objet lui-même, la substance des phénomènes, et que tout ce qui change ou peut changer n'est que la manière d'exister de la substance.

Nous retrouvons toujours la même difficulté. Le principe de substance ainsi entendu, est-ce bien une loi de l'expérience et de la pensée en général ? N'est-ce pas plutôt une loi de la science proprement dite ? Kant ne tient pas ce qu'il nous a promis. Il devait nous expliquer l'attribution des phénomènes à *des* objets, à *des* substances ; et son explication suppose que nous les attribuons à un seul objet, à la substance en général. Or c'est là le point de vue de la science et non celui de la connaissance spontanée. Encore tous les savants n'admettent-ils pas l'unité de substance dans la nature. Pour les partisans de l'hypothèse des atomes ou des monades, le concept de substance n'est pas seulement celui de la permanence d'un substratum collectif de tous les phénomènes : c'est aussi celui de l'individualité de l'unité intrinsèque de chacun de ces ensembles de phénomènes qu'ils appellent une monade ou un atome.

En outre, il est bien difficile de savoir qu'elle sorte de réalité nous devons, dans la théorie de Kant, assigner à la Substance.

La Substance est-elle un simple concept intellectuel qui ne répond à aucune intuition empirique ? Mais alors, comment se fait-il que nous croyions à l'existence réelle de la Substance dans les phénomènes ? Le propre des Catégories, n'est-ce pas précisément de trouver leur objet dans l'expérience, de se vérifier, de se réaliser objectivement ? Dans une telle hypothèse, la Substance s'identifierait avec le sujet de la pensée qui, d'après Kant, est en effet un concept vide d'intuition. D'autre part, dire que la Substance existe, mais en dehors des phénomènes, c'est en faire une chose en soi ; erreur naturelle peut-être à l'esprit humain, mais contre laquelle Kant lui-même nous met en garde. Donc la Substance que nous postulons doit être impliquée dans les phénomènes.

Mais comment dans les phénomènes pourrait-il y avoir quelque chose de permanent ? « Le concept de substance, dit Kant, se rapporte toujours à des intuitions (1). » Or les intuitions ne sont que des états de notre sensibilité : elles sont donc absolument variables et fugitives. On n'y pourra trouver un élément perma-

(1) *Critique de la Raison pure*, trad. Tissot, t. II, p. 48.

nent que si, par une fiction de la pensée, on fait abstraction de leur rapport nécessaire avec notre conscience pour les transformer en objets impersonnels et absolus. Telle est l'illusion du sens commun, déjà relevée par Hume, qui s'imagine que les sensations sans cesse renouvelées que nous rapportons à un même objet constituent en effet un objet unique et permanent. Prétendre que les phénomènes, ou tout au moins une partie des phénomènes, subsistent invariables en eux-mêmes sans participer aucunement à la variabilité de nos perceptions et de nos souvenirs, n'est-ce pas prendre les phénomènes pour des choses en soi? En effet, les seuls éléments qui soient permanents dans les phénomènes sont des rapports, c'est-à-dire des abstractions. Mais leur permanence est par cela même subordonnée à celle de la Pensée qui les abstrait ; ou pour mieux dire l'une et l'autre permanence sont identiques.

La notion d'une prétendue Substance objective des phénomènes semble donc bien n'être autre chose que la notion du Sujet de la Pensée projeté dans les phénomènes, et, pour ainsi dire, objectivé.

II. — La Notion du Moi dans Kant.

La racine commune de l'idée de Substance et de l'idée du Moi est, d'après la *Critique*, l'idée plus simple et plus générale du *sujet*. En effet, la Substance, c'est le *sujet permanent des phénomènes;* et le Moi, c'est le *sujet absolu de la pensée*. Nous venons de voir comment Kant expliquait la transformation de l'idée de sujet en idée de substance, quel rôle et quelle valeur il lui attribuait. Voyons maintenant la même idée devenir l'idée du Moi, et étudions sous cette nouvelle forme son rôle et sa valeur.

Il semble, au premier abord, que Kant n'ait pas toujours compris de la même manière la genèse de l'idée du Moi. On hésite du moins entre deux interprétations possibles de sa doctrine.

D'une part, dans le chapitre où il dévoile les paralogismes de la Psychologie rationnelle (1), l'idée du Moi paraît bien résulter d'une sorte de synthèse de l'idée générale et abstraite de sujet et de la notion d'Inconditionné ou d'Absolu. Comme les idées du Monde extérieur et de Dieu, elle est élaborée par la raison pure.

D'autre part, dans des passages plus nombreux encore, Kant parle de l'idée du Moi comme de l'idée du « je pense » qui accompagne nécessairement toutes nos pensées. Elle est alors l'idée de l'unité synthétique à priori de l'aperception (2).

Mais cette théorie ne contredit-elle pas la précédente ? Loin d'être le résultat nécessairement tardif de l'application des catégories à l'ensemble de nos phénomènes de conscience, l'idée du Moi précède logiquement toutes les catégories et toutes leurs applications possibles ; elle est le principe même des catégories.

Pourtant les deux théories se rejoignent et se com-

---

(1) *Critique de la Raison Pure*, trad. Tissot, t. II, p. 35.
(2) *Ibid.*, p. 43.

plètent l'une l'autre. Le sujet de l'aperception pure est bien une donnée primitive, irréductible, de toute pensée : et c'est pour cela même que la raison, cherchant un sujet absolu, croit enfin le trouver en lui. De cette sorte, l'idée du moi est l'œuvre commune de l'aperception et de la raison. C'est l'aperception qui dans toute pensée implique nécessairement l'idée d'un sujet pensant, et c'est la raison qui, réfléchissant sur l'aperception, transforme cette idée en celle d'un sujet réel et absolu.

Mais cette transformation de l'idée la défigure et la fausse. — Le sujet de la pensée est un sujet purement logique, une forme pure, vide de tout contenu, identique à elle-même dans toutes nos pensées, mais nullement permanente, comme pourrait seule l'être une réalité véritable. De ce sujet logique la raison fait un sujet réel : elle convertit l'identité en permanence ; elle voit un fond substantiel là où il n'y a qu'une simple forme des phénomènes de conscience. Le Moi devient l'Ame ou l'Esprit, et la Psychologie rationnelle s'imagine déterminer les attributs d'une chose en soi, alors qu'elle ne fait que décrire le caractère le plus général de nos représentations.

Kant insiste en effet longuement sur ces deux points.

Premièrement l'idée du Moi est purement formelle, et, si elle se répète indéfiniment la même dans toutes nos pensées, c'est précisément parce qu'elle est tout à fait vide.

En second lieu, cette idée n'est pas celle d'une réalité

qui serait objectivement donnée en une permanence indépendante de la pensée même. Nous ne constatons en nous, dans notre sens intime, aucune intuition permanente qui corresponde à cette idée et qui la vérifie ou la réalise, comme l'intuition permanente des sens extérieurs vérifie ou réalise l'idée de la substance matérielle. L'idée du Moi ne nous ouvre aucune perspective sur l'Être : nous avons beau nous penser nous-même en pensant tout le reste ; nous n'en savons pas mieux pour cela ce que nous sommes, ni même si nous sommes. « Je pense, donc je suis, » disait Descartes. Conclusion précipitée et illégitime ! « Je pense, donc la pensée existe, et il est de la nature de la pensée de se rapporter elle-même à un sujet purement intellectuel ou idéal comme elle-même. » Voilà la seule conclusion autorisée par la *Critique*.

On pourrait tout d'abord contester la nature purement formelle attribuée par Kant au Moi, sujet de la pensée. D'où vient, si ce Moi est une forme vide, qu'il nous paraisse avoir pour attributs propres non seulement la conscience, mais encore l'activité ? Peut-être le fait le plus général de notre vie intérieure est-il cette distinction de l'activité et de la passivité à laquelle revient celle du Moi et du Non-Moi. On démontrerait, ce semble, facilement que l'action ne peut être connue comme telle que si le sujet qui en a conscience est identique au sujet qui l'exerce : dans toute autre hypothèse, l'action serait connue comme une passion, ce qui revient à dire qu'elle ne pourrait être connue. — Or rien n'est plus obscur, et, s'il est permis de le dire, rien n'est plus confus que les idées de Kant sur cette « conscience de l'activité ». D'une part, il est bien forcé de l'admettre ; car la distinction de la sensibilité et de l'entendement sur laquelle repose toute la *Critique* résulte, selon ses propres termes, de la *réceptivité* des intuitions et de la *spontanéité* des concepts ; et d'autre part il est incapable de l'accorder avec l'ensemble de sa doctrine. Il suffit de développer les conséquences de ce fait capital pour voir éclater la contradiction. Comment en effet pouvons-nous avoir conscience de l'activité qui se déploie dans nos opérations intellectuelles si ces opérations, qui se manifestent à nous dans le temps, deviennent par cela même des phénomènes passifs, objets d'intuition sensible ? C'est donc tout à fait artificiellement que Kant a séparé le sens intime et l'aperception ou conscience et qu'il les a exclus l'un et l'autre de la connaissance de notre être véritable. Nous avons conscience, en nous, d'une pensée qui est en même temps une action, et cette conscience est tout à la fois successive et permanente, comme notre pensée et notre action mêmes.

Mais, quand on concéderait à Kant que nous n'avons aucune intuition de notre moi comme d'une réalité objectivement permanente, en vérité, qu'est-ce que cela prouve ?

Cela prouve que, s'il existe quelque réalité de cette sorte, cette réalité n'est pas le Moi. Qui a jamais prétendu le contraire ? Ou le Moi n'est rien, ou il est un sujet absolument intérieur, immanent à la pensée, consubstantiel avec elle. Supposer un sujet de la pensée qui lui soit extérieur, c'est une contradiction dans les termes : ce prétendu sujet ne pourra évidemment être pour elle qu'un objet. Quand un tel substratum existerait, il ne servirait de rien à la pensée, qui, même dans cette hypothèse, devrait encore tirer de son propre fonds son propre sujet. Dès lors, l'hypothèse ne rime à rien, et c'est, comme dit Leibniz, *agendo nihil agere*.

Avouons donc que, s'il existe en dehors de la pensée un être substantiellement permanent, cet être n'est pas la pensée même, n'est pas le sujet de la pensée. Mais cet être existe-t-il ?

Il n'est pas en tout cas la substance donnée dans les phénomènes, cette substance que nous constatons, d'après Kant, dans l'intuition externe. Comment, en effet, à moins de transformer les phénomènes en choses en soi, prétendre qu'ils contiennent en eux-mêmes quelque chose de permanent, alors qu'ils ne sont que des états de cette même conscience qu'on déclare essentiellement mobile ? La prétendue permanence de la substance matérielle se réduit tout entière à des rapports de phénomènes, et l'identité de ces rapports est elle-même, en dernière analyse, relative à l'identité de la conscience. En renversant cette relation, en faisant dépendre, au moins dans la seconde édition de la *Critique*, l'identité de la conscience de la permanence d'une substance objectivement donnée dans l'intuition sensible, Kant a fait une entorse à son système.

Dirons-nous que cet être est une chose en soi ? L'assertion pourrait avoir un sens et une valeur si nous admettions que la raison nous fît une nécessité de supposer une chose en soi derrière la pensée pour lui servir de fondement. Mais, nous croyons l'avoir suffisamment démontré, l'hypothèse d'une chose en soi n'est jamais, d'après les principes de la *Critique*, qu'une hypothèse gratuite. Il n'est jamais nécessaire de supposer une chose en soi. D'ailleurs, quel moyen avons-nous de déterminer, même hypothétiquement, la nature d'une telle chose ? Dire que la chose en soi est permanente, c'est ne rien dire ; car la permanence est un rapport de temps ; et le temps, selon Kant, n'a de signification que dans les phénomènes.

Donc, ou il n'y a aucune réalité permanente et substantielle, ou il n'y en a pas d'autre que celle du sujet de la pensée. Voilà l'alternative où, croyons-nous, la doctrine de Kant doit finalement être réduite.

On insiste, on objecte que le sujet pensant est une pensée et non un être, une forme et non un fond. Pauvre réalité, dit-on, vide, fugitive, inconsistante ! Si c'est là le réel, autant avouer qu'il n'y en a point.

Il nous paraît bien que ceux qui raisonnent ainsi lâchent la proie pour l'ombre. Comme le remarque Leibniz, les phénomènes eux-mêmes sont réels. Ils sont même les seules réalités à nous positivement connues. Si donc les phénomènes sont des pensées, et si toute pensée, comme telle, implique dans la vivante unité de la conscience un sujet dont elle pose l'identité, en quoi ces phénomènes et ce sujet sont-ils moins réels pour être des pensées ? La seule conclusion à tirer de là, c'est que la pensée est la réalité même. Τωὐτὸν ἔστι νοεῖν τε καὶ οὕνεκεν ἔστι νοήμα, comme disait le vieux Parménide. Après tout, si l'essence même de notre être, c'est d'être une pensée, en nous connaissant comme une pensée, nous nous connaissons tels que nous sommes, et, si nous nous connaissions autrement, c'est alors que nous ne nous connaîtrions pas. En demandant un être plus réel et plus solide que la pensée, est-on bien sûr d'ailleurs de savoir ce qu'on demande ? A la réalité de la pensée, qu'on trouve décidément insuffisante, on oppose celle d'un objet, d'un « permanent en soi ». Ainsi, pour se représenter la persistance de l'âme dans l'individu, les rabbins juifs croyaient nécessaire de l'attacher à un petit os qu'ils appelaient *luz* (1). Quel est le métaphysicien qui n'a lui aussi rêvé du *luz ?* Mais il suffit de regarder en face cette prétendue réalité pour voir qu'elle est elle-même suspendue à celle de la conscience. Qu'est-ce que la permanence de toute prétendue chose en soi sinon la *possibilité supposée de la conscience continue* de la chose avec l'identité nécessaire du sujet de cette conscience ? La permanence n'est donc rien de plus que l'identité même de la conscience objectivée, transformée en chose en soi par une illusion où l'imagination a plus de part encore que l'entendement. Dans cette question comme dans beaucoup d'autres, l'esprit est la dupe de l'illusion réaliste. La perception exté-

---

(1) V. Leibniz, *Nouveaux Essais*, l. II, ch. xxvii, § 6.

rieure nous a tellement accoutumés à donner l'étendue pour support à toutes nos représentations possibles, que nous cherchons un tel support même pour la pensée. Comme l'a dit un philosophe contemporain d'après Aristote (1), nous imaginons « une pierre pensante ». Nous ne nous apercevons pas que les termes de *fond* et de *forme* n'ont qu'un sens purement métaphorique et relatif, et que la pensée, précisément parce qu'elle est la forme universelle, est aussi le fond universel.

En somme, Kant n'a pas démontré l'inanité du sujet de la pensée. Il a simplement opposé à ce sujet des réalités, comme la substance ou la chose en soi, au regard desquelles il le faisait s'évaporer et s'évanouir. Mais ces prétendues réalités n'étaient, nous venons de le voir, que les spectres de ce sujet même. L'Esprit a peur de son ombre. Il s'efforce en vain de concevoir une réalité supérieure à la sienne propre : cette réalité devant laquelle il s'anéantit n'est que le fantôme de la sienne.

La théorie de Kant nous laisse donc incertains entre deux solutions :

1° L'idée de substance sous sa double forme — matière et esprit, moi et non-moi — est l'idée logique de *sujet*, adaptée par la pensée soit aux phénomènes du monde extérieur soit à ceux du sens intime.

2° L'idée de substance est l'idée à priori du *sujet de la pensée*, que l'abstraction transforme en idée de sujet pur et simple ; et cette dernière, à son tour, devient par

---

(1) Ravaisson, *la Philosophie en France au XIX° siècle*. Conclusion.

adaptation aux différents ordres de phénomènes l'idée des différentes substances.

Par conséquent, deux questions restent à résoudre.

D'abord, quelle est la signification et quelle est l'origine de cette loi de l'entendement qui nous porte à penser toutes choses en termes de sujet et d'attribut, à *subjectiver* et *attribuer* toutes choses ? Peut-on la dériver de la notion du sujet de la pensée, ou est-elle au contraire le principe de cette notion elle-même ?

En second lieu, si on suppose que l'idée du sujet de la pensée est vraiment primitive et irréductible, est-ce une pure forme ou enveloppe-t-elle l'intuition de quelque réalité ?

Nous nous trouvons ainsi conduits à examiner les deux doctrines du réalisme de la substance.

CHAPITRE DIXIÈME

LA SUBSTANCE D'APRÈS LE RÉALISME RATIONALISTE

I. — Origines de la théorie : Descartes, Spinoza, Leibniz. — L'éclectisme
Distinction de la *perception* et de la *conception*. — Conception à priori des substances en vertu d'une loi de l'entendement. Deux points dans la critique : 1° Nature de cette loi : Est-elle à priori ou dérivée ?

2° Portée de cette loi : nous autorise-t-elle à dépasser les phénomènes ?

II. — Nature du principe de substance.

1° Distinction insuffisante du sujet et de la substance.

2° Le principe, dit-on, est à priori, étant universel et nécessaire ; mais « l'hypothèse des idées innées est le coup de désespoir de l'analyse. »

3° On ne rend pas compte de l'application que nous faisons de l'idée de substance aux phénomènes.

III. — Valeur du principe de substance.

Un seul argument : l'appel au sens commun.

Objections des empiriques.

1° La loi des substances est une hypothèse impossible à vérifier. Réponse.

2° Cette loi ne concerne que les phénomènes et dérive de l'association. Réponse.

Objections des criticistes. Raisons pour lesquelles Kant a limité aux phénomènes les principes de l'entendement.

1° Il n'y a pour nous d'intuition possible que des phénomènes. Réponse et discussion.

2° L'espace et le temps sont impliqués dans toutes les catégories. Réponse et discussion.

3° Toutes les catégories sont des modes de liaison qui impliquent l'unité d'une diversité : objection de l'entendement intuitif. Réponse et discussion.

4° Toute pensée se rapporte à un sujet. Réponse et discussion.

IV. — *Conclusion*. L'éclectisme a vu une *moitié de la vérité*, et ses adversaires l'autre moitié. La substance est plus que la série ou collection des phénomènes, et cependant elle est le lien des phénomènes ; elle est donnée avec eux et en eux. Valeur objective de la notion de substance.

I. — Le principe de substance d'après l'école éclectique.

Nous trouvons dans l'école éclectique une théorie de la Substance qui offre de singulières analogies avec celle de Kant ; et la raison de ces analogies, c'est que, de part et d'autre, on se rattache aux mêmes origines, je veux dire aux doctrines rationalistes de Descartes et de Leibniz.

Descartes, en effet, expliquait par une loi de l'entendement humain la conception de la substance. On connaît le fameux exemple du gâteau de cire dans les *Méditations*. Nous ne percevons pas la substance comme nous percevons les qualités sensibles, mais une nécessité de notre intelligence nous contraint à la supposer sous ces qualités mêmes. N'est-ce pas cette même nécessité qui nous fait conclure de notre pensée à notre être ? Il est évident que le néant ne saurait avoir d'attributs. L'idée de substance est donc une de ces notions innées, claires et distinctes, un de ces *absolus* auxquels notre entendement rapporte toutes les autres idées. Qu'elle soit vraie, c'est-à-dire, qu'elle corresponde à un objet, cela ne fait pas l'ombre d'un doute pour Descartes ; car le premier principe de sa philosophie, il le dit dans le *Discours de la Méthode*, c'est que les choses que nous concevons clairement et distinctement sont toutes vraies.

Spinoza, qui bâtit son « palais d'idées » sur le fondement de l'idée de substance, ne se demande pas un seul instant si cette idée répond à quelque chose de réel.

Leibniz lui-même — et c'est là sans doute la plus regrettable lacune de son système — prend pour accordé qu'il y a de la substance, sans doute sur la foi de l'idée claire que nous en avons ; et tout son effort vise seulement à démontrer qu'il peut y avoir des substances individuellement distinctes, et que l'essence de la substance, c'est l'activité représentative ou spirituelle.

Kant n'a fait, à tout prendre, que reproduire en la tronquant la doctrine de ses devanciers. L'idée de substance a chez lui la même origine, mais non la même signification et la même valeur.

L'éclectisme est donc revenu sur ce point à la tradition cartésienne. Sa théorie de la Substance dérive directement de la doctrine des idées innées.

Il faut, selon lui, distinguer dans notre intelligence la perception et la conception. Nous ne *percevons* que des phénomènes et des qualités, soit au dehors, soit au dedans de nous-mêmes ; mais, à leur occasion, la raison *conçoit* spontanément la substance. Cette conception ou idée, entièrement irréductible à celle des faits qui nous la suggèrent, est la condition de notre connaissance des choses; elle est donc une des lois nécessaires de notre pensée. Nous ne pouvons penser au phénomène sans le rapporter à l'être. La constitution des substances devient ainsi l'œuvre de l'entendement qui, en groupant tous les phénomènes extérieurs sous l'idée d'une substance étendue, constitue la matière, et en groupant tous les phénomènes intérieurs sous l'idée d'une substance pensante, constitue l'esprit.

Cette théorie soulève deux questions principales :

D'abord, quelle est la nature de cette loi de l'entendement? Est-ce bien une loi primitive et irréductible à toute autre, ou est-il possible d'en retracer la genèse ?

Ensuite quelle est la signification et la valeur de cette loi ? Nous force-t-elle à concevoir et nous autorise-t-elle à affirmer quelque réalité distincte des phénomènes ou, comme le prétendent les criticistes et les empiriques, n'exprime-t-elle qu'un rapport que notre entendement aperçoit ou introduit dans les phénomènes eux-mêmes?

II. — La nature du principe de substance.

Nous ferons d'abord aux éclectiques le reproche que nous avons déjà fait à Kant. Dans les exemples qu'ils donnent de la notion de Substance, tantôt ils semblent la réduire à la notion logique et quasi-grammaticale du sujet, de sorte que la loi de substance ne serait en somme que cette loi du jugement en vertu de laquelle tout jugement implique l'attribution d'un prédicat à un sujet ; tantôt, au contraire, ils semblent entendre la substance au sens métaphysique de l'être un et permanent opposé aux phénomènes multiples et successifs. Laquelle de ces deux notions est antérieure à l'autre, et, si elles sont identiques, comment expliquer leur apparente diversité ? Le problème reste à résoudre.

Prenons cependant l'idée de substance en son sens plein et métaphysique. Quelle raison peut-on avoir d'en attribuer l'origine à une loi spéciale de notre entendement?

C'est, dira-t-on, le seul moyen d'expliquer les caractères qu'elle révèle à l'analyse psychologique. En effet, comme les idées de temps, d'espace, d'unité, de cause, de loi, etc., cette idée est *a priori*, elle est *universelle*, elle est *nécessaire*. A priori, car dès nos premiers jugements nous transformons les phénomènes en attributs; universelle, car elle entre dans tous nos jugements; nécessaire, car nous ne pouvons juger sans elle. Il est donc impossible de ne pas y voir une loi du jugement, un principe de la pensée, ce que Kant appelait une Catégorie. Supposez, au contraire, que l'idée de substance dérive de la conscience du sujet pensant, qu'elle ne soit qu'un concept abstrait de cette conscience, la voilà tombée au rang des idées ordinaires: elle est acquise, donc à postériori, et par suite elle ne saurait être ni universelle ni nécessaire. Loin d'être une vérité évidente, un axiome, le principe de substance n'est plus qu'une hypothèse, une analogie arbitraire et précaire. Car enfin, de ce que le divers enveloppe en nous l'identique, s'ensuit-il que la nature tout entière doive se régler sur nous? Quelle supposition invraisemblable!

Mais ces raisons ne nous semblent pas décisives. « L'hypothèse de l'innéité, a dit Maine de Biran, est le coups de désespoir de l'analyse. » L'éclectisme désespère ou plutôt se résigne trop promptement. Aussi quoi de plus compliqué et de plus artificiel que sa théorie de la Raison? Ce n'est pas seulement l'idée de substance, ce sont toutes les idées maîtresses de l'esprit humain, temps, espace, unité, cause, loi, fin, absolu, etc., qu'il imagine virtuellement présentes en nous dès l'origine et toutes prêtes à apparaître à l'appel des premières perceptions. Tandis qu'en général toutes les idées dérivent de perceptions antérieures, celles-là seules font exception à la règle : ce sont, pour ainsi parler, des *préconceptions*. C'est bien de l'esprit humain ainsi compris qu'on peut dire avec Hegel qu'il n'est qu'« une pièce mécanique ossifiée. » — Quant aux caractères attribués par l'éclectisme à l'idée de substance, ils peuvent être diversement interprétés. Cette idée apparaît dès nos premiers jugements, mais elle n'apparaît pas sans doute avant eux. Or qu'est-ce qui prouve que nous ne devenons pas capables de juger à partir du moment même où nous avons acquis cette idée par la conscience de notre propre constitution ? Que l'idée de substance soit universelle et nécessaire, nous n'y contredisons pas, mais elle ne saurait après tout avoir d'autre universalité et d'autre nécessité que celle que l'esprit lui attribue. Qu'importe par conséquent que le principe de substance soit une hypothèse analogique, si cette hypothèse est posée par l'esprit comme universelle et nécessaire ? On objecte que l'esprit cessera de la juger telle lorsque la réflexion lui en aura fait connaître la vraie nature. Mais croit-on qu'il aura moins de scrupule parce qu'il y verra l'effet d'une loi inexplicable de sa faculté de juger ? L'exemple de Kant suffirait à prouver le contraire.

Il est donc possible que l'idée de substance s'explique

par l'anthropomorphisme naturel de l'intelligence. Si c'est une loi commune à toutes les langues de distinguer des sujets et des attributs, c'en est une aussi de distinguer des genres. Dans cette sexualisation universelle, nous prenons pour ainsi dire sur le fait la tendance de l'homme à assimiler toutes choses à lui-même : elle se révèle encore, comme l'a fait remarquer Stuart Mill (1), d'après Raynal et Reid, dans la distinction universelle des verbes actifs et passifs. Ne peut-on supposer qu'elle a imprimé à toutes les langues la forme invariable, universelle de la proposition, comme elle a imprimé à toutes nos pensées particulières la forme de notre être pensant ?

Enfin, objection plus grave, l'éclectisme ne peut rendre compte de l'application que l'esprit fait de l'idée de substance aux différents ordres de phénomènes. En effet, si la raison ne nous suggère à l'occasion de tout phénomène quelconque qu'une idée de substance indéterminée, nous n'avons aucun moyen de savoir ni combien il y a de substances, ni quelles elles sont, ni à quelles d'entre elles il faut rapporter tel phénomène ou tel autre. Tel que le formule l'éclectisme, le principe de substance nous laisse incertains entre une multitude d'hypothèses également plausibles : autant de substances que de phénomènes ; une seule substance pour tous les phénomènes ; deux substances distinctes pour les deux ordres distincts des phénomènes du mouvement et de la pensée ; plusieurs substances distinctes pour toutes les sé-

---

(1) *Système de logique*, l., III, ch. v., § 9, trad. Peisse, p. 397.

ries ou collections distinctes de phénomènes du même ordre, etc., etc.

En fait, nous divisons spontanément les phénomènes de notre expérience en provinces distinctes, que nous assignons à autant de substances distinctes, parmi lesquelles se trouve la nôtre propre. Faut-il admettre, pour expliquer cette opération, un principe additionnel, complémentaire du principe de substance, qu'on formulerait sans doute ainsi : « Toute série, toute collection distincte de phénomènes appartenant au même ordre et liés entre eux dans l'espace et dans le temps suppose nécessairement une substance distincte ? »

Mais, nous l'avons vu (1), abstraction faite de leur rapport avec des consciences individuelles, tous les phénomènes de l'univers ne forment qu'une collection, une série unique, dont tous les termes sont liés en tout sens dans l'espace et dans le temps. Loin donc que les substances puissent se conclure de l'existence de séries distinctes de phénomènes, il semble au contraire que l'existence de ces séries ne puisse se déterminer avec certitude qu'autant que l'on connaît au préalable les centres substantiels autour desquels chacune d'elle se déroule.

A moins donc de prétendre qu'une révélation surnaturelle de la raison nous enseigne à quels phénomènes doit s'attacher l'idée d'une substance distincte, l'éclectisme reconnaîtra que nous ne pouvons percevoir les phénomènes sans percevoir en même temps notre

(1) Voir chap. viii, p. 264.

propre existence, qui se continue et se diversifie avec eux tout en restant cependant une seule et même existence. Par suite, il avouera que le sujet s'aperçoit immédiatement lui-même comme élément commun de tous les phénomènes dont il a conscience, et que c'est à son image qu'il conçoit tout d'abord les sujets inconnus des différents phénomènes dont sa conscience ne lui attribue pas l'entière propriété.

III. — La valeur du principe de substance.

Ainsi l'éclectisme n'a pas démontré l'origine à priori de l'idée de substance. En a-t-il du moins démontré la certitude et la valeur objective?

Ici encore, il s'est trop volontiers contenté de simples affirmations. Le seul argument dont il fait usage n'est en définitive qu'un appel au sens commun. Le sens commun croit à la réalité des substances, bien qu'elles ne tombent pas comme les phénomènes sous les prises de notre expérience. Donc on ne peut contester la valeur objective de l'idée de substance sans faire violence aux croyances naturelles de l'humanité. Une telle négation est d'ailleurs arbitraire, car quelle raison peut-on avoir pour contredire la raison même? et elle ne peut manquer d'aboutir au scepticisme. Notre intelligence est dupe d'une illusion originelle et incurable si elle se trompe en affirmant sur la foi de l'idée de substance l'existence de réalités permanentes dont dépendent les phénomènes.

Ce n'est donc pas tout à fait sans motif que l'éclectisme se dispense de faire la preuve. Il croit avoir pour lui le bénéfice de la possession. Le sens commun doit être tenu pour véridique et infaillible jusqu'à preuve du contraire. Cette preuve, c'est aux adversaires à la donner. Voyons donc quelles objections ils peuvent adresser à la thèse de l'objectivité de l'idée de substance.

Les unes appartiennent plus particulièrement aux empiriques, les autres aux criticistes, les deux écoles s'accordant à refuser aux lois de la pensée toute portée au delà de l'expérience et des phénomènes, mais pour des raisons différentes.

L'empirisme objecte que la prétendue loi des substances est une hypothèse impossible à vérifier : car quel moyen avons-nous de savoir si les substances existent en effet, du moment que notre expérience ne nous révèle que des phénomènes ? Et, si nous avons un moyen de le savoir, quel besoin avons-nous de le croire ?

Mais l'éclectisme répondrait sans doute que lorsqu'une hypothèse nous est imposée par la constitution de notre esprit, lorsqu'elle est impliquée dans l'idée même que nous nous faisons de l'expérience, elle cesse d'être une hypothèse et n'a pas moins de droit que l'expérience elle-même au titre de connaissance. L'esprit a sa certitude propre qui, pour être attachée à des idées pures, n'est pas moindre que celle des sens. Quelqu'un a-t-il jamais demandé à toucher la lumière pour être assuré de son existence ? Pourquoi demanderions-nous donc à percevoir les substances lorsqu'il nous suffit de les concevoir pour être assurés qu'elles existent?

L'empirisme insiste : l'hypothèse de la substance ne consiste nullement, selon lui, à rapporter les phénomènes à des réalités d'un autre ordre : pour le sens commun, les phénomènes sont les réalités. Seulement, avec les phénomènes, l'esprit forme des ensembles, des groupes plus ou moins cohérents et stables ; et c'est le tout ainsi formé qui est la substance. Par conséquent, dire que tout phénomène suppose une substance, c'est dire que toute partie se rapporte à un tout, c'est énoncer une proposition identique.

On pourrait demander, il est vrai, pourquoi l'esprit synthétise ainsi les phénomènes et convertit chacun d'eux en attribut de la synthèse qu'il a lui-même formée. N'est-ce point là l'effet d'une loi à priori de la pensée? Quand il en serait ainsi, cette loi ne concernerait jamais que les phénomènes : elle ne nous autoriserait donc pas à franchir les limites de l'expérience. Mais il est inutile d'invoquer une loi à priori pour rendre compte des habitudes synthétiques de l'esprit: l'association des idées y suffit. Nous ne percevons aucun phénomène isolément ; il nous apparaît toujours au milieu d'autres phénomènes dont quelques-uns l'ont précédé et lui survivront : nous nous accoutumons ainsi à l'envisager comme une partie d'un tout plus durable : ce tout lui-même s'oppose à nos yeux, par son unité et sa fixité relatives, aux parties diverses et changeantes qui le composent. Le langage, en le désignant par un nom, lui confère une sorte de réalité ; et, comme notre esprit, par une inertie naturelle, tend à s'imiter lui-même en toute nouvelle occasion, l'habitude, une fois prise pour quelques phénomènes, s'étend bientôt à tous : désormais nous ne pouvons en percevoir ou en penser aucun sans en faire aussitôt l'attribut d'un sujet ou le mode d'une substance.

Nous avons vu, en discutant la théorie de l'empirisme idéaliste (1), quelles difficultés rencontre cette explication de l'idée de substance lorsqu'on essaie de l'étendre au sujet de la conscience. Mais, quand ces difficultés suffiraient à l'infirmer, une partie de la thèse empirique subsisterait encore : à savoir que l'idée de substance ne représente rien de plus qu'une liaison interne des phénomènes et non une réalité sise en dehors des phénomènes, et c'est là ce que soutient aussi le criticisme.

On sait qu'un des caractères par lesquels le rationalisme de Kant diffère de celui de Descartes et de Leibniz, c'est qu'il dénie aux concepts et aux principes de l'entendement toute signification, toute valeur même en dehors de la sphère des phénomènes. Pour quelles raisons a-t-il ainsi limité la portée de l'entendement ? C'est ce qu'on sait beaucoup moins ; car ces raisons, il ne les a nulle part exposées d'une façon systématique. Essayons donc de les retrouver nous-mêmes.

En premier lieu, les lois de la pensée et par exemple la loi de substance ne sont applicables qu'aux phénomènes parce qu'en fait il n'y a pour nous d'expérience

(1) V. ch. VIII, p. 238.

ou, selon l'expression de Kant, d'intuition possible que des phénomènes. Consentons à supposer que l'idée de substance puisse représenter en nous une chose en soi réellement existante ; nous ne pourrons jamais savoir si cette supposition est vraie : car toute intuition des choses en soi nous est refusée (1). Cette objection, que Kant a certainement faite au rationalisme antérieur, lui est commune avec l'empirisme, et nous venons de la rencontrer sous une forme à peine différente (2). Elle ne nous semble pas décisive.

Admettons avec Kant, avec les éclectiques eux-mêmes, que toute notre intuition se borne aux phénomènes : les concepts à priori n'en seront pas moins susceptibles *en droit* de deux applications différentes, l'une aux phénomènes, l'autre aux choses en soi. En fait, la première de ces applications sera seule susceptible d'être vérifiée : seule elle rencontrera un objet dans notre expérience ; mais ne pourrait-on pas prétendre que c'est là un pur accident de *notre* constitution *humaine*, qui n'entame en aucune façon la valeur essentielle de ce concept et par conséquent de notre intelligence? En droit, pourrait-on dire, les idées de notre raison valent universellement, non seulement pour les phénomènes, mais pour toutes les existences possibles : mais il se trouve qu'en fait, par l'union accidentelle dans l'espèce humaine de la raison avec un mode particulier d'intuition, ces idées

---

(1) *Critique de la Raison pure*, Analytique des concepts, ch. II, sect. II, § 169, trad. Tissot, p. 155.
(2) V. plus haut, p. 301.

ne peuvent servir que pour la connaissance des phénomènes. Si telle est bien la doctrine de Kant, elle ne nous paraît pas différer foncièrement du rationalisme de Descartes et de Leibniz.

On objectera peut-être que l'usage transcendant de l'idée de substance, en le supposant légitime, ne fait pas pour cela connaître son objet : nous savons, par hypothèse, qu'il y a des substances ; nous ignorons ce qu'elles sont. Mais quand les rationalistes ont-ils prétendu que la raison nous donnât une connaissance adéquate ou seulement suffisante des choses en soi ? Qu'elle nous assure positivement de leur existence! C'est tout ce qu'ils lui demandent. On ne saurait, dit Kant, donner le nom de connaissance à une idée qui ne se réalise point dans une intuition. Ce n'est plus alors, répondrait-on, qu'une question de nom. Quand j'ai l'idée d'une chose et que je puis affirmer sûrement l'existence de cette chose, ne puis-je pas dire que je la *connais* en quelque manière, bien que, par sa nature même, elle échappe peut-être à tous mes moyens d'expérience ? Il suffirait de consulter un bon dictionnaire pour répondre à la question.

Mais Kant n'admettrait peut-être point que l'intelligence humaine fasse spontanément un usage transcendant du concept de substance. D'où vient alors qu'il se donne tant de peine pour nous mettre en garde contre un tel usage ? Tout au contraire, notre raison est tellement portée à voir dans ses concepts des formes de la réalité absolue que, par cela même qu'elle les applique à l'expérience, elle prend les phénomènes eux-mêmes pour des choses en soi. La racine de l'illusion transcendantale, d'après Kant, c'est que nous appliquons aux choses en soi des concepts uniquement destinés aux phénomènes : mais ne pourrait-on tout aussi bien retourner l'assertion ? Par le fait accidentel de son union en nous avec la sensibilité, la raison en est réduite à appliquer aux phénomènes des concepts destinés aux choses en soi : de là les contradictions où elle tombe. Cette façon de voir serait tout aussi plausible que celle de Kant, qui n'a même pas pour elle, comme il le prétend, la confirmation de l'expérience. Nous avons vu en effet qu'on chercherait en vain dans les phénomènes un objet correspondant à l'idée de substance : si aucune intuition ne la vérifie, on démontrerait facilement qu'il en est de même de l'idée de cause et de toutes les catégories. Bien mieux, l'usage transcendant de l'idée de substance n'est pas seulement un fait : c'est une nécessité, à laquelle Kant lui-même n'a pas échappé. Comment en effet, sinon par un tel usage, affirme-t-il la réalité de la chose en soi, ce postulat fondamental de tout son système ?

Ce qu'il faudrait démontrer, c'est que l'idée de substance n'est applicable qu'aux phénomènes, non pas seulement en fait, mais en droit. — Kant a certainement poursuivi cette démonstration.

Voici donc la seconde raison pour laquelle il limite aux phénomènes l'usage légitime de toutes les catégories. L'espace et le temps sont des formes de notre sensibilité essentiellement relatives à notre constitution humaine : or toutes les catégories impliquent comme éléments intégrants de leur propre contenu des déterminations de l'espace et du temps. Ainsi la causalité contient la succession ; la substance contient la permanence : succession et permanence sont des rapports de temps qui ne peuvent eux-mêmes se réaliser dans la pensée sans la représentation de l'espace. De sorte que cette intrusion inévitable de l'espace et du temps dans notre raison frappe tous ses concepts d'une irrémédiable relativité. C'est surtout dans sa théorie du *schématisme de l'entendement pur* (1), que Kant a développé cette objection au rationalisme transcendant.

Mais elle suppose démontrée au préalable la thèse de la relativité de l'espace et du temps. Certes, nous croyons avec Kant que le temps et l'espace sont inséparables de la conscience : pas plus que lui, nous n'y voyons des choses en soi. Mais s'ensuit-il que l'un et l'autre soient entièrement relatifs à notre constitution humaine en ce qu'elle peut avoir d'accidentel ? Il se peut que ce soient exclusivement des formes de la représentation humaine ; mais il se peut aussi que ce soient les formes de toute représentation en général : la seconde hypothèse paraît aussi admissible que la première. Dès lors, la relativité des catégories est une hypothèse qui demande elle-même à être prouvée : car, si toute existence est soumise en quelque manière aux rapports

---

(1) *Critique de la Raison pure*, Analytique des principes, ch. i; § 211, trad. Tissot, p. 188.

d'espace et de temps, nous avons bien le droit d'appliquer en effet à toute existence, et non pas seulement aux phénomènes de notre sensibilité humaine, des concepts qui impliquent de tels rapports.

D'ailleurs, est-il bien certain, d'après Kant lui-même, que ces rapports entrent essentiellement et dès l'origine dans les concepts purs de l'entendement ? Il semble bien plutôt qu'ils y soient introduits après coup pour diminuer l'intervalle qui sépare les concepts des phénomènes. Le schématisme est donc une conséquence de notre constitution humaine ; mais les concepts sont antérieurs au schématisme. Par conséquent, pris en soi, ils expriment l'essence même de toute raison.

Mais, dira-t-on, si l'on élimine de leur contenu les rapports d'espace et de temps, il ne reste plus que des formes vides, indéterminées, fantômes de notions qui échappent à toute pensée positive. Ainsi la cause devient la condition, la substance devient le sujet ; mais aussitôt que nous essayons de réaliser mentalement la condition et le sujet, nous ne pouvons nous empêcher de les rapporter à une expérience possible, partant de restituer à l'une le rapport de succession, à l'autre le rapport de permanence. Il nous est donc impossible de dire en quoi peuvent bien consister le sujet et la condition si on les distingue de la substance et de la cause.

Il faudrait pourtant être conséquent avec soi-même. Si nous ne pensons rien en pensant les concepts purs, si nécessairement et toujours ils se confondent pour nous avec leurs schèmes, par quel miracle Kant a-t-il pu faire toute la théorie des concepts de l'entendement pur et en dresser la liste avant d'avoir encore dit un mot du schématisme ? Que signifie la transformation des concepts en schèmes et leur adaptation à l'expérience par leur union avec les formes à priori de la sensibilité, si pris en soi ils ne sont rien ? Il faut qu'il y ait déjà dans la notion de sujet un contenu positif par où elle se distingue de la notion de condition : comment s'expliquerait sans cela la distinction ultérieure des notions de substance et de cause ? Donc, quelque vagues ou plutôt quelque élémentaires qu'on les suppose, les concepts intellectuels n'en existent pas moins dans l'esprit antérieurement aux formes de l'espace et du temps, et si, pour devenir applicables aux phénomènes, ils doivent revêtir ces formes, le droit que l'esprit s'arroge de les appliquer aux noumènes n'en est nullement compromis.

Il nous faut donc aller plus loin encore et trouver dans l'essence même de ces concepts une raison qui en limite l'usage aux seuls phénomènes. Cette raison, Kant a cru l'avoir trouvée en effet dans la nature de la pensée humaine.

Toutes les catégories sont des modes de *liaison*, des lois de *synthèse :* elles sont donc les procédures nécessaires d'un entendement *discursif*, c'est-à-dire d'un entendement où une diversité de phénomènes est donnée antérieurement à l'unité de la pensée, qui doit ensuite les relier les uns aux autres et en opérer la synthèse.

Mais nous pouvons concevoir un autre type d'entendement, un entendement *intuitif* où la diversité des phénomènes serait immédiatement donnée dans l'unité de la pensée. Pour un tel entendement, les catégories n'auraient aucune utilité, aucun sens : elles n'existeraient pas. Les catégories ne sont donc pas les lois de toute pensée et de toute expérience possibles : elles ne sont que les lois de notre expérience, de notre pensée humaine (1).

On pourrait dans cette troisième objection distinguer deux énonciations successives : 1° les catégories sont des *modes de l'unité du divers* ; donc elles impliquent une diversité préalablement donnée dans la conscience ; 2° elles impliquent une diversité de phénomènes préalablement donnés dans la conscience ; donc elles ne sont valables que pour un entendement discursif. La première seule, à vrai dire, intéresse directement la question qui nous occupe.

Admettons que toute catégorie soit le concept d'une certaine unité dans la diversité, s'ensuit-il que cette diversité doive être nécessairement donnée dans la conscience sous forme de phénomènes sensibles ? Sans doute, pour que la catégorie soit pleinement applicable et aboutisse à une connaissance intuitive et adéquate, il faut bien que les termes multiples dont elle pose l'unité soient simultanément donnés dans les consciences, soient par cela même des états de conscience :

---

(1) *Critique de la Raison pure*, Analytique des concepts, ch. II, sect. I, § 154, trad. Tissot, p. 199. — *Ibid.*, § 160, p. 154.

mais cette condition lui est-elle bien essentielle ? Kant n'a pas démontré qu'au delà de la connaissance intuitive une connaissance symbolique fût impossible. La pensée même est, en tout cas, plus étendue que la connaissance. Qu'est-ce qui prouve que l'entendement se trompe lorsqu'il voit dans les catégories les lois non seulement de la connaissance intuitive, mais de la connaissance symbolique et de la pensée en général ? Il n'est donc nullement nécessaire à priori que les éléments de la diversité dont notre entendement affirme et recherche l'unité soient tous des phénomènes préalablement donnés dans la conscience : quelques-uns peuvent parfaitement être des réalités extérieures à la conscience. On ne voit pas, en tout cas, qu'il y ait absurdité à le supposer. Kant lui-même suppose-t-il autre chose, quand par une application évidemment transcendante du concept de substance, il attribue les phénomènes à l'action des choses en soi sur notre sensibilité ?

D'ailleurs, si les principes d'unité que les catégories nous font concevoir, tout en étant distincts des phénomènes, leur sont intérieurs et consubstantiels, s'ils en constituent l'unité interne et organique, — et, à notre avis, c'est seulement ainsi qu'on doit les entendre, — est-il étonnant qu'ils impliquent dans leur notion même un rapport nécessaire avec les phénomènes ? Ce que Kant aurait dû prouver, c'est qu'entre sa conception des catégories qui n'y voit que les rapports des phénomènes entre eux et celle du rationalisme vulgaire qui y voit des entités absolument extérieures aux phénomènes, il n'y a pas de place pour une conception intermédiaire, c'est à savoir celle d'une réalité intérieure aux phénomènes qui en fait le rapport réciproque, celle d'une sorte de *vinculum reale* ?

Venons maintenant à cette grande machine de guerre de l'entendement intuitif avec laquelle Kant bat en brèche notre propre entendement. On peut en effet concevoir une intelligence qui, se donnant à elle-même la matière de sa connaissance, au lieu de la recevoir du dehors, se la donne tout ordonnée, tout unifiée, et qui, par conséquent, n'ait pas besoin, comme la nôtre, d'y introduire l'ordre et l'unité par une série d'opérations discursives. Mais qu'un tel entendement existe tant qu'il voudra, il n'empêche pas le nôtre d'exister : l'un est tout aussi réel que l'autre. Dès lors, de quelque manière qu'il pense, lui, le contenu de sa conscience, le monde dont il est spectateur, il ne s'ensuit pas que nous ayons tort, nous, de penser le contenu de notre conscience, notre monde, conformément aux lois nécessaires de notre pensée. Or, qu'on le remarque, ce que nous postulons, ce que nous affirmons en vertu de ces lois, ce ne sont pas des substances ou des causes pour des modes d'existence inconnus, imaginaires ; ce sont des substances et des causes pour nos phénomènes, pour les phénomènes donnés dans des entendements faits comme les nôtres. Dès lors, il reste vrai que pour tous les mondes analogues, les lois de notre pensée sont nécessairement valables. Et ce n'est pas là seulement une vérité relative, mais une vérité absolue. Supposé que l'entendement intuitif puisse nous connaître, nous et notre monde, ou il nous connaîtra tels que nous sommes, c'est-à-dire comme une synthèse de phénomènes et d'être, de diversité et d'unité, il nous pensera comme nous nous pensons nous-mêmes ; ou bien il ne nous connaîtra pas. Il pourrait penser, il est vrai, qu'à notre place il verrait les choses autrement. Mais cela revient à dire qu'il réaliserait un monde différent du nôtre, un monde d'où le changement et la succession seraient exclus, et, ce monde étant différent, il est logique d'admettre qu'il le verrait différemment.

Sa vision pourtant se ferait-elle selon d'autres lois que les nôtres? Non, car ce monde qu'on lui donne pour objet, il faut bien y supposer comme dans le nôtre une certaine diversité et une certaine unité : sans cela, en quel sens pourrait-on l'appeler un monde ? Un entendement a beau être intuitif ; s'il est un entendement, penser pour lui comme pour nous, ce sera voir l'unité dans la diversité. Il existera donc entre les éléments divers dont son objet se compose des rapports d'unité nécessaire, ces mêmes rapports que nous concevons dans les catégories. Dès lors, quelle différence y aura-t-il entre lui et nous ? Il verra d'un coup, en une seule fois, ce que nous ne voyons qu'après coup et par une longue chaîne de jugements successifs ; mais il verra les mêmes choses ou, en tout cas, de la même manière. L'entendement intuitif, c'est notre propre entendement cristallisé. Les mêmes rapports qui constituent en nous la pensée subsistent éminemment en lui ; ce que nous pensons sous la forme du temps, il le pense sous la forme de l'éternité.

La critique doit donc chercher la racine de la relativité des concepts eux-mêmes dans l'essence de toute pensée. Intuitive ou discursive, toute pensée implique un sujet ; les phénomènes, les choses en soi ne sont que des objets de connaissance ou de pensée possible ; ils ne sont pas la connaissance, la pensée même. Or, que sont les concepts intellectuels sinon l'apport du sujet dans l'acte total de la pensée ? Ils sont donc subjectifs et partant relatifs à la constitution de ce sujet, quel qu'il puisse être, discursif ou intuitif, temporel ou éternel, humain ou divin.

Et qu'on n'objecte pas l'universalité et la nécessité à priori de ces concepts comme preuve de leur valeur absolue. Tout au contraire, les lois de la pensée ne peuvent être universelles et nécessaires à priori que si elles sont subjectives. Supposez, en effet, qu'elles résident dans les objets mêmes : ces objets étant extérieurs au sujet et indépendants de lui, comment le sujet pourrait-il savoir d'avance et une fois pour toutes si ces objets sont tous et nécessairement soumis à ces lois ? En revanche, il n'est pas d'hypothèse imaginable où le sujet pensant cesse d'intervenir dans sa propre pensée et de la marquer à l'empreinte de sa propre constitution (1).

Kant est-il allé jusque-là dans sa réaction contre le rationalisme dogmatique de Descartes et de Leibniz ?

---

(1) *Critique de la Raison pure*, Analytique des concepts, p. 140, trad. Tissot, p. 137.

Malgré bien des indices plausibles, nous n'oserions l'affirmer expressément. Pourtant c'est sous la forme de cette dernière objection que l'école éclectique a surtout compris ce qu'elle appelait le *scepticisme transcendantal* de Kant. Ainsi, selon V. Cousin, le grand argument de la *Critique* contre la valeur de la raison humaine, c'est la subjectivité de la raison ; et on sait comment il a cru la réfuter en distinguant la spontanéité et la réflexion. Il est vrai qu'il n'a pas très bien entendu la seule subjectivité dont Kant pouvait parler, celle qui tient non à l'individualité ni même à la nature spécifique, mais à l'essence universelle de la raison. Si ma pensée n'a qu'une valeur relative, ce n'est pas parce qu'elle est *ma* pensée, ni même parce qu'elle est une pensée *humaine ;* c'est parce qu'elle est une *pensée* et que la pensée n'est pas, ne peut pas être adéquate à la réalité.

Si telle est bien l'objection de Kant, on conçoit que sa doctrine ait paru à certains critiques (1) le dernier mot du scepticisme. Qu'on le remarque, l'intelligence même de Dieu, cet entendement intuitif dont Kant nous parlait tout à l'heure, n'échapperait pas plus à l'objection que notre intelligence humaine. Il n'y a pas d'intelligence concevable, si parfaite que l'on suppose, qui puisse lui échapper. Comment, en effet, éliminer de la connaissance le sujet et par conséquent le subjectif ? L'hypothèse même est contradictoire. Une connaissance d'où le sujet serait complètement absent ne serait pas une connaissance, car ce ne serait pas même une pen-

(1) Notamment à Jouffroy, *Cours de Droit naturel*.

sée. On ne réussirait pas mieux en supposant un objet créé et déterminé par le sujet, un objet identique au sujet : car le sujet, connaissant l'identité de ce prétendu objet avec lui-même, lui opposerait dans sa pensée un objet au moins possible, un véritable objet ; et dès lors, l'éternelle question se poserait pour lui : « Qu'est-ce qui me prouve que les lois selon lesquelles je me pense et je pense les objets posés en moi par moi-même sont valables pour les objets véritables, valables même pour d'autres sujets autrement constitués que moi ? »

Mais une objection qui vaut contre toutes les intelligences n'a pas de valeur particulière contre l'une quelconque d'entre elles. Si le reproche qu'on fait à notre connaissance, on peut le faire à toute connaissance possible, même à la connaissance idéalement parfaite, il me semble que nous pouvons aisément en prendre notre parti. Mais il n'est pas bien sûr que ceux qui font ce reproche sachent très bien eux-mêmes de quoi ils se plaignent ; en somme, ils se plaignent de l'impossibilité où est la nature des choses de réaliser cette contradiction : une intelligence capable de connaître sans penser.

Seulement, si toute intelligence soumet nécessairement à ses lois tous les objets qu'elle pense, il s'ensuit aussitôt que les lois universelles de la pensée sont les lois universelles des choses. En effet, les seules choses avec lesquelles nous ayons affaire, les seules qui existent pour nous, ce sont les choses susceptibles d'entrer en relation avec notre pensée ; on peut même prétendre que c'est là une vérité identique. « Nous ne pouvons penser que ce qui est susceptible d'être pensé par nous, » et il en est de même de tout esprit. Supposons un moment qu'il y ait des choses en soi : si on entend par là des objets extérieurs à tout sujet, sans relation possible avec la pensée, ce n'est pas nous seulement qui ne pouvons les connaître : elles ne peuvent par essence être connues de personne. Mais on ne pourra pas dire davantage que nous les ignorions, car, ainsi que l'a montré le profond philosophe anglais Ferrier(1), il n'y a d'ignorance possible que des objets dont la connaissance est possible. Or, si les choses en soi ne peuvent être ni connues ni ignorées de nous ni de personne, de quoi parle-t-on quand on en parle ? En vérité, il est difficile de le deviner, ou plutôt il semble bien que l'on parle sans savoir ce que l'on dit.

IV. — Conclusion.

Que résulte-t-il de cette analyse ?

C'est que l'éclectisme a vu une moitié de la vérité, et ses adversaires l'autre moitié : de part et d'autre on n'a pas vu l'unité. Certes, l'éclectisme a raison quand il affirme qu'aux yeux du sens commun, la substance est une réalité plus profonde et plus durable que les phénomènes, autre chose que leur simple collection ou série ; mais ses adversaires ont aussi raison quand ils affirment que la substance est essentiellement le lien des phénomènes, le rapport des phénomènes entre eux, et

(1) Cf. *Revue philosophique*, 1876, t. II, p. 157.

qu'elle se vide de toute réalité dès qu'on essaie de la concevoir comme une chose en soi.

Est-il donc impossible que la substance soit tout à la fois inséparable des phénomènes et distincte des phénomènes ? D'une part, pour qu'elle lie véritablement les phénomènes, il faut bien qu'elle soit quelque chose de réel : sans quoi, il serait plus vrai de dire que, les phénomènes étant au fond parfaitement indifférents et étrangers les uns aux autres, c'est notre pensée qui les rapproche arbitrairement et leur communique une unité qu'ils n'ont point : de sorte que l'intelligence, loin d'être la faculté de connaître les choses, serait plutôt la faculté de les méconnaître. Et d'autre part, pour que la substance lie véritablement les phénomènes, il faut bien aussi qu'elle leur soit intérieure, qu'elle fasse corps avec eux ; sans quoi les phénomènes seraient d'un côté, la substance de l'autre : et qu'importerait à leur multiplicité son unité ? La substance ne peut donc unir les phénomènes entre eux qu'à la condition d'être unie avec eux. Si on en fait une chose en soi, elle cesse aussitôt de pouvoir remplir la fonction pour laquelle notre intelligence la réclame ; et, loin d'unifier les phénomènes, elle condamne la pensée à une irréductible dualité. On se demandera sans doute comment il est possible qu'une même chose soit à la fois une et plusieurs, phénomène et substance. Nous venons de voir que la raison exige qu'il en soit ainsi ; et l'analyse de la conscience ne nous a-t-elle pas déjà prouvé que telle est en effet la constitution de notre être ?

Mais, si la notion de la substance est nécessairement relative aux phénomènes, s'ensuit-il qu'elle n'ait de valeur que pour notre expérience et notre connaissance humaines? A coup sûr, elle ne nous révèle pas de chose en soi : un disciple de Kant pourra donc toujours supposer qu'elle n'a ni sens ni usage relativement à la chose en soi. Mais le prétendu monde des choses en soi ne contient pas d'objet de connaissance possible : il échappe à toute connaissance, à toute pensée positive, non seulement de notre intelligence, mais de toutes les intelligences concevables. La supposition du kantisme revient donc à dire que les notions qui nous représentent toutes choses et nous servent à les connaître n'ont pourtant ni sens ni usage relativement aux choses, s'il en existe, qui seraient, par hypothèse, impossibles à connaître ou à représenter en quelque façon. Pure tautologie : si une chose est inconnaissable, elle ne peut pas être connue ; la pensée et la non-pensée d'un seul et même objet sont contradictoires et s'excluent réciproquement : voilà à quoi se réduit toute la théorie des « choses en soi ». Que si au contraire on entend par « choses en soi » des existences quelconques, susceptibles en tout cas d'être connues ou pensées par une intelligence, humaine ou autre, il n'importe, nous n'avons, ce me semble, aucune raison de supposer qu'elles ne seront pas connues ou pensées conformément aux lois de l'intelligence : et c'est à vrai dire cette supposition même qui non seulement ne sert à rien, mais qui n'a même aucun sens.

Ainsi le principe de substance est la loi de la pensée en vertu de laquelle nous concevons toute existence comme divisible en un attribut et un sujet à l'image de la nôtre propre, et par conséquent tout phénomène comme nécessairement enveloppé dans une conscience. Tous les phénomènes donnés en nous, même ceux que nous attribuons à des objets extérieurs, n'ont en somme qu'une seule substance, à savoir notre conscience même dans laquelle ils nous sont donnés. Mais la plupart d'entre eux sont représentatifs d'autres phénomènes qui ne sont pas donnés dans notre conscience et que cependant nous croyons tout aussi réels que les nôtres : ces phénomènes, vraiment objectifs (comme ceux par exemple qui se produisent dans la conscience d'un de nos semblables), nous les concevons, à l'image des nôtres, comme les attributs d'un sujet, comme les modes d'une substance. Bien plus, identifiant avec eux ceux qui les représentent en nous, ce sont nos propres phénomènes que nous attribuons à des sujets étrangers, et notre conscience même paraît se peupler à nos yeux de substances distinctes de la nôtre qui doivent cependant à notre seule pensée tout ce qu'elles ont d'unité et de permanence apparente.

Si cette explication est la vraie, l'idée de substance a sa première origine dans une expérience tout intérieure : cette conception est sortie d'une perception. L'examen de toutes les autres théories nous a donc conduits de proche en proche à la théorie du Réalisme empirique qu'il est temps d'examiner à son tour.

CHAPITRE ONZIÈME

LA SUBSTANCE D'APRÈS LE RÉALISME EMPIRIQUE

Trois prototypes possibles de la substance : l'étendue, la force, la conscience.
I. — L'étendue. Exposé du substantialisme matérialiste.
   Critique de Leibnitz. La substantialité apparente de l'étendue dérive de la pensée.
II. — La force. 1° La force au sens scientifique n'est qu'un rapport.
   2° La force au sens vulgaire n'est qu'une sensation.
   Réduction de la force à la conscience.
III. — La conscience. Deux thèses.
   1° La conscience est une substance.
   2° Elle est la seule substance concevable.
   Objection : La conscience n'est qu'une forme.
   Réponse : Si la substance n'est pas là, elle n'est nulle part. Toutefois, nous pouvons concevoir une substance plus parfaitement substantielle, mais ce sera toujours à l'image de notre conscience.

On peut chercher dans trois intuitions différentes le prototype de l'idée de substance : l'intuition de l'étendue ; celle de la force ; celle de la conscience. — Voyons ce qu'il faut penser de chacune d'elles.

Le matérialisme admet à coup sûr la réalité de la substance : et c'est ce qui le distingue du pur phénoménisme.

Mais cette substance, qu'est-elle en somme sinon l'étendue ?

Nous concevons toutes choses, disait Hobbes, dans une lettre à Descartes, sous l'idée de la matière, *sub ratione materiæ*. L'étendue en effet paraît bien avoir les deux principaux caractères de la substance, la permanence et l'unité. Tandis que les mouvements se succèdent sans cesse à la surface des choses, l'étendue reste au fond, invariable, éternelle : c'est elle seule qui fait la continuité, l'identité des phénomènes. Seule aussi elle les unit en leur communiquant son unité propre. Les parties de l'étendue ont beau être multiples : elles sont indivisibles, inséparables ; elles tiennent indéfiniment les unes aux autres sans qu'il soit possible de marquer jamais le point où elles se distinguent et se soudent. Aussi, sous la multitude des qualités, sous la succession des changements, nous supposons, nous imaginons toujours une sorte de noyau unique et immobile : ce noyau, c'est une étendue immuable et indivise, et cette étendue c'est la substance.

Nous ne reproduirons pas ici les arguments bien connus par lesquels Leibniz a démontré victorieusement que l'étendue n'est pas, ne peut pas être une substance ; qu'elle est un attribut, un rapport, ou, pour parler plus exactement, un « ordre », c'est-à-dire au sens leibnizien du mot, un système de rapports. Mais nous insisterons sur une conséquence de ces arguments qui n'a pas été toujours bien vue. Si l'étendue n'est qu'un ordre, il s'ensuit par cela même qu'elle est entièrement relative à la pensée : elle est, au sens strict du terme, un être de raison. Impossible, en effet, nous l'avons démontré nous-même ailleurs (1), de concevoir des

(1) Voir plus haut ch. v, p. 178.

rapports et à fortiori l'unité d'une multiplicité de rapports sans cette unité supérieure de l'entendement où toutes choses sont comparées et liées entre elles. Mais on aurait beau passer outre à cette impossibilité ; quand on pourrait concevoir en effet des rapports, un ordre subsistant dans les choses mêmes en dehors de toute pensée, il faudrait convenir que les rapports de position et de contiguïté dont se compose l'ordre de l'étendue ne nous sont jamais donnés que comme des rapports de quelques-unes de nos représentations entre elles, c'est-à-dire de nos sensations musculaires, tactiles et visuelles. S'il existe une étendue en soi, nous n'avons aucun moyen de la connaître : la seule dont nous ayons le droit de parler en connaissance de cause n'est qu'un ordre de nos phénomènes sensitifs, ou, comme dira Kant après Leibniz, une forme de notre sensibilité (1). Dès lors, tous les caractères qui contribuent à faire de l'étendue une pseudo-substance, permanence, unité, indépendance au moins relative, appartiennent non à l'étendue elle-même, mais à la conscience : c'est la conscience qui est le véritable *substratum* de l'étendue ; et ceux-là sont dupes d'une étrange méprise qui, s'imaginant que la conscience a besoin d'un support étranger, vont le lui chercher dans l'étendue.

Mais, à vrai dire, ceux qui cherchent en dehors de l'esprit le type de la notion de substance ne croient pas, comme Descartes, que l'étendue seule suffise à

(1) Cf. Notre thèse latine *De spatio apud Leibnitium*, cap. IX.

constituer la substance matérielle : ils y ajoutent un second élément, la force. La force ne serait-elle pas la substance même des choses ? L'étendue contient une multiplicité de parties : qu'est-ce qui fait la cohésion de ces parties et conséquemment l'unité de l'étendue, sinon la force ? D'un instant à l'autre, les formes et les mouvements varient dans la nature entière : la force demeure invariable, identique.

Mais ici encore on peut se demander, d'abord si la force est bien une substance, ensuite si elle est bien pour nous l'objet d'une perception immédiate et certaine. La force, pour le savant, n'est rien de plus qu'un rapport : c'est le rapport des états futurs des choses avec leurs états présents ou passés, c'est la dépendance et la proportionnalité nécessaire des conséquents à l'égard des antécédents. Donc, à moins de réaliser une abstraction, la force extérieure, mécanique, n'est pas une substance. Son unité est purement nominale : c'est l'unité d'un symbole. Par cela même, la force ne nous est pas connue en soi : nous ne connaissons, comme on dit, que ses effets ou, pour parler plus exactement, que les phénomènes dont elle est pour nous le signe abréviatif : et ces phénomènes, ce sont les mouvements et les figures avec leurs rapports de succession et d'équivalence.

Mais à la conception scientifique de la force on opposera peut-être la conception vulgaire. Ainsi Spencer est bien près de déclarer que dans la sensation de résistance, nous percevons la force même, la force de l'objet qui nous résiste : quoique nous ne puissions comprendre comment cela est possible, nous concevons, selon lui, la force dans son essence objective ou absolue comme identique à ce qu'elle est en nous, dans la résistance qui nous la manifeste.

Une telle analyse est tout à fait insuffisante. La sensation de résistance n'a pas plus que les autres la vertu de nous faire sortir de notre propre conscience : il n'y a donc aucune raison de la considérer comme exprimant l'essence interne des choses plutôt que les sensations de chaleur ou du froid. Cette sensation même ne paraît pas être un phénomène simple : un contact ou un choc, peut-être aussi une peine, voilà d'abord ce qu'elle contient; mais on y démêle en outre un rapport de ces éléments sensitifs avec des éléments d'une autre nature, tels que la prévision, le désir et la volonté. Au fond, la résistance est moins une sensation qu'un rapport : mais la base de ce rapport, c'est la conscience de notre volonté propre ou, plus généralement, de notre activité. C'est pourquoi, quand nous disons qu'une chose nous résiste, nous n'affirmons pas seulement qu'elle nous fait éprouver une sensation *sui generis* : nous supposons, nous imaginons aussi en elle une activité antagoniste de la nôtre. Si bien qu'en dernière analyse, l'intuition de la force, si elle existe, a son objet non au dehors, mais au dedans de la conscience même.

Entend-on par force une entité indépendante des phénomènes, laquelle les produirait extérieurement à soi ? Il est clair que nous n'en avons pas l'intuition. La force en nous ne peut donc être que le lien de nos phénomènes, l'espèce de poussée intérieure par laquelle ils se développent successivement les uns hors des autres, l'anticipation des conséquents dans les antécédents et le retentissement des antécédents dans les conséquents, l'unité organique de la série. Mais cette force, à son tour, n'est-ce pas, comme l'étendue, une forme de notre conscience, ou plutôt n'est-ce pas notre conscience même qui, circulant à travers les phénomènes, les lie activement les uns aux autres, et se sent vivre et, pour ainsi dire, évoluer avec eux ?

Toutes ces théorie aboutissent donc à la même conclusion : s'il y a quelque part une substance, elle ne peut être que dans la conscience, elle ne peut être que la conscience même.

En effet, supposez une substance extérieure à la conscience, ou nous ne pouvons la connaître en aucune façon, ou elle ne se révèle à nous que par ses phénomènes ; mais comment ces phénomènes nous manifesteraient-ils l'unité et la permanence de la substance dont ils émanent, si la conscience où ils se produisent était essentiellement multiple et variable, si en même temps qu'elle perçoit leur pluralité et leur succession, elle ne percevait pas sa propre unité et sa propre permanence ? A plus forte raison, si on suppose une substance intérieure à la conscience, la conscience ne pourra-t-elle la connaître comme telle qu'à la condition de partager elle-même tous ses caractères, d'être une et permanente comme elle et par conséquent de lui être identique. De sorte que la supposition de toute autre existence substantielle implique la présupposition ou pour mieux dire l'affirmation d'une substance qui seule est immédiatement connue, toute autre n'étant connue que par elle, à savoir la substance même de la conscience.

Mais il nous faut pousser plus loin la démonstration et prouver non seulement que, s'il y a quelque substance, la conscience en est une, mais encore qu'elle est la seule substance concevable.

En effet, ou le mot substance n'a aucun sens, ou, de l'aveu de tout le monde, il résume trois caractères inséparables : l'unité, la permanence, l'indépendance. La substance est ce qui fait l'unité des attributs divers ; elle est le sujet permanent des phénomènes successifs ; elle est enfin, selon la célèbre définition de Spinoza, ce qui est en soi et est conçu par soi, tandis que les modes sont en elle et ne sont conçus que par elle.

Dès lors, ou bien la substance est supposée extérieure à ses propres modifications, ou elle leur est supposée intérieure.

Dans la première hypothèse, la substance ne peut nous être connue en aucune façon, et, si on la suppose intelligente, elle ne peut se connaître elle-même comme substance : de sorte que son existence demeure un problème à jamais insoluble. Mais, en outre, elle ne répond pas aux conditions impliquées dans l'idée de substance. Comment pourrait-elle constituer l'unité des phénomènes, si elle est leur extérieure et étrangère ? Comment sa permanence pourra-t-elle être le lieu de leur succession, si elle ne coexiste pas en quelque sorte avec cette succession même ? Enfin, comment ces modifications pourront-elles lui être attribuées, être conçues en elle et par elle, si la substance et ses modifications existent, pour ainsi dire, chacune de leur côte ?

Il faut donc en revenir à la seconde hypothèse, à celle que nous nous sommes efforcé de faire prévaloir dans toutes nos précédentes analyses : la substance est intérieure à ses modifications.

Mais cette hypothèse à son tour peut se concevoir de plusieurs manières différentes. Ou bien la substance est une entité distincte des phénomènes, ou bien elle est un caractère des phénomènes, ou bien elle est un rapport des phénomènes.

Dans le premier cas, la substance ne peut lier les phénomènes du dedans qu'à la condition d'être présente à chacun d'eux et à tous ; et cela soit qu'on pose les phénomènes comme simultanés ou comme successifs. Dès lors, étant, pour ainsi dire, incorporée aux phénomènes, la substance pourra tout aussi bien être considérée comme un de leurs caractères ou de leurs rapports que comme une entité distincte ; et le premier cas se trouve ainsi ramené aux deux suivants. Supposez en effet que a substance soit distincte des phénomènes en ce sens qu'elle constitue une existence parallèle, en quelque sorte, à la leur, elle cesse par cela même de leur être véritablement intérieure, et un autre principe devient aussitôt nécessaire pour la mettre en relation avec les phénomènes et pour mettre les phénomènes en relation réciproque : c'est précisément cet autre principe qui est la véritable substance.

Nous sommes ainsi amenés à voir dans la substance un caractère ou un rapport des phénomènes. Mais, si on suppose d'abord que la substance est un caractère, il est évident que ce caractère doit être commun à tous les phénomènes ; par cela même, il ne peut consister que dans une identité partielle ou relative de ces phénomènes entre eux : il est donc nécessairement un rapport. Le second cas se réduit finalement au troisième.

La substance est un rapport : seul en effet le rapport, étant consubstantiel aux termes entre lesquels il existe, est susceptible de les lier intérieurement. Mais, si le rapport qui constitue la substance est un rapport simplement possible ou imaginaire, conçu *in abstracto*, et non un rapport réel, actuel et concret dont l'existence soit inséparable de l'existence même des phénomènes, il n'exprime plus qu'une liaison conditionnelle et problématique des phénomènes, lesquels sont censés pouvoir exister à part de cette liaison et par conséquent n'être pas vraiment liés du dedans et par essence. Il faut donc que ce rapport soit un *acte*, dans le sens péripatéticien du mot, et même un acte permanent. Or nous avons démontré (1) qu'un rapport, pris en soi, n'est pas autre chose qu'une pensée, la pensée de ce rapport même. Que sera donc le rapport substantiel ou la substance, sinon une pensée permanente, la plus simple, la plus générale de toutes, celle qui, étant impliquée dans

---

(1) Voir plus haut ch. v, pp. 178 et suiv.

toutes les autres, est nécessairement coextensive à tous les phénomènes, celle qui, condition nécessaire de toute phénoménalité, est la Pensée même ou la Conscience ? En vérité, il nous semble que ce résultat pouvait se prévoir à priori. Quel autre principe que la Pensée peut en effet tout ensemble être présent et cohérent aux phénomènes de manière à les lier par le dedans et cependant ne pas se réduire à un simple caractère ou rapport abstrait, mais être la réalité vivante que tous les caractères et tous les rapports présupposent, aussi réelle que les phénomènes eux-mêmes ?

L'éternelle objection que l'on oppose à cette thèse, c'est celle que nous avons déjà rencontrée chez Kant (1) : la conscience n'est qu'une forme ; ce prétendu sujet permanent des phénomènes n'en est que l'attribut incessamment répété. Son unité est apparente ; son identité illusoire. On montrera comment cette conscience se forme par la juxtaposition et la fusion des phénomènes ; on fera voir qu'elle est sujette à de fréquentes intermittences, à d'étranges déformations : on ira même jusqu'à prétendre qu'elle n'existe en aucune manière et que le mot qui la désigne est un mot vide de sens (2).

Certes, l'objection est troublante : mais qu'on y prenne garde. Au point où nous en sommes, admettre que la Pensée n'est point une substance, c'est admettre qu'il n'y a de substance nulle part. Il ne nous est plus possible de revenir au point de vue du sens commun,

---

(1) Voir plus haut ch. ix, p. 284.
(2) Souriau, *Revue Philosophique*, 1ᵉʳ janvier 1887.

au point de vue de la science ou de la philosophie réaliste : nous ne savons que toute autre substance imaginée et supposée par nous ne pourrait jamais être qu'une contrefaçon de notre propre pensée. Dès lors, nous ne saurions partager l'illusion de ces philosophes, matérialistes ou évolutionnistes, qui, en démontrant l'inanité de la substance Pensée, s'imaginent avancer d'autant la démonstration de la réalité de la substance Matière ou de la substance Force. Nos vaisseaux sont brûlés : encore une fois, si la substance n'est pas en nous, dans notre conscience, elle n'est nulle part au monde.

Pourtant, ce qu'il est très juste de reconnaître, c'est que notre propre pensée, telle que nous l'expérimentons en nous, si elle est la première et la seule substance que nous connaissions, si elle est le prototype de la substance, n'est pas cependant adéquate à l'idéal de la substance que nous finissons par nous forger dans la suite. Nous remarquons en effet dans notre existence consciente des défaillances, des lacunes qui nous font par moments douter de sa permanence et de son unité. Sans doute, il suffira de supposer, avec Leibniz, que, même dans ces intervalles d'oubli et de sommeil, la conscience subsiste, obscurcie mais non éteinte, pour assurer la continuité de notre être. Mais la nécessité même de cette hypothèse prouve bien qu'il nous est possible de concevoir une substance plus pleinement substantielle que la nôtre. Seulement, cette substance, il ne nous est pas moins impossible de la concevoir sur un autre type que la nôtre, c'est-à-dire autrement que comme une Pensée. Son unité ne saurait être que celle d'une conscience qui s'attribue nécessairement à elle-même tous les phénomènes qu'elle enveloppe ; sa permanence ne saurait être que celle d'une conscience qui se pose comme nécessairement identique à elle-même dans tous les phénomènes qu'elle traverse. Ainsi la Pensée demeure toujours une seule et même chose avec l'Être, et, même alors qu'elle paraît se dépasser dans la conception de l'Être absolu, elle ne fait qu'agrandir à l'infini sa propre image.

CONCLUSION

Pour apprécier le sens et la portée des conclusions auxquelles nous conduit enfin à travers tant de détours cette longue étude du Phénomène, il est peut-être nécessaire de considérer l'état actuel de la philosophie et ses tendances les plus générales.

Notre recherche en effet n'a pas été la démarche d'une pensée solitaire qui se pose des problèmes et s'efforce de les résoudre pour la seule satisfaction d'une curiosité individuelle. Il nous a paru qu'elle était, pour ainsi dire, commandée par toute l'évolution historique de la philosophie depuis près de trois siècles (1), et c'est pourquoi nous n'avons pu examiner les différentes conceptions possibles du Phénomène, avec les conséquences qui dérivent de chacune d'elles, sans discuter par cela même les doctrines de presque toutes les grandes écoles contemporaines. Non que ces conceptions ne puissent à la rigueur être déve-

---

(1) Aussi avons-nous vu ce problème pendant dix-huit ans, où nous n'avons cessé d'y réfléchir nous-même, attirer chaque jour davantage l'attention des philosophes contemporains. C'est ainsi que M. Fouillée, dans l'*Avenir de la Métaphysique* et l'*Evolutionnisme des Idées-Forces*, M. Dauriac dans *Croyance et Réalité*, M. Gourd dans le *Phénomène*, etc., ont étudié, soit incidemment, soit *ex professo*, la question qui fait le sujet de ce livre ; et, bien que toutes ces recherches aient été conduites par des penseurs indépendants qui suivaient chacun leur voie, il serait intéressant de constater qu'elles ont en somme abouti à des résultats concordants.

loppées et critiquées *in abstracto*, comme autant d'Idées immuables et éternelles ; mais il faudrait un effort d'abstraction bien violent et sans doute bien inutile pour les arracher ainsi de ce milieu réel et concret où elles ont pris forme et vie, en quelque sorte, sous nos yeux.

Or, si nous nous demandons quelle est la tendance dominante de la philosophie spéculative à notre époque, nous pouvons, ce semble, la désigner par ce seul terme : le *monisme*. — En un sens, toute philosophie est moniste par définition, par essence : car le but de tout système philosophique, n'est-ce pas de ramener la multiplicité infinie des choses à l'unité d'un principe qui les explique ? Et cependant certaines philosophies désespèrent d'atteindre à l'unité et, divisant l'Être en deux régions que sépare un abîme infranchissable, s'arrêtent et se fixent dans le dualisme. Mais l'esprit humain ne peut se résigner longtemps à un pareil aveu d'impuissance. Aussitôt qu'il a repris conscience de son désir le plus intime, il cherche, il demande, il affirme de nouveau l'unité. Le kantisme, le positivisme, l'éclectisme, toutes ces doctrines, d'ailleurs si différentes, s'accordaient, au commencement et dans la première moitié de ce siècle, à regarder comme impossible l'unification totale des choses. A quoi travaillent pourtant de nos jours tous les philosophes, même issus de ces écoles, les Spencer, les Ravaisson, les Wundt, les Fouillée, et bien d'autres encore, sinon à découvrir sous les innombrables différences des choses quelque principe d'unité ?

Il faut l'avouer cependant : le monisme se heurte dans la nature et dans l'esprit à des difficultés bien résistantes. Nous voyons pour notre part trois grands obstacles à cette unification totale qu'il poursuit, et ce sont d'abord la dualité du phénomène et de l'être, ensuite la dualité du mouvement et de la pensée, de la matière et de l'esprit, enfin la multiplicité, l'irréductibilité réciproque des consciences individuelles.

En effet, si la réalité est, pour ainsi dire scindée entre deux mondes hétérogènes, l'un, celui des phénomènes, que nous pouvons seul connaître, l'autre, celui de l'être ou des noumènes, à jamais inaccessible à notre connaissance et pourtant aussi réel, plus réel même en un sens que le premier, c'est en vain que notre pensée aspire à l'unité : au terme de toutes ses recherches, de toutes ses analyses, elle se heurtera toujours à une dualité irrésoluble. Qu'importe qu'elle réussisse à unifier la totalité des phénomènes ? Elle n'en continue pas moins à concevoir cette autre face de la réalité qui se dérobe éternellement à ses regards, et elle comprend ainsi que la moitié des choses — la plus désirable sans doute — lui échappe.

Mais le monde phénoménal lui-même se refuse à l'unification tentée par notre pensée, si la matière et l'esprit, le physique et le mental se côtoient perpétuellement en lui sans se rencontrer et se confondre jamais. Or n'est-ce pas à ce résultat que viennent aboutir toutes les théories de la science et de la philosophie contemporaines ? D'une part, tous les phénomènes, même ceux de la conscience, se réduisent au mécanisme ; ils n'appartiennent à la science que dans la mesure où ils peuvent être traduits en termes de matière et de mouvement ; d'autre part, la matière et le mouvement se ramènent eux-mêmes à des sensations et à des rapports de sensations, par conséquent à des phénomènes de conscience : qui veut comprendre à fond l'ordre physique doit le retraduire en termes d'ordre mental. C'est dans ce cercle que tourne, sans trouver d'issue, la pensée contemporaine. Tour à tour ou simultanément idéaliste et matérialiste, elle oscille, incertaine, entre deux monismes opposés, également impuissante à les exclure l'un par l'autre et à les concilier l'un avec l'autre ; et c'est en vain qu'elle croit éluder le dualisme en juxtaposant l'esprit et la matière, le physique et le mental dans l'incompréhensible et contradictoire unité d'un phénomène à double face ; elle ne fait qu'avouer ainsi la dualité radicale du monde phénoménal.

Enfin, quand pour échapper à ces difficultés, nous nous réfugierions dans l'idéalisme absolu et ne reconnaîtrions d'autre réalité que l'esprit, nous n'atteindrions pas pour cela l'unité ; car dans l'esprit lui-même, la dualité, la pluralité reparaîtrait encore. Aucune conscience en effet ne se pose elle-même comme adéquate à la totalité des choses ; elle croit, elle sait qu'il existe hors d'elle-même d'autres consciences, et ces consciences, elle les conçoit comme réellement distinctes et mutuellement impénétrables.

Si tels sont les trois obstacles qui arrêtent la philosophie de ce temps dans la recherche de l'unité, peut-être avons-nous le droit de dire que notre critique de l'idée du phénomène contribue du moins à écarter les deux premiers.

En effet, nous nous sommes efforcé de démontrer que le phénomène est le seul objet de connaissance et de pensée possible, la seule réalité. Cette démonstration, nous l'avons trouvée d'abord dans l'analyse de la notion du phénomène. S'il nous a paru possible, comme nous l'avons reconnu (1), de concevoir une existence, telle que le Noumène de Kant ou l'Inconnaissable de Spencer, entièrement étrangère au phénomène, cette conception, loin d'être impliquée dans la notion du phénomène comme sa condition nécessaire, en est simplement la négation. « Aucune loi, à postériori ni à priori, ne nous oblige ni ne nous autorise à faire dépendre le phénomène d'une telle existence transcendante. Non seulement nous n'avons et ne pouvons avoir aucune preuve de sa réalité, mais la notion que nous nous en faisons est essentiellement indéterminée et négative ; et, si nous essayons de la déterminer positivement, nous nous contredisons nous-même ; car toutes les déterminations que nous en affirmons sont relatives au phénomène, seul objet de notre connaissance possible. Il ne faut donc pas concevoir la réalité comme partagée entre les deux pôles opposés du Phénomène et du Noumène : elle est tout entière à l'un des deux pôles ; loin que l'autre cache une réalité supérieure, il ne repré-

---

(1) Voir plus haut, ch. vIII.

sente à la pensée que la négation possible du réel. »

Tel est l'esprit de cette première démonstration dont nous reproduisons ici le résumé. On pourrait en trouver une seconde, plus directe peut-être, dans l'étude des conditions de la connaissance humaine.

Il semble tout d'abord évident que les phénomènes seuls constituent la matière de notre connaissance. Si en effet on admet pour un moment l'existence des choses en soi, il est clair que nous ne les connaîtrons pas et ne pourrons pas les connaître tant qu'elles ne se manifesteront pas à nous de quelque façon ; et aussitôt qu'elles se manifestent, ce sont leurs manifestations c'est-à-dire leurs phénomènes, qui deviennent les objets immédiats, les seuls objets de notre connaissance effective.

Toutefois, ne pourrait-on, dans cette hypothèse, distinguer deux formes de la connaissance, la connaissance *immédiate* ou *intuitive*, et la connaissance *médiate, représentative* ou *symbolique* ? La première seule aurait nécessairement pour objets les phénomènes ; mais rien, ce semble, n'empêcherait la seconde d'avoir pour objets des réalités d'un tout autre ordre et, par exemple, les choses en soi. — Les phénomènes seraient alors les objets immédiats, mais non les objets exclusifs et définitifs de la connaissance.

Certes, la distinction de la connaissance intuitive et de la connaissance symbolique est absolument légitime ; elle seule permet de comprendre comment l'esprit, qui n'a jamais conscience que de ses propres phénomènes individuels et actuels, peut percevoir le monde extérieur, se souvenir du passé, prévoir l'avenir, concevoir le général. Presque tout phénomène est pour nous l'occasion d'une connaissance double : d'abord, nous le connaissons lui-même en tant qu'il est présent à la conscience ; ensuite nous connaissons la chose qu'il nous révèle, dont il est pour nous le signe, et qui cependant est absente de notre conscience. Ne peut-on pas dire que cette chose, qui n'est pas donnée dans la conscience même comme le phénomène, qui à priori n'est pas nécessairement supposée être un phénomène, n'en est pas moins l'objet d'une connaissance véritable, puisque nous sommes assurés de son existence et sans doute aussi informés de quelqu'une de ses propriétés ? Dès lors, il n'est pas évident que la matière de notre connaissance, si on entend par là l'ensemble des choses que nous pouvons connaître, soit uniquement composée de phénomènes et qu'on ne puisse y faire entrer aussi des choses en soi.

Il importe donc d'examiner de plus près les conditions de la connaissance représentative. Cette connaissance suppose d'abord un signe ou symbole qui, de l'aveu de tout le monde, ne peut être qu'un phénomène, ensuite un rapport de ce phénomène avec la chose signifiée ou symbolisée, dont la nature phénoménale est encore incertaine. — Mais cette chose, quelle qu'elle soit, est sans doute représentée dans l'esprit de quelque façon : sans cela, elle serait pour nous un véritable zéro, et nous n'aurions aucune raison de lui rapporter le phénomène. Or elle ne peut être représentée dans l'esprit sans être par cela même mise en rapport avec la conscience, sans être posée au moins conditionnellement à titre de représentation et par conséquent de phénomène. Que si elle est posée comme absolument différente de tous les phénomènes, comme étrangère par essence à toute conscience possible, remarquons d'abord que l'idée que nous nous en formons ainsi est complètement négative ; ensuite que cette idée même est toute relative aux phénomènes, puisqu'elle ne consiste que dans la négation des propriétés et conditions communes à tous les phénomènes possibles, — et la négation elle-même n'est à tout prendre qu'un rapport, c'est-à-dire un acte intellectuel, donc un état de conscience, donc un phénomène ; enfin que cette idée d'un prétendu objet de connaissance ou de pensée possible, n'est en dernière analyse que l'idée d'un objet dont toute connaissance, toute pensée même est impossible. — Si nous ne nous trompons, la démonstration est faite : il n'y a pas d'objets de connaissance en dehors des phénomènes ; pour mieux dire, objet de connaissance et phénomène sont synonymes.

Voilà donc la première vérité où une double voie nous conduit : « Toute réalité est essentiellement phénoménale ; la nature même de l'être est d'apparaître ; comme disait Berkeley, *esse est percipere aut percipi.* » Devant cette vérité s'évanouit l'illusoire opposition du phénomène et de l'être, de l'apparence et de la réalité ; et la pensée humaine cesse d'être, pour ainsi dire, suspendue entre deux mondes éternellement fermés l'un à l'autre.

Qu'importe toutefois si dans ce monde des phénomènes, qu'elle sait désormais être le seul monde réel, notre intelligence retrouve une seconde dualité tout aussi profonde et plus tenace que la première, la dualité du physique et du mental, de la matière et de l'esprit ? Or cette démonstration de l'unité de nature de tous les phénomènes, nous pouvons la déduire immédiatement de notre première vérité. Si l'être n'existe qu'à la condition d'apparaître, tout phénomène est un état de conscience ; le mental n'est pas un accident qui se superpose au physique ; il est l'essence même du physique. Sensations et mouvements ne sont pas deux ordres de faits parallèles ; les mouvements eux-mêmes se réduisent, s'identifient aux sensations. Telle est la seconde vérité qui découle pour nous de la critique de l'idée du phénomène et qui nous ouvre enfin la voie vers l'unification totale des choses.

On objectera peut-être que cette double thèse n'est nullement originale, qu'elle ne contient aucune vérité nouvelle, et qu'il est trop facile d'y reconnaître les assertions déjà bien vieilles du phénoménisme et de l'idéalisme absolus. — Mais tout d'abord, l'originalité, ce nous semble, importe moins en ces matières que la vérité, et pour un philosophe, qu'est-ce que la vérité, sans la démonstration qui la rend visible et certaine ? Il lui est donc bien permis de borner son ambition, non à inventer quelque vérité nouvelle (qui oserait y prétendre dans la science des principes suprêmes de la pensée et de l'être ?) mais à découvrir une nouvelle démonstration d'une vérité sans doute ancienne ; car, ainsi que l'a dit Pascal, la vérité n'est-elle pas toujours ancienne, et croit-on qu'elle commence d'être le jour où elle commence d'être connue ?

Or il était peut-être nécessaire de remettre en lumière des vérités oubliées ou méconnues par presque toute la philosophie de ce temps, sans lesquelles cependant ne peut se résoudre aucun des grands problèmes métaphysiques qui s'imposent à ses recherches et qu'elle essaierait en vain d'écarter. Fallait-il seulement, selon l'ordinaire méthode de la plupart des métaphysiciens, prendre ces vérités comme principes d'un système où on se serait efforcé de faire entrer l'univers entier ? Ne valait-il pas mieux, substituant la dialectique à la spéculation, les dégager graduellement, par une analyse critique, des postulats les plus généraux, les plus élémentaires, tacitement ou expressément impliqués dans toutes les théories de la philosophie et de la science contemporaines ? On ne fait, ce semble, que restituer ainsi la plus ancienne méthode que la pensée philosophique ait appliquée à la discussion des idées fondamentales, à l'établissement des principes, la méthode même de Platon.

D'ailleurs, à y regarder de plus près, les thèses que cette méthode nous a données ne se confondent entièrement ni avec le phénoménisme ni avec l'idéalisme, tels du moins que ces deux systèmes se sont présentés jusqu'ici. Le phénoménisme, en effet, ne voit dans les choses et dans l'esprit que des accidents sans lien : définissant le phénomène par la diversité et le changement, il ôte toute signification au mot *Être*. Pour nous, au contraire, on s'en souvient (1), si l'existence phénoménale est l'unique type de la réalité, c'est à la condition de la bien voir telle qu'elle est. Poser chaque phénomène à part de tout autre comme une individualité distincte et indépendante, c'est en faire une abstraction. Tout phénomène nous est donné en relation avec d'autres phénomènes : inséparables les uns des autres, ils constituent tous ensemble une unité complexe et continue dans laquelle notre pensée seule les distingue. A ce point de vue, le phénomène n'est qu'un des deux aspects sous lesquels nous envisageons toute existence, l'aspect de la différence, de la succession et de la multiplicité ; mais, par cela même, il implique l'aspect corrélatif, celui de l'identité, de la permanence et de l'unité. Qu'on donne, si l'on veut, à ce second aspect le nom de l'*Être ;* il sera vrai de dire alors que le Phénomène ne peut exister sans l'Être ; mais il ne sera pas moins vrai de dire que l'Être ne peut exister sans le Phénomène. L'Être n'est pas en dehors des phénomènes : il leur est intérieur et consubstantiel ; et cet Être, nous croyons l'avoir démontré, est lui-même identique à la Pensée (2).

D'autre part, on entend d'ordinaire par idéalisme la doctrine métaphysique qui enferme toute réalité dans

---

(1) Voir plus haut, ch. VIII.
(2) Voir plus haut, ch. IX.

l'enceinte de la pensée humaine ou du moins d'une pensée construite, pour ainsi parler, sur le même plan. Pour nous, au contraire, l'Esprit tel que nous l'apercevons en nous-mêmes n'est pas la forme unique et nécessaire de la pensée ni par conséquent de l'être. Tout phénomène emporte avec lui-même, contient en soi son propre sujet conscient ; mais il n'appartient pas forcément à une conscience organisée et centralisée comme la nôtre. Aussi l'univers s'étend-il dans l'espace et dans le temps infiniment au delà de notre pensée, au delà de toute pensée humaine ; et nous pouvons conserver encore un sens au mot *matière*, tout en affirmant hautement que la matière est au fond de même essence que l'esprit.

En somme, cette doctrine, qui n'est ni phénoméniste ni idéaliste à la manière ordinaire, ne pourrait-elle se définir une sorte de leibnizianisme réformé, un leibnizianisme postérieur à Hume, à Kant et à Stuart Mill ? Leibniz, en effet, plus qu'aucun autre peut-être, s'est approché du véritable monisme, il en a, pour ainsi dire, frayé la voie à toutes les métaphysiques futures en leur révélant enfin le sens de la dualité du monde des corps et du monde des âmes et en leur fournissant, par sa théorie des perceptions et appétitions universelles, un moyen inespéré de la ramener à l'unité. Mais, d'autre part, il semble avoir admis sans démonstration la réalité de la substance, telle que la comprenait toute l'ancienne métaphysique ; et ses recherches ont eu plutôt pour but de démontrer, contre Spinoza, qu'il y a plusieurs substances, et, contre Descartes, que toute substance est essentiellement pensante. Ainsi sa philosophie met, pour ainsi dire, le Phénomène et l'Être en face l'un de l'autre sans nous expliquer comment ils peuvent tout ensemble se distinguer et s'unir. La monade est-elle, comme le dit quelquefois Leibniz, une sorte de *base* sur laquelle se fait le déroulement des perceptions, ou n'est-elle pas plutôt l'unité concrète des perceptions, la loi vivante selon laquelle elles se déroulent, comme il paraît l'insinuer dans quelques passages de ses écrits ? Il est permis d'hésiter entre ces deux interprétations ; et la première est certainement la seule que les contemporains et les successeurs de Leibniz aient envisagée.

C'est pourquoi il restait à faire l'analyse et la critique de ce postulat emprunté par la philosophie leibnizienne à la métaphysique antérieure, et cette œuvre a été celle de Hume, de Kant et de Stuart Mill. Tous trois, par des voies plus ou moins diverses, sont arrivés à la même conclusion : il n'y a pas de substance, ou, s'il y en a, nous ne pouvons nous en faire aucune idée : les phénomènes existent seuls, en soi et pour notre pensée. Peut-être, cependant, suffît-il de soumettre à son tour, comme nous l'avons fait, la notion du Phénomène à l'analyse et à la critique pour reconnaître que la réaction contre le substantialisme leibnizien a dépassé le but, et que le phénomène et la substance sont inséparables l'un de l'autre parce qu'ils sont les deux aspects complémentaires, corrélatifs, sous lesquels nous apparaît, sous lesquels s'apparaît à elle-même toute existence réelle.

Aussi, avec Hume, avec Stuart Mill, avec Kant, nous dirons que l'espace, le temps, les rapports n'existent pas en soi ; qu'ils n'existent que comme idées ; mais nous dirons aussi qu'ils n'en sont pas moins réels pour cela, car il n'y a pas d'autre manière possible d'exister ; la prétendue « existence en soi » n'est rien qu'illusion et contradiction. De même nous dirons que la substance existe ; mais elle n'est rien de plus que la pensée même du rapport qui lie les phénomènes entre eux, l'idée réelle et vivante, l'intuition de leur solidarité, de leur continuité interne.

Là surgit la troisième difficulté. A priori, il ne devrait exister qu'une Pensée unique, universelle, identique à la réalité totale, dans laquelle tous les phénomènes seraient sentis, tous les rapports seraient aperçus, et qui par cela même serait tout à la fois le Phénomène universel et la Substance universelle. Cette hypothèse même semble doublement nécessaire, d'abord pour assurer la réalité des phénomènes et surtout des rapports étrangers à toute conscience humaine, ensuite pour empêcher que la nature ne s'en aille en poussière, pour faire que l'univers soit vraiment un.

Or, tout au contraire, nous constatons que la réalité semble divisée et concentrée en une multitude de sphères distinctes et réciproquement impénétrables : ces sphères, ce sont les différents esprits à l'image desquels nous concevons les autres substances, atomes ou monades. Cette multiplicité des Pensées partielles est-elle apparente, illusoire ? ou est-ce, au contraire, l'unité de la Pensée totale qui est une fiction ? ou, enfin, est-il possible de concilier cette multiplicité des sujets individuels avec l'unité du sujet universel ?

A ce dernier problème, redoutable entre tous par ses conséquences morales, viendront désormais aboutir, selon nous, toutes les démarches de la métaphysique future : il remplacera les querelles du réalisme et de l'idéalisme, du matérialisme et du spiritualisme enfin réconciliés. Mais ce problème, l'analyse formelle de l'idée du Phénomène, qui le pose nécessairement, est impuissante à le résoudre : il ne peut être résolu que par l'étude matérielle des phénomènes, et c'est sans doute vers sa solution que se porteront les efforts de la philosophie et de la science au siècle prochain.

TABLE DES MATIÈRES

	Pages
Introduction.	1
Chapitre premier. — Le Phénomène et l'Être.	13
I. Préliminaires	14
II. Le Phénomène d'après Kant.	21
III. Le Phénomène d'après Spencer	35
IV. Le Phénomène d'après le spiritualisme éclectique.	56
V. Conclusion	67
Chapitre II. — Le Phénomène et la Conscience	68
I. Préliminaires	69
II. La réalité du monde extérieur.	72
III. La nature de la conscience	86
Chapitre III. — Le Phénomène et le Temps.	100
I. Préliminaires	101
II. Critique de l'idée du mouvement.	104
III. Critique de l'idée indéterminée de changement.	122
Chapitre IV. — L'individualité du phénomène.	145
I. Préliminaires	146
II. Le critérium de la distinction des phénomènes	147
III. Le critérium de l'unité intrinsèque des phénomènes	154
Chapitre V. — Les rapports des phénomènes	165
I. Préliminaires	166
II. Classification des rapports.	169
III. Nature des rapports	174
IV. Nature des lois et conclusion	198
Chapitre VI. — L'unité des phénomènes.	202
I. Préliminaires	203
II. La doctrine de la métamorphose.	204
III. Exposé de la doctrine de l'identité.	213
IV. Critique de la doctrine de l'identité	220

CHAPITRE VII. — LE PASSAGE DU PHÉNOMÈNE A LA SUBSTANCE . 242
   I. Les conclusions de l'étude du Phénomène 242
   II. La contre-épreuve de la théorie du Phénomène . . . 247

CHAPITRE VIII. — LA SUBSTANCE D'APRÈS L'IDÉALISME EMPIRIQUE . . 250
   I. Exposé de l'idéalisme empirique 251
   II. Critique de l'idéalisme empirique 255

CHAPITRE IX. — LA SUBSTANCE D'APRÈS L'IDÉALISME RATIONALISTE. 269
   I. Préliminaires 270
   II. La notion de la Substance dans Kant 272
   III. La notion du Moi dans Kant 282

CHAPITRE X. — LA SUBSTANCE D'APRÈS LE RÉALISME RATIONALISTE . 292
   I. Le principe de substance d'après l'école éclectique 293
   II. La nature du principe de substance 295
   III. La valeur du principe de substance 300
   IV. Conclusion 317

CHAPITRE XI. — LA SUBSTANCE D'APRÈS LE RÉALISME EMPIRIQUE . . 321

CHAPITRE XII. — CONCLUSION 333

Tours, imp. E. ARRAULT ET Cie, 6, rue de la Préfecture.

www.ingramcontent.com/pod-product-compliance
Lightning Source LLC
Chambersburg PA
CBHW060320170426
43202CB00014B/2614